熱帯林の人類生態学
ギデラの暮らし・伝統文化・自然環境

河辺俊雄──［著］

東京大学出版会

Human Ecology of the Tropical Forest:
Life, Traditional Culture and Natural Environment of the Gidra
Toshio KAWABE
University of Tokyo Press, 2010
ISBN978-4-13-056306-2

はじめに

　リオデジャネイロで1992年に開催された地球サミットにおいて，地球的規模あるいは地球的視野にたった問題として，地球環境問題が非常に重要な課題であり，人類の将来にとって大きな脅威となる可能性の高いことが認識されるようになった．地球環境問題としては，地球温暖化，酸性雨，オゾン層の破壊，熱帯林の減少，砂漠化，野生生物種の減少，海洋汚染などが広く取り上げられる．

　地球温暖化は人間活動に起因する温室効果ガス（二酸化炭素など）の排出量の増加が主な原因であるが，発生機序が複雑で解明が難しいだけでなく，温暖化の原因が特定され影響の深刻さが理解されたとしても，対応策がきわめてとりにくい深刻な問題である．酸性雨，オゾン層の破壊，海洋汚染は，公害型とも呼べるものであり，有害物質やフロンガスの排出によって起こる．

　地球環境問題の中で生態系の破壊に関係するものが，熱帯林の減少（消滅）や砂漠化と野生生物種の減少である．人類は長い歴史の中で，繰り返し自然生態系を改変してきた．森林を切り開いて農地や牧草地にかえるのは，その典型例である．森林の減少は，伐採によって引き起こされるので，単純な原因によって起こる．しかし，地球環境問題としての熱帯林の減少の原因は，農地の拡張，過度な放牧，薪を得るための過剰伐採であり，その根底にある問題は，熱帯地域住民の生活の維持にかかわっているのである．砂漠化の原因は，地球規模での大気循環の変動による乾燥地の移動という気候条件も関与するが，主原因は過放牧と過耕作および薪炭材の過剰伐採という人間活動であり，これは熱帯林の減少と共通する要因なのである．熱帯林の減少や砂漠化の背景には，途上国の急激な人口増加と貧困がある．増え続ける人口の食糧確保のために，農地や牧草地の拡大，燃料や建材のための樹木の伐採が必要である．さらに，大規模商業伐採が加わり，伐採による樹木の減少

と生態系の破壊が進行する．商業伐採や換金作物のプランテーション（コーヒー，茶，サトウキビ，アブラヤシなど）によって，地域住民は現金収入を得ることができる．しかし，生態系の破壊は，やがて地域住民の生活基盤を消失させ，貧困はいっそう深刻なものとなる．途上国住民の人口増や貧困に配慮しながら生態系を保全するには，多くの困難があり，熱帯林の減少も砂漠化も進行しつづけている．

熱帯林とは，熱帯に分布する森林の総称であり，降水量や気温の状況によって熱帯雨林，熱帯モンスーン林，熱帯山地林，熱帯サバンナ林，海岸のマングローブ林などに分けられる．熱帯林はバイオマスが大きく，面積は地球表面の約11％しか占めないが，熱帯林には地球上の全バイオマスの約46％が存在する．熱帯林の減少によって，木材資源が減少するだけではなく，地球温暖化の原因である二酸化炭素の吸収量も減少するので，地球環境問題としても重要である．熱帯林の減少は，生物多様性（biodiversity）の点からも考える必要がある．熱帯林には多種の生物が生息し，その数は地球上の全生物種の90％に達すると推測されている．熱帯林は複雑な生態系であり，多種の動植物が棲息する自然の宝庫である．野生生物種の存在は大切であり，さらに遺伝子資源としても重要である．作物の品種改良や新しい医薬品開発にはDNAの多様性を確保することが不可欠である．熱帯林の減少は，生物多様性の減少を招くという点からも地球環境問題の重要な課題の一つである．

熱帯林減少の直接的な原因としては，焼畑農耕も含めた農地の過剰な拡大，増加する家畜のための過剰放牧や牧草地の拡大，薪や炭を得るための樹木の過剰伐採，商業材の不適切な伐採，森林火災などが考えられる．その背景としては，開発途上国における急速な人口増加や貧困などが間接の原因として重視されている．熱帯林は，その多くが途上国に分布しており，輸出用の商業木材や農地（プランテーション）としての利用，そして住民の薪材などのために樹木が伐採され，世界中で毎年約1,500万ha（日本の国土の3分の1以上の面積）の熱帯林が減少しているといわれている．とくに東南アジア，アフリカ，アマゾン流域の熱帯林の消滅が著しい．先進国の消費者のための大規模商業伐採に対する規制は可能であるとしても，途上国の伐採地の住民

の生活のための開発をとどめることはできない．

　貧困問題の解決には，開発途上国の経済発展が必要と考えられるが，熱帯林の減少のような環境破壊は避けなければならない．すなわち「持続可能な開発」（sustainable development）を実現する必要がある．持続可能な開発（持続可能な発展とも訳される）とは，環境と開発は不可分の関係にあり，開発は環境や資源という土台の上に成り立つものであって，持続的な発展のためには環境の保全が必要不可欠であるとする考え方である．1992年のリオデジャネイロの地球サミットでは中心的な考え方として，「環境と開発に関するリオデジャネイロ宣言」や「アジェンダ21」に具体化されるなど，今日の地球環境問題に関する世界的な取り組みに大きな影響を与えている．

　経済のグローバル化が進み，世界の市場では格差が広がり，発展途上国では貧困が拡大している．世界には，人口問題，食糧問題さらには南北問題とともに，開発と環境保全が解決困難な課題として積み重なっている．これらの問題に対し，環境経済学や国際経済学あるいは国際政治学などの分野を中心に，マクロの視点からの分析は数多くなされてきた．しかし，"Think Globally, Act Locally"（地球レベルで考えよう，そして地域で行動しよう）という，地球環境問題の解決を目指すスローガンにあるように，その解決は「地域」を理解することから始まる．深刻な環境問題が具現化するのは，国家の中心部からではなく周辺の地域からである．近年のグローバル化が，直接的にそして短時間に，さまざまな地域に強く影響している．世界経済システムの末端に組み込まれた地域住民たちは，長期間続けてきたものとはまったく異質な農業や林業，あるいは観光業のような地域開発に直面している．莫大な資本投下によって新しい農地が生まれ，施設が建造されることにより，地域住民の生活世界は激変し，彼らの生活を支えてきた周囲の自然も崩壊する．世界の各地域で起きている生態系の破壊は，熱帯林の減少や砂漠化，生物多様性の減少などの解決困難な地球環境問題の深刻さを増大させ，さらに地球温暖化を促進させる．このような変化を引き起こす原因，すなわちグローバル化が進む経済や政治の問題は，まさに私たち先進国の地域住民が直面している問題に他ならない．

本書の基盤とする人類生態学の調査は，それぞれの地域に住む人びとの生活世界や変化を理解することに重点を置く．文化人類学の手法と同じく，地域社会の中に住みこんで地域調査を行い，さらに周辺の環境を理解する．地域社会での暮らしは，思ってもみなかった現実を日々体験することになり，人間と環境の関係について，数多く教えてくれる．人類生態学調査は，伝統社会がもつ環境保全に有効な手段を知り，自然の生態系や生業についての知識や技術の重要な役割を明らかにする．

　地球環境問題の一つとして熱帯林の減少（消滅）が認識されるようになり，木材資源や遺伝子資源の減少，そして二酸化炭素吸収量や生物多様性の減少などの問題が理解され，熱帯林への関心は高まっている．熱帯林そのものが複雑な生態系であり，その自然保護は大きな価値を持つことも理解される必要がある．ところが，熱帯林に対する認識が高まってはいるものの，その熱帯林で生きている人びとについては関心が低い．そこで生活している住民なくして熱帯林の存続はなく，熱帯林における生活の厳しさとすばらしさを理解することこそ重要なのである．そこで，本書では熱帯林の住人の暮らしと環境を語ることを目的の一つとして，パプアニューギニア熱帯低湿地帯の狩猟採集耕作民ギデラをとりあげる．熱帯林の中で自然と調和を保ちながら生きる人の数も減少し，近い将来，熱帯林は消滅すると予測されている．ただし，いまなお豊かな自然に恵まれて，伝統的生活を続けている人びとが，世界のあちこちに点在していることも事実である．そのような希少な存在の一つが，本書でとりあげるルアル村を含むギデラである．

　また，地球環境は変動するものであり，そのような環境変化の中で自然に強く依存して生活する人びとがどのように危機を乗り越えたかを知ることは重要である．エルニーニョが発生すると，世界各地に高温，低温，多雨，少雨などが多発する．1997-1998年にかけて発生した20世紀最大規模のエルニーニョでは，海水温が平年に比べて最大で5℃上昇し，異常な乾燥の影響もあって，インドネシアで大規模な森林火災が発生した．このエルニーニョ現象のとき，ギデラ地域では少雨となり，雨季の降水量が少なく，乾季が早く始まった．焼畑耕作は大被害を受け，イモ類の収穫は激減した．ところが，

調査地のルアル村での狩猟はむしろ活発に行われ，獲得した獲物の肉の量は多かった．湿地帯や川辺のサゴヤシ，そして森林やサバンナの野生動植物には影響が少なかったため，援助物資に頼らずに，このエルニーニョの危機を乗り越えることができた．まさに，モザイク状の複雑な生態系の中で，狩猟・採集・耕作を柔軟に組み合わせる生活が危機に対して非常に頑健であった．

狩猟採集民としてよく知られているのは，アフリカ大陸ではブッシュマンやピグミー，オーストラリア大陸においてはオーストラリア先住民である．農耕を行わないという点では人類の農耕の開始以前の生活を保っているといえる．一方，ニューギニアは，世界でもっとも早く農耕が始まった地域の一つであるが，文明は開花せず，伝統（部族）社会が続いてきた．ニューギニア高地人はサツマイモに依存した特異な生活がよく知られている．

ニューギニア低地は，熱帯林が発達して，きわめて豊かな動物相にめぐまれており，弓矢猟が現在でも盛んに行われている．とくにギデラは優れたハンターであり，とっている獲物の量は，ブッシュマンやピグミーに匹敵する．サゴヤシ栽培や焼畑農耕も行うので，狩猟採集民とはいえないが，弓矢を使って獲物をとる活動はダイナミックであり，狩猟活動の研究はきわめて興味深い．アフリカの狩猟採集民が大きく変貌し，伝統的狩猟生活が消えていくのに対して，パプアニューギニアは経済的に停滞（後退）しているために，伝統文化に大きな変化はない．ニューギニア島のほぼ中央部の南岸地域に位置するオリオモ台地には熱帯モンスーン林や疎林などの豊かな自然が残っている．さらに草原や蛇行する川，網目状に入りくんだクリークによって複雑な地形をつくり，きわめて豊かな動物相を保っている．そこは「森の民」と呼ばれるギデラの世界であり，森林や草原では伝統的な弓矢猟が行われている．男子は幼少から弓矢で遊び，身近な小動物をとりはじめ，やがては立派なハンターとして成長し，十分な動物の肉を得るようになる．また，多様な自然資源が利用され，サゴヤシの半栽培や焼畑農耕，また河川ではカヌーが使われ，漁撈活動も行われている．

「森の民」の生活が保たれている要因としては，豊かな動物相という環境

条件が満たされるだけではなく，狩猟生活の根幹をなす弓矢猟の伝統が受け継がれていることも重要である．動物が豊富であるからといって，獲物をとるのが簡単なわけではなく，高い狩猟技術が必要である．子どもは成長とともに狩猟技術を発達させ，弓矢の操作技術だけではなく，自然環境や動物の生態に関する知識も蓄積し，さらに狩猟獣への近づき方や獲物のおびき寄せ方などもおぼえて一人前のハンターになる．ルアルの人びとは乾季になると頻繁に集団猟を行う．枯れ草を燃やして，ワラビーなどの獲物を追い出し，犬を使って吠え声で慌てさせ，犬が獲物を追い立て，弓矢で射る．ただし，弓矢で獲物がどんどんとれるわけではなく，実際にはほとんどの矢ははずれ，獲物は逃げ去る．弓矢猟による乱獲の危険性は低く，元気な動物は逃げ延びて子孫を残し，豊かな動物相は維持されている．

　本書では，パプアニューギニアの熱帯低湿地帯に生存する，狩猟採集耕作民であるギデラの1村落ルアルの人びとについて，1980-2003年の断続的調査データに基づいて，生業活動や食生活を具体的に描写し，人口，婚姻，社会，宗教などについても述べる．ルアルでは生活の変化や学校教育の普及によって，弓矢猟の技術が崩れるのではないかと危惧される状況にあるので，子どもの狩猟技術の実態を明らかにすることにも重点を置く．主な内容は，ギデラの概略やルアルの特徴，主要な生業活動（狩猟，漁撈，採集，サゴヤシ利用，焼畑耕作）を説明し，生業活動を中心にしてルアルの人びとの生活を詳細に描写する．また，大量の肉を得る食生活についても，食物の質や量についてくわしく述べる．

　オリオモ台地にも開発の波が押し寄せてきており，ギデラランドの東部ではすでに熱帯林の伐採による林業開発が進んでいる．ルアルの村人の中にも，都市生活を経験して物質的に豊かな生活にあこがれ，開発推進を願う人が増えてきた．熱帯林が消えて獲物が減り，生活の基盤である環境が激変する可能性があるので，持続可能な開発という問題についても検討する．

　熱帯林減少の原因である貧困については，ルアルの生活実態をもとに考えてみたい．ルアルの住民全体の家財調査結果によって，物質文化の貧しさを具体的に示すとともに，「豊かな自然を持っている」という視点に立てば貧

困とは対極にあることを明らかにしたい．家を建てるための木材は森の中や村周辺の自然の中から調達すればよい．食料は，多様な環境に応じて，焼畑やサゴヤシの半栽培で食料生産を行うが，狩猟採集からも多くものを得る．弓矢猟によって肉を，漁撈によって魚を，採集によって木の実やハスの実などを手に入れることができる．食物獲得のための労働時間は短く，豊富な自由時間を持っている．現金収入が少なく購買力は低いが，どうしても購入しなければならないものはほとんどない．必要なものは自然の中にある．ただし，それを利用するには，生まれ育ちながら周辺の環境をよく知り，狩猟や漁撈の技術を発達させ，自分で食料を獲得する経験を積み重ねる必要はある．

　四半世紀にわたる調査の間に，世代が変わり，生死や婚姻の事例・情報が得られている．このようなデータを基にして，生活の変化，伝統社会の人びとの人生，宗教や世界観についても検討する．

2010年7月　　河辺俊雄

目次

はじめに iii

I　失われぬ伝統文化——ギデラの世界　　　　　　　　　　　　1

第1章　森の民——ギデラ 3
　1.1　狩猟採集耕作民「ギデラ」　3
　1.2　ギデラランド　14
　1.3　ギデラの社会　19

第2章　ブアとヤップの境界——ルアル村 25
　2.1　ルアル村　25
　2.2　メット　36
　2.3　ルアル村周辺　51
　2.4　ルアルの人びと　56

第3章　ルアル村の生活——交通手段と道具 61
　3.1　移動と交通　61
　3.2　ルアルの1日　67
　3.3　さまざまな道具　84

II　ブアとヤップで生きる——生業活動と食生活　　　　　　95

第4章　豊かな動物相——狩猟活動と漁撈活動 97
　4.1　弓矢猟　98
　4.2　狩猟の成果　113
　4.3　狩猟技術の発達　123
　4.4　クリークにおける漁撈　137

第5章　ルアルの植物相——採集活動と焼畑耕作 …………………… 141
　　5.1　ブアからのめぐみ——採集活動　141
　　5.2　重要な食糧源——サゴヤシとココヤシ　144
　　5.3　村人による共同作業——焼畑耕作　152
第6章　生業活動時間——時間に余裕のある生活 ………………… 163
　　6.1　生業活動調査　163
　　6.2　活動パターン　164
　　6.3　活動時間　169
第7章　熱帯環境の食事——食生活 ………………………………… 173
　　7.1　食生活の特徴　173
　　7.2　屋外のキッチン小屋——料理　180

Ⅲ　これからのルアル——熱帯林と地球環境問題　　185

第8章　ルアルの変化——出生・結婚・死亡 ……………………… 187
　　8.1　ギデラ再訪——5年後のルアル　187
　　8.2　ルアル村の分裂　191
　　8.3　16年半の変化　192
　　8.4　死と呪術　198
　　8.5　別れとその後　199
第9章　ルアル開発と環境——地球環境問題から考える ………… 203
　　9.1　熱帯林の重要性　203
　　9.2　ルアルにおける自然利用　205
　　9.3　開発と環境保護　210

付録 ……………………………………………………………………… 211
おわりに ………………………………………………………………… 227
参考文献 ………………………………………………………………… 231
事項索引 ………………………………………………………………… 237
動植物名索引 …………………………………………………………… 240

コラム一覧

コラム a　メット（家）　41
コラム b　カヌー　66
コラム c　弓矢図　86
コラム d　ダンスのときに使う楽器　92
コラム e　集団猟　109
コラム f　サゴづくりの道具　148
コラム g　食物サンプリング　183
コラム h　婚姻規制と結婚　196
コラム i　呪術　201

I

失われぬ伝統文化

ギデラの世界

第1章

森の民

ギデラ

1.1 狩猟採集耕作民「ギデラ」

(1) ギデラ

　ギデラは，ニューギニア島のほぼ中央部の南岸地域，赤道に近い熱帯性気候の低湿地帯で生活する狩猟採集耕作民である．「森の民」と呼ばれているギデラの人びとは熱帯林やサバンナで狩猟採集を行い，森林を利用して焼畑をつくり，蛇行する川や網目状に入り組んだクリークでは漁撈をし，湿地ではサゴヤシ（*Metroxylon sagu*）を利用して生活している．ヨーロッパ人と接触するまでは，まるで石器時代のような生活を続けていたと考えられ，現在でも弓矢を使用した狩猟が盛んに行われている．ギデラの土地（ギデラランド）は，森林あり，サバンナあり，草原ありの多様な植物相からなり，蛇行する大小の河川を抱えて広大である．このように複雑な自然環境の中において，ギデラの人びとの生活も多様であり，生業の一つとして焼畑農耕を行うものの，自然に強く依存した生活をしている．湿地帯では主食となるサゴヤシを半栽培し，豊かな動物相に恵まれた大自然の中では，弓矢でワラビー（*Wallabia agilis*）などをとる．ギデラランドのあるオリオモ台地はニューギニア島中央南端に位置し，トレス海峡に面しており，海峡を隔てた向こう側はオーストラリア大陸である．オーストラリアの先住民は狩猟採集民とし

てよく知られているが，ニューギニアにおいては早くから農耕が開始され，焼畑農耕が広く行われてきた．ただし，ニューギニアにおける農業への依存度は環境条件によって大きく異なる．ギデラランドのように豊かな動物相が持続した地域では，狩猟採集が重要な生業活動として続けられてきた．

ギデラのテリトリーは東経143度，南緯9度に位置するオリオモ台地の東部にあり，4,000 km^2（東京都の約2倍）に及ぶ広大な面積の土地を占めている（図1.1）．オリオモ台地は，標高が数十メートル以下の低平な土地で，北はフライ川の下流域，南はオーストラリアとの境界となるトレス海峡に面した，大三角州である．ギデラとは近隣の部族の言葉で「森の民」を意味し，森林がギデラの生活の中心である．樹高が30 mを越える多様な種の高木からなる熱帯森林はギデラ語でブアと呼ばれ，木がまばらに生えた疎林地域は，ヤップと呼ばれる．北や南の方向に蛇行して流れる多数のクリークはプシンと呼ばれ，漁撈活動の場であり，カヌーの水路となる．ブアやヤップ，草原や湿地がモザイク状に組み合わさった複雑な地形が，ギデラの生活の場である．気候は高温多湿で，年平均気温は27℃，湿度は85％と高い．年間降水量は2,000 mmに達し，12月から5月の雨季と6月から11月の乾季に分かれる．

ギデラランドにある，13の村落は場所によって環境条件が大きく異なり，生活内容も変化する．生業活動の内容も村により異なっており，内陸の村落では狩猟，サゴ栽培，焼畑を主とするのに対して，河岸や海岸の村落では漁撈，焼畑への依存が高い．

ギデラの人口は約2,000人で人口密度は0.5人/km^{2}と低い．なお，ニューギニアの人口密度は主食によって地域差があり，サツマイモ（*Ipomea batatas*）に依存するニューギニア高地では10人/km^{2}以上，根菜（タロイモ（*Colocasia esculenta, Alocasia mocrorrhiza*），ヤムイモ（*Dioscorea* spp.））中心の地域で5人/km^{2}以下，サゴヤシ依存地域で1人/km^{2}といわれている．きわめて人口密度が低いギデラは，村間の距離が離れており，また村の立地する場所は固定されず，移動している．多くの村落では10年間ほど利用すると，家屋などを放棄して別の場所に移動し，新しい村をつくる．

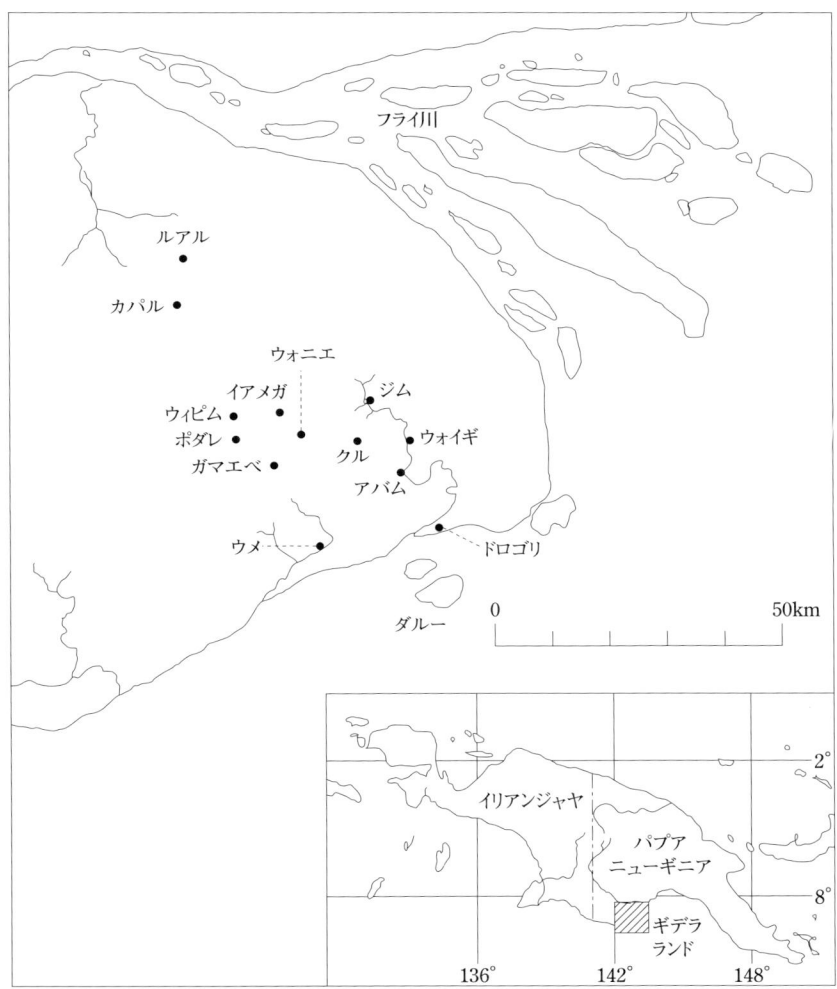

図 1.1 ニューギニア島とオリオモ台地のギデラランド周辺地図．●はギデラランドにある13の村落を示す．

生態学的条件は各村落によって大きな差異がある．森の民の本来の居住地である内陸部にある村落はブアとヤップの生活だが，河岸や海岸に進出してきた村落では，カヌーを利用した生活になる．村人の生活は移動性が高く，他

写真 1.1 パプアニューギニア西部州の州都ダルーから空路でギデララントに向かうプロペラ機.

村を訪問したり，サゴづくりや焼畑のために村を離れることが多い.

　パプアニューギニア国西部州の州都ダルーはこの地域の政治・経済の中心である．河岸や海岸に面した村では，船外機付カヌーなどを利用してダルーに往来できる．村落間の差異は生態学的条件だけではなく，ダルーへの近さも大きな要因となる．ダルーに近ければ現金を得やすく，得た現金で米や小麦粉，缶詰類を購入することができる．いわゆる近代化というような生活全体の変化が起こり，村落間の差となっている．

　ダルーから内陸の村落に行くには，空路を利用することも可能で，ダルー空港からギデラランド内のウィピム村の飛行場に向かう．ダルー空港はジェット機の発着ができず，プロペラ機を使う．写真 1.1 はダルーの飛行場の様子と，ウィピムに行くときに利用した8人乗りのフォッカーである．ダルーからは，ギデラランドのモザイク状の森林・サバンナ・草原・河川を眺めながら，およそ15分のフライトの後，ウィピム村の飛行場に到着する．ダルーは州都とはいえ，人口約7,000人の小さな町で，写真1.2のように建物が密集したところはほとんどない．ダルー島を飛び立つと，狭い海峡を越えて

写真 1.2 ダルー空港を離陸してダルーの町を眺めながら，狭い海峡を越えてオリオモ台地のギデラランドに向かう．

対岸に見えるのがオリオモ台地東部のギデラランドである．オリオモ川は，ダルーと河岸村落を結ぶ重要な水路となっており，蛇行してゆるやかに流れ，船外機付カヌーでも川を遡ることができる．写真 1.3 はオリオモ川河口付近の様子である．マングローブやヤシの木があり，雨季には水没する低湿地帯は草地で木が少なく，遠方には鬱蒼とした熱帯森林（ブア）が広がっている．写真 1.4 は森林を切り開いてつくった道路の周辺を上空から眺めた様子である．村と村を結ぶ主要な道路は，州政府の公共事業として整備され，道路づくりの労賃は住民の貴重な現金収入源となっている．ただし，道路づくりは手作業で行われるため重労働である．道路ができれば，トラクターやトラックによる運搬や移動が可能になる．ただし，乾季には道路として機能しても，雨季にはあちこちで水没したり，橋が流されたりするため，つねに車が通行できる状態を確保するのは容易ではない．ウィピム村の飛行場は樹木を切り払い，整地したもので，コンクリート舗装などはされていない（写真 1.5）．

　ウィピム村の様子を上空から見ると，写真 1.6（上）のように，家が横長の長方形に並び，村内は木や草を刈り取っているため土が見えている．村は

1.1 狩猟採集耕作民「ギデラ」　　7

写真1.3 蛇行して流れるオリオモ川の河口付近にはマングローブやヤシの木が生え，遠方には鬱蒼とした熱帯森林（ブア）が広がっている．

写真1.4 熱帯森林を切り開いてつくった道路は，乾季にはトラックが通行可能だが，雨季には泥道になり水没する．

写真 1.5 ギデラのウィピム村の飛行場は整地されているが，コンクリート舗装はされていない．

　森林（ブア）ではなく疎林地域（ヤップ）につくられるので，村の近辺は木がまばらに生えている．村の周辺には，ヤシの木やパパイア（*Carica papaya*）などが栽培され，小規模な畑がつくられる（写真 1.6（下））．

　公立の小学校をつくるときには，教師が飛行機で赴任できるように，飛行場も同時につくられる．ギデラ地域では，ウィピム以外にカパルにも小学校と飛行場が，新たにつくられた．小さな飛行場では，主にセスナ機（4人乗りや6人乗り）が使われる（写真 1.7）．セスナ機は人員の移動だけではなく，米，小麦粉，缶詰（サバの水煮やコンビーフ）などの食料品の運搬にも利用される．しかし，セスナ機の最大積載量は300-400 kgと少なく，また村人にとっては高額な運賃のため，運搬手段としては制限が大きい．

　ダルーから内陸の村落に行く他の方法は，船外機付カヌー（写真 1.8）で川沿いの村に渡り，そこから陸路を歩く．ただし，ルアルのような北方の村ではダルーから村まで数日かかる．州政府の公共事業でつくられた道路は，トラクターやトラックが通れるように道幅が広い．写真 1.9 には，そのような道路と，道路脇のサゴヤシが見える．また，写真 1.10 のように，橋も十

1.1　狩猟採集耕作民「ギデラ」

写真 1.6 （上）ウィピム村を上空から見ると，家々が 2 列に並び，村内は木や草を刈り取っているため土が見える．（下）さらに降下すると，家と周辺に植えられたヤシの木やパパイヤなどが見える．

分な横幅のものがつくられるが，数年も経過しないうちに，雨季の大量の水で壊れてしまう．

　ギデラはわずか 2,000 人に満たない人口ではあっても，村々は 4,000 km² の広大な土地に散在している．そして頼りとなるのは脚と腕，つまり内陸部

写真 1.7　通常はセスナ機が使われ，食料品も運搬される．

写真 1.8　ダルーから狭い海峡を越えオリオモ川沿いの村に行く船外機付カヌー．

写真 1.9 州政府の公共事業によって，トラクターやトラックが通れるように道幅の広い道路がつくられる．川辺にはサゴヤシが植えられている．

では徒歩に頼り，河川地域ではカヌーを漕ぐ．村々を訪ね歩く私たちのパトロール調査も，とにかく歩くのである．麦わら帽子に地下足袋という姿で，荷物を入れて運ぶ石油缶は，防水対策として丸蓋を付けて緑色に塗装した特別加工品を使う（写真 1.10）．このグリーン缶は，突然の豪雨やカヌーでの運搬のときに絶大な効果を発揮するが，運搬はなかなか大変である．現地の村人を雇って運んでもらうのだが，弓矢を持ち歩く生活をしている人たちなので，荷役仕事は嫌われる．

　村と村を結ぶ道は，できるだけブアを避けてヤップを通っていて，写真 1.11 のように，疎らに木が生えている．歩いていると，道を横切るワラビーを見ることが珍しくない．動物相の豊かさを実感し，弓矢を持ち歩く意味が理解できる．ただし油断は禁物で，死に至らしめるほどの強い毒を持つ黒蛇のパプアンブラック（*Pseudechis papuanus*）に咬まれないように，注意して歩かねばならない．

写真 1.10 川には木の橋がかけられるが，雨季にはあふれた水で壊れてしまう．長時間歩くときは川辺で休息する．

写真 1.11 疎らに木が生えている疎林地域（ヤップ）を通る道．道を横切るワラビーを見ることも多いが，黒い毒蛇（パプアンブラック）も現れる．

1.1 狩猟採集耕作民「ギデラ」

1.2 ギデラランド

(1) ニューギニア島

　ニューギニア島は南西太平洋に位置し，オーストラリアの北方で，アラフラ海・トレス海峡を隔てて横たわる世界第2の大島（面積771,900 km^2）である．北西と南東に細長い半島をのばし，中央部を東西に山脈が走り，最高峰は西部のジャヤ山（標高5,039 m）である．高温多湿の気候で熱帯雨林地帯にあり，動物は大部分がオーストラリア区に属して，有袋類の動物が多い．

　住民はパプア人とメラネシア人からなり，約1,000の異なる言語が使われている．1526年にポルトガル人が来航し，1828年にオランダが領有，19世紀末にドイツとイギリスとの間で東経141度以西がオランダ領と認められた．141度以東は，1880年代に，ドイツとイギリスが領有権を主張しはじめ，1886年にドイツが北側を，イギリスが南側を領有する合意がなされた．ニューギニア全体が植民地化され3分割された地域は，ドイツ領になった部分がニューギニア，イギリス領になった部分がパプア，そして西半分のオランダ領が西イリアンと呼ばれた．

　先史時代，アジアからニューギニア島への移住は，5万年以上前から始まった．当時の地球は寒冷気候のため陸地が広がり，現在のオーストラリア大陸・ニューギニア島・タスマニア島はサフル大陸を形成していた．東南アジアの島嶼部はスンダ大陸を形成し，移住者たちは筏のようなものに乗ってサフル大陸の西北部（現在のニューギニア島）に渡ったと推定されている．移住者は狩猟採集民であり，サフル大陸に拡散して，オーストラリア先住民（アボリジニー）やニューギニア島民の祖先になった．サフル大陸が消滅した後，アボリジニーはオーストラリア大陸に拡散し狩猟採集の生活を続けたのに対し，ニューギニアでは早くから農耕が始まった．このニューギニアの子孫の言語は，非オーストロネシア語となって現在も残っている．

　サフル大陸は1万年以上前にオーストラリア大陸やニューギニア島などに分かれた．およそ5,000年前に，再びアジアからニューギニア島への移住が

起こったが，それにはカヌーの巧みな操船技術が使われたと推測される．ニューギニア島に到達した移住者は北側の海岸に沿って東方へ移動し，ビスマルク諸島などのメラネシア島嶼部に到達した．やがてラピタ土器の製作が始まり，アジアから持ち込んだ，イモ類の農耕技術やブタ（イノシシ）（*Sus scrofa*）・イヌ（*Canus familiaris*）・ニワトリ（*Gallus* sp.）の家畜，さらに海産資源の利用法の開発により，ラピタ文化複合を形成した．その後，子孫はカヌーを操る遠洋航海者としてフィジーを経由してサモアやトンガへ，そして遠く離れたポリネシアの島々へと拡散した．言語は，アジア大陸起源（おそらく中国南部の内陸部）であり，オーストロネシア語と呼ばれる．

　ニューギニア社会の大きな特徴として，言語の数が極端に多いことがあげられ，この特徴は非オーストロネシア語族に顕著である．言語数が多い理由は，ニューギニアでは各集団が他集団に対して対立的であり，部族戦争の相手であったり，邪術をかけあう相手とみなしたりするためであると考えられる．ニューギニアの人びとは，小さな言語族として閉鎖性の高い生活を送ってきたと考えてよく，小人口の社会であるため，権力の集中が起こらなかった．ニューギニアでは，王国のような広域に及ぶ統治機構が発達せず，ポリネシア地域に広く認められる首長制すら見られない．

　ニューギニアにおける農耕の始まりについては，ニューギニア高地ワーギ渓谷におけるゴルソンらの発掘調査によって，約9,000年前の証拠が発見されている（大塚，1995a）．初期の農耕では，水路をつくって水はけをよくし，水路に囲まれたところに土を盛り上げ（マウンド），作物を植えたと考えられる．ゴルソンらの発掘調査によると，最初に栽培された作物はニューギニア原産のフエイ・バナナ（*Musa fehi*，バナナの一種で大きな種子を多数含み，果実は垂れ下がらず上向きに延びる），パンダヌス（*Pandanus conoideus*，タコノキ科の樹木），サトウキビ（*Saccharum officinarum*）などと推定されている．狩猟採集から農耕生活への移行が古く起こったのは，動物相が豊富で果実などの食用植物が多く，熱帯感染症のリスクが低い，熱帯高地の恵まれた環境において，人口が増加したことに原因があると考えられる（大塚，2002）．人口圧の高まりに加えて，気候変動による食糧危機が

早期の農耕開始につながったのであろう．

　2,000年以上前に，主作物が東南アジア原産のタロイモにかわり，およそ250年前には，南米原産のサツマイモが栽培され始めた．さらに近年になって，南米原産のキャッサバ（*Mamihote sculenla*）が導入された．現在のニューギニアの主要な農耕作物は，タロイモ，ヤムイモ，サツマイモ，バナナ（*Musa* spp.），サトウキビ，キャッサバなどである．

　家畜飼育については，ニューギニア地域で家畜化された動物は存在しない．アジアからニューギニア島への移住者が，ブタ（イノシシ），ニワトリ，イヌを持ち込み，古くから飼育されてきた．ブタは，古くは6,000年前に高地で飼育されていた可能性がある．ブタは現在も価値の高い動物で，儀礼のときなどに食用とされるだけではなく，婚姻や戦闘にかかわる贈与品などとしても重要である．なお，ギデラでは，原則としてブタの飼育は行わず，野生化したものを狩猟対象とするので，イノシシと呼ぶことにする．

(2)　パプアニューギニア

　パプアニューギニアは，面積が462,840 km^{2}で日本の約1.25倍，人口が約618万人（2006年，太平洋共同体事務局調べ），首都がポートモレスビーである．英語が公用語であるが，その他にピジン英語やモツ語などが使用されている．

　パプアニューギニアは，植民地時代の歴史によりパプアとニューギニアに区分される．地理的および生態学的な特性を加えると，ニューギニア本島の中央部に広がる「高地」と島嶼部を分けるのがよい．すなわち，ニューギニアの中から島嶼部を，そしてニューギニアおよびパプアに属している高地をそれぞれ一つの独立した地域とし，ニューギニアとパプアのそれぞれの残りの地域を，ニューギニアとパプアと呼ぶ（大塚，2002）．現在のパプアニューギニアの行政単位である19州（首都ポートモレスビー特別区を除く）に当てはめると，国の中央部に位置する5州を高地，高地を除く南側の5州をパプア，高地と島嶼部を除く北側の4州をニューギニア，そして5州からなる島嶼部に区分できる．ギデラランドはパプア地域の低地に位置し，西部州

に属している．

　サゴ栽培，焼畑，常畑耕作という3つの生業パターンを，4区分した地域に当てはめると，高地は基本的にサツマイモ常畑地域であり，ニューギニアとパプアはサゴ栽培地域と焼畑地域からなり，島嶼部はほとんどが焼畑地域である．高地辺縁部は，ニューギニアとパプアの標高の高い地域に相当するが，その多くはタロイモに強く依存する焼畑地域になっている．この生業の基本パターンは，100-200年以上変わっていない．

(3) ギデラランドの気候

　ギデラランドの気候は，赤道に近いため，1年を通して，気温が高く変化は少ない．年間降水量は2,000 mmに達し，12月から5月の雨季と6月から11月の乾季に分かれる．年平均気温は27℃で，湿度は85%と高い．

　図1.2は西部州の州都ダルーにおける気温と降水量を示している（McAlpine, 1971）．月別平均気温は25-28℃であり，差はほとんどない．1日の気温の変化も小さく，最高気温が33℃，最低気温が22℃である．これに対して，降水量は年間で大きく変化し，雨季と乾季に分かれる．年間降水量は2,067 mmで，その80%は12月から5月までの半年間に集中して降る．この雨季には，ほぼ毎日降雨があり，たとえばルアル村周辺ではクリークから水があふれ出し，道は水没し，カヌーで移動せざるを得ない場所が多くなる．一方，乾季には多くのクリークで水の流れが止まり，道は乾燥して堅くなり，草も枯れる．飲料水なども不足し，村から遠く離れた水場まで往来しなければならなくなる．つまり，熱帯低地の生活は，雨の多さにも，また少なさにも，困難をともなう環境である．

(4) 地形

　オリオモ台地は，ニューギニア島のほぼ中央の南端，東経143度，南緯9度に位置し，フライ川とディグール川に囲まれた大三角洲である．オリオモ台地は，東西の長さ約500 km，南北が約100 kmあり，標高はおよそ50 m以下と低い．ギデラは，このオリオモ台地の東部で生活し，4,000 km^{2}に及

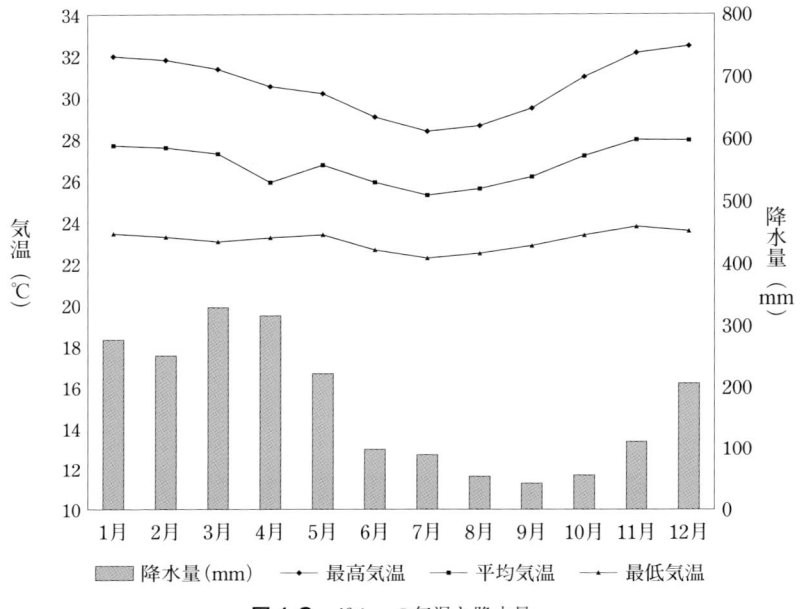

図 1.2 ダルーの気温と降水量.

ぶ広大な面積の土地をテリトリーとしている．図 1.1 にもあるように，オリオモ台地には，網の目のように多くのクリークがあり，これらは集まって多くの川となり，やがて北を流れるフライ川に合流する．あるいは何本もの川が南方に流れてトレス海峡に出る．

　オリオモ台地は全体的には低湿地帯であるが，内部は森林や草原などがモザイク状に分かれており，複雑な地形をなしている．ギデラの生活の中心はブアとヤップである．ブアは樹高が 30 m を越える多様な種の高木からなる熱帯森林で，ヤップはメラレウカ（*Melaleuca* spp.）やアカシア（*Acasia* spp.）の木がまばらに生え，チガヤ（*Imperata cylindrica*）の下草で覆われた疎林である．北や南の方向に蛇行して流れるプシンは，漁撈活動の場であり，カヌーの水路となる．

1.3 ギデラの社会

(1) ギデラ語

　ニューギニアには多くの言語族がある．オリオモ周辺の言語族は，ニューギニアに広く分布するパプア語族の一員である．ダルー島を含む海岸沿いとキワイ諸島ではキワイ語が優勢であるが，内陸部は小言語族に分かれており，ギデラ語はその一つである．ギデラ語を使用するギデラは，通婚圏やクラン（clan，氏族）の構成などの社会文化的まとまりを持った個体群と見なすことができる．ただし，ギデラを含むこの地域の人びとは，互いに交流を続けており，隣接する集団の言語を使うことができる住民は少なくない．

　ギデラとは，彼ら自身の言語による表現ではなく，キワイなどの周辺の部族が彼らを呼ぶときに用いられてきたもので，森の民という意味を表している．ギデラの人びとは自分たちを総称する言葉を持たない．ただし，「人びと」を意味するトゥンガムというギデラ語があり，地名を付けて用いられる．たとえば，ルアル村住民であれば，ルアルトゥンガムと呼ぶ．

(2) 親族組織

　ギデラは父系（patrilineal）社会である．出生した子どもは父親のクランに属することになり，相続する財産として重要なサゴヤシとココヤシ（*Cocos nucifera*）は男の所有であって，父親から息子に相続されるのが原則である．また，ギデラ社会では養子をとることも多いが，たとえ養子として別のクランに属する義父に養われても，クランは変更しない．ただし，養子になっても，多くの場合，生家の両親とともに生活している．義父の家に移り住むのは，実父が死んだ場合とか義父が違う部落に住んでいる場合などに限られる．なお，養子になった男子は，実父と義父の両方からサゴヤシとココヤシを相続する可能性がある．

　ギデラにはトーテミズム（totemism）と結び付いたクランがある．それぞれのクランには，トーテム動物（まれに植物の場合もある）があり，自分

の属するクランの主要なトーテム動物は食べることを禁じられている．ただし，このタブーを厳格に守っている者は，一部の高齢者に限られる（大塚，1974）．

　クランは2つのグループに分かれ，半族（moiety）の関係にある．外婚制（exogamy）によって，同一の半族のクランに属する者同士の婚姻は禁じられている．姉妹交換婚（sister-exchange）が婚姻の基本であり，2組の夫婦が同時に誕生することが原則である．ただし，男性に結婚適齢期の妹がいない場合には，同じ系統のクランの男性から女性をもらい，その女性を交換に出すことが多い．通婚圏は，所属する村を中心とした近隣の数村落の範囲に限られ，村内婚の割合が高い（第8章コラムhを参照）．

（3）　クランと半族

　ギデラの人びとは，口頭伝承の祖先が誕生した場所を，ギデラランドの西端に位置する小さな窪地と考えている．その窪地から人間の姿をした祖先が多くのクランの創始者をつくりだしたといわれている．これらの創始者は生誕後旅を繰り返し，泊まった場所や長く休んだ場所の周辺がそれぞれのクランの土地になった．ギデラの土地はクラン所有である．

　クランの創始者たちが行った旅によって，半族が決まったことになっている．あるクランの創始者が旅の途中で別のクランの創始者と出会ったときに，会話をかわしたり，一緒に旅をした場合には，これらのクランは同一の半族に属することになった．逆に，会話をせずに一緒に旅もしなかった場合には，異なる半族に属することになった．ギデラの社会には，現在では数十のクランがあり，すべてのクランは半族のどちらかに分類されている．

　ギデラの婚姻はクラン外婚制にしたがっており，半族の重要な機能は結婚に関する規制である．先にも述べたように，婚姻は異なる半族の男女間でしか認められず，姉妹交換婚によって2組の結婚が同時に成立するのが理想とされる．あるクランの男性と別の半族に属するあるクランの男性が，互いの妹（あるいは姉）と結婚するのである．姉妹交換できない場合は，自分のクランの別の女性によって交換することが原則である．自分のクランに，交換

に適した女性がいないときには，同一の半族のクランから女性を借りて交換することになる．したがって，同じ半族に属するクランの成員同士は，結婚に関しても相互扶助の関係を持つことになる．

　二つの半族のトーテム動物には，はっきりとした特徴がある．一方は，ヤップに棲む動物であり，ワラビー，バンディクート，イノシシ，コウモリ，鳥などが含まれる．他方の半族のトーテム動物はブアに棲む動物で，ニシキヘビ，ブッシュワラビー，ウナギやナマズなどで占められている．ブアとヤップ，森とサバンナという対照的な自然，それぞれに棲み分ける動物たち，それはギデラ社会の根幹につながっているのである．ギデラの人びとにとって，どのクランに属しているかは非常に重要である．土地所有や婚姻規制の原則となっているので，自分の村や隣村の住民のクランをつねに意識している．

（4）　土地所有

　ギデラは，長期にわたって周辺の部族と戦争することがなかったので，土地をめぐる部族間の対立問題は激しくない．ギデラでは伝統的に，土地はクランによって所有される．長期間，部族戦争を経験していないので，クランの土地を防衛する意識は低いが，各クランの土地の境界線ははっきりと認識されている．図1.3は，村人の1人がクランの土地所有を描いたスケッチを描き直したものである．クランの土地の配置が明瞭であり，他村との境界がはっきり示されている．子孫が消滅したクランの土地は仮の担当者が割り当てられている．

　先にも述べたように財産としての価値が高いサゴヤシとココヤシは既婚男子の個人によって所有され，父親から息子に相続されるのを原則とする．ただし，ルアル村ではこの原則は曖昧で，女性が所有することもある（表5.1）．

（5）　年齢階梯

　ギデラの年齢階梯制（図1.4）では，男性は6グループ，女性は4グループに分かれる．生後7-8歳までの男の子どもはソビジョグブガ（SBと略記

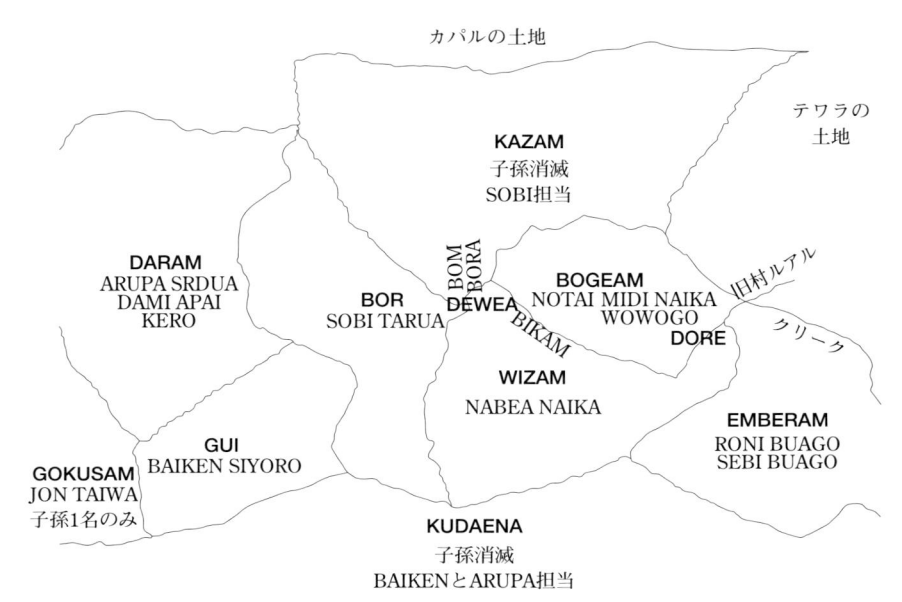

図 1.3 クランとクランを代表する男性名.

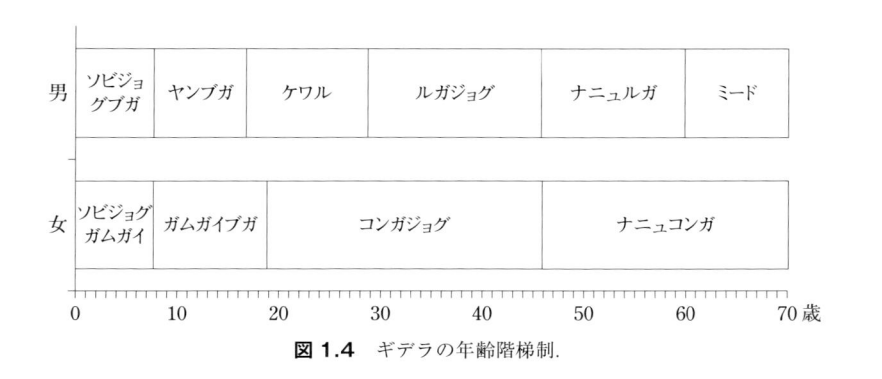

図 1.4 ギデラの年齢階梯制.

する．以下同じ），女の子がソビジョグガムガイ（SN）である．会話が自由にできるようになると，男の子はヤンブガ（YB），女の子はガムガイブガ（NB，ガムガイともいう）に移行する．男は，16歳ぐらいになって思春期に入ると，ケワル（KB）になる．ケワルは普通20歳代で結婚し，ルガジョ

グ（RJ）となる．女は10歳代の終わり頃になると結婚し，コンガジョグ（KJ）となる．40歳代半ばになると男はナニュルガ（NR），女はナニュコンガ（NK）の階梯に変わる．まれに男が非常に高齢になると，ミード（MI）と呼ばれるが，この呼称には尊敬すべき存在という意味がこめられている．

第2章
ブアとヤップの境界
ルアル村

2.1 ルアル村

　ルアル（RUAL）とは，かつて村落のあった地名の一つであるが，村内外の人びとが村落名称として使うようになった．ルアルという地名の場所は，1980 年の調査時に村落が存在していた場所（地名はビカム（BIKAM））からは約 7 km 北方にあり，ビトゥリ川の支流に面している．村民によれば，1950 年以前にはサナムライ（SANAMURAI）に村があり，およそ 12 年間そこで暮らした．その後ルアルに移り，約 9 年間村があった．そして，ガウエル（GAUER）に村が移動して 7 年程度経過した後，ビカムに住むようになり，1980 年現在で 5 年が経った．村はビカム以外はビトゥリ川の支流に近い位置にあり，カヌーを利用した生活をしてきたと考えられる（図 2.2 も参照）．

　写真 2.1 は，かつて村のあった，ルアルという地名の場所の遠景である．見晴らしのよい草原地域であるが，雨季にはかなりの部分が水で覆われ，カヌー主体の生活となる．旧ルアル村の近くのビトゥリ川の支流が写真 2.2 であり，乾季でも水流が止まることがない．カヌー置き場があり，他の言語族の村や小学校への移動は，カヌーを使う．

　ビカムは隣村のカパルに比較的近い場所であり，ブアとヤップの境界にある．その後 1990 年頃に，村落はビカムの場所を去り，カパルからは遠く離

写真 2.1 見晴らしのよい草原はルアルという地名の，かつて村があった場所で，川に近いため雨季には大部分が水で覆われる．

写真 2.2 旧ルアル村の近くのビトゥリ川の支流から，カヌーで他言語族の村やウピアラ小学校へ行く．

れ，ビトゥリ川の支流に近い場所に移動して，2つに分かれた．地名でいえば，ノタイ（NOTAI）とその北方に3.5 km離れた位置にあるダムア（DAMUA）である．村落のある場所の地名を使って2つの村落名称とすることもできるが，2つに分裂したわけではなく一体感は強いことを考慮して，村落名称としてはルアルを使うことにする．つまり村落は，長期間ルアル周辺のビトゥリ川の支流近くに存在していたが，ギデラの一員として，隣村のカパルに近づき（ビカム），やがて再びビトゥリ川の支流へと戻った，ということになる．

ルアル村の中ではギデラ語が使われている．ただし，ルアルはギデラの中では北方の辺縁部にあり，ビトゥリ川の支流に位置しているため，他の部族との関係も強い．ギデラではない部族の出身者で，婚姻によってルアルに住むようになった者が数名いる．村落の位置を決めるとき，自然の立地条件に加えて，どの部族に関係が深いかということも影響する．つまり，ギデラに属する隣村のカパルに近い立地のときはギデラを指向し，カパルから離れてビトゥリ川に近くなれば，他部族への関係が強いと考えてよい．

村はおよそ10年ほどで次の場所に移動する．新しい村に適した場所を切り開き，時間をかけて新居をつくる．新しい家の完成度は家族によってさまざまなので，新しい村への移動は家族によって異なる．古い村はそのまま放置され，家は崩れ，柱だけが残り，やがて森林に遷移していく．ただし，村人は旧村の場所に出かけることが少なくない．それは，ココヤシがそのまま成長を続けるので，ココナツ採集には好適な場所となるためである．ココナツは主食ではないが，味付けに使える食材としてきわめて貴重である．

(1) 家の配置

ルアル村の家は図2.1に示したような配置になっている．ルアルには22世帯が居住しているが，3世帯は他の世帯と同じ家に住んでいるので家の数は19軒である．各世帯は，一般的に，夫婦と子どもからなる核家族で生活し，それが居住の単位となる．親や兄弟などの近親者同士は近くに家を建てる傾向がある．19軒の家の配置は，村の中央部の細長い空間を囲むように

28　第 2 章　ブアとヤップの境界

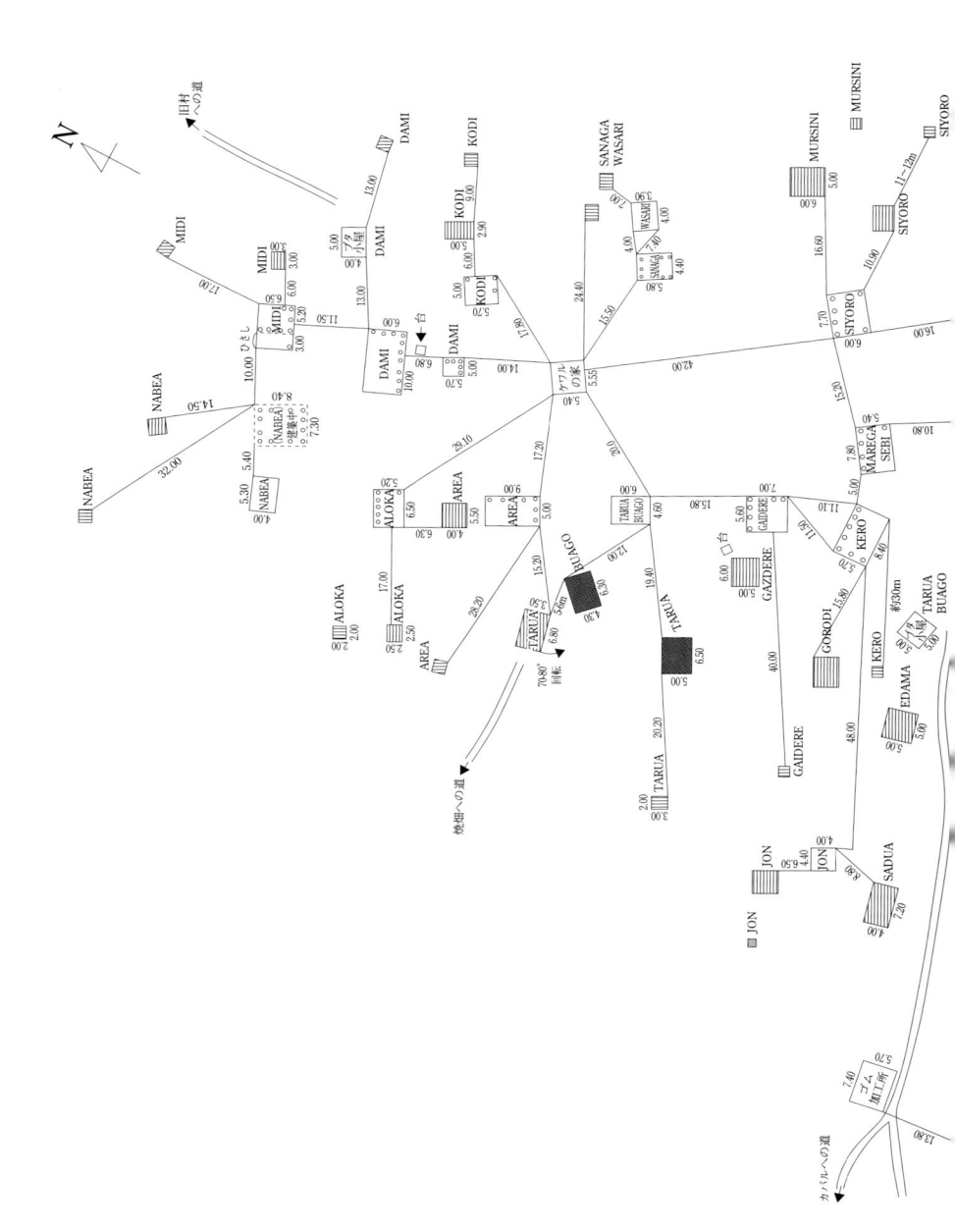

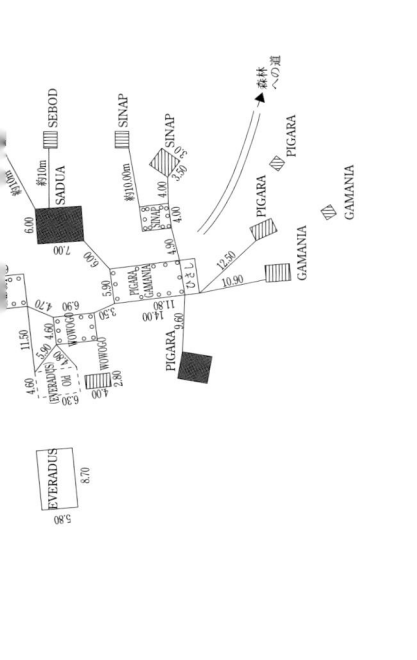

図 2.1 ルアル村の家の配置図. 図中のアルファベットは戸主の名前. 家の数字はたてとよこの長さ (m). 家と家を結ぶ直線は家間の距離 (m) を示す.

並んでいる．長方形の高床式の家の他に，キシニ（料理小屋），ヤム小屋があり，便所は村の外縁につくられる．稀にブタ小屋を持つことがある．各家は5m以下に近接することもあれば，15m以上離れて建てられることもある．

　写真2.3（左上）は村の中の家が並んでいる様子である．家の形状や床の高さ，壁面などはさまざまである．右端の家では，壁面が壊れ，内部が見える状態で暮らしている．家が古くなると，新たな家を建てるので，柱だけが埋め込まれて建築中の状態もある．写真2.3（右上）は比較的新しい家で，サゴヤシの葉柄でつくった壁は色の違いを組み合わせて模様がつくられている．寝室になる部屋には開閉できる窓が付いているが，調理場の部屋の窓には蓋がない．室内の棚の上に洗った食器などが並んでいるのが見える．写真

写真 2.3　（左上）村の中の家々は，形状や床の高さ，壁面などが多様であり，家の柱だけが埋め込まれた建築途中の状態もある．（右上）色の違うサゴヤシの葉柄で模様がつくられている壁に，上下に開閉できる窓がある．（左下）左半分は模様のある壁面で，壁がない右半分の場所は調理場として使われる．高床の床下に棚台をつくり，長いすや昼寝のベッドとして使う．（右下）調理場がせり出してつくられ，その区画まで屋根が伸び出している．

2.3（左下）の家は，屋根の形状がわかり，模様のある壁面と壁のない部屋が見えている．壁なしの場所は調理場として使われ，火を使っても煙が室内にこもることがない．床は比較的高く，床下に棚台をつくっている．座ったり，昼寝したり，作業をしたりなどに使われる．屋内は暗いので，明るい床下が作業場として適しており，暑い日中は涼しい場所となる．写真2.3（右下）の家では，調理場がせり出してつくられ，その区画まで屋根が伸び出している．

写真2.4（上）の家は，写真2.3（右下）と同じく，調理場がせり出しているが，屋根がない．写真2.4（中）の家は，床が高く，屋根が古くて凹んでいる．サゴヤシが村の中に植え付けられ，周囲を囲むように土を盛り上げている．また，植え付けの時期が異なるので，さまざまな高さになっている．写真2.4（下）は，太いヤシ葉をたてに並べた壁面の家で，床下で女性が作業をしている様子が見える．床下には籠などをつり下げ，たき火を燃やしている．

写真2.5（上）は，料理をするためのキシニ（料理小屋）で，調理具や薪などを置いている．キシニを持たない家族もあり，屋内の炉でもイモなどを焼くことが多い．写真2.5（中・下）は，ヤムイモを数カ月保存するためのヤム小屋である．高床でなく，屋根，壁面，出入り口は簡単なつくりになっているが，雨を防ぐには十分である．

21世帯の家の大きさは，表2.1に示したように，平均の大きさは $40.1\,\mathrm{m}^2$ である．大きさは家によって大きな差がある．もっとも大きな家は長さがたて14 m，よこ幅が6 m，面積は $82.6\,\mathrm{m}^2$（$14.0\,\mathrm{m} \times 5.9\,\mathrm{m}$）ある．一方，小さな家はその6分の1ほどの大きさで $13.6\,\mathrm{m}^2$（$3.4\,\mathrm{m} \times 4.0\,\mathrm{m}$）である．

居住の単位は，夫婦と未婚の子どもで，それぞれが一つの家を持つ．表2.1のように，1軒の家には，1-10人が居住しており，平均は5.9人である．1人あたりの面積は，平均が $6.8\,\mathrm{m}^2$ で，$3.9\text{-}25.5\,\mathrm{m}^2$ と差がある．

村落の中は雑草を取り除き，犬の糞なども掃除して，きれいに保っている．草はギリと呼ばれる鉄製の蛮刀やスコップで根こそぎ取り除き，土が露出している．これはヘビなどの進入を防ぐのが目的の一つである．この地域には

写真 2.4 （上）大きい家で，調理場の屋根がない．（中）床の高い古い家で，古くて弱くなった柱に補助木を添えて2本になっている．（下）太いヤシ葉をたてに並べた壁面の家．高床の下で女性が作業をし，たき火を燃やしている．

写真 2.5 （上）料理をするためのキシニ（料理小屋）で，土間になっている．中には調理具や薪など置いている．（中）ヤムイモを数カ月保存するためのヤム小屋で，出入り口は閉めている．（下）ヤム小屋は高床でなく，屋根，壁面，出入り口は簡単なつくりになっている．

表2.1 ルアル村の家の大きさ（1981年調査時）

世帯番号	居住者数	たて (m)	よこ (m)	面積 (m²)	1人あたりの面積
1	7	5.0	9.0	45.00	6.43
2	5	6.5	5.2	33.80	6.76
3	9	7.3	8.4	61.32	6.81
4	6	8.2	6.5	53.30	8.88
5	7	10.0	6.0	60.00	8.57
6	6	5.7	5.0	28.50	4.75
7	4	4.0	3.9	15.60	3.90
8, 9	7	6.0	4.6	27.60	3.94
10	1	5.8	4.4	25.52	25.52
11	7	7.7	6.0	46.20	6.60
12	7	5.6	7.0	39.20	5.60
13	1	3.4	4.0	13.60	13.60
14	7	8.4	5.7	47.88	6.84
15, 22	8	7.8	5.4	42.12	5.27
16	9	6.8	5.6	38.08	4.23
17	4	8.7	5.8	50.46	12.62
18	4	6.9	4.6	31.74	7.94
19, 20	10	14.0	5.9	82.60	8.26
21	4	5.0	4.0	20.00	5.00
合計	113			762.52	
平均値				40.13	6.75

ティムティムと呼ばれる黒い毒ヘビ（パプアンブラック）が棲息している．日常的に自分の家の周りの草は取り除くが，ときには村全体で大がかりな草取りをすることもある．家の周囲には，赤，紫，オレンジ色などの花をつける草花を植えたり，観葉植物を植えることもある．

　写真2.6（上）は毒ヘビのパプアンブラックが村の中に出現し，大騒ぎになっている様子である．ヘビの侵入に気付くと大声を上げて警告する．まず，ケワルの若者が，ヘビに咬まれないように注意しながら，長い木の棒を使い，ヘビを叩き殺そうとしている．次にルガジョグ（成人男性）が弓矢を持って現れ，ヘビを射殺そうとしている（写真2.6（中））．ヘビが死んだので，持

写真 2.6　（上）毒へびのパプアンブラックが村の中に出現したので，ケワルの若者がヘビに咬まれないように注意しながら，長い木の棒でヘビを叩き殺そうとしている．（中）ルガジョグ（成人男性）が弓矢を持って現れ，ヘビを射殺そうとしている．（下）死んだヘビを持ち上げると，子どもたちが寄ってきた．

ち上げていると，子どもたちも寄ってきて，勝利の動作をしている（写真2.6（下））．このように，村の中には草がなく，土が露出しているので，ヘビの侵入に早く気づき，犠牲者を出さずに，ヘビを退治することができた．

2.2 メット

(1) メット（家）

　ギデラ語のメットは，広い意味で使用される．日本語では家，小舎などと違う言葉で表現するものを含む．家は高床式住居で地上より 1.5 m 以上の高い位置に床があり，床面の形が長方形をしている．床を支える柱（ポルテ）はプランチョニア（*Planchonia papuana*）やエウオディア（*Euodia* sp.）などの幹を使用する．ほぼ等間隔に 3 列あるいは 4 列に並べて，合計で 20-30 本の柱が立てられる．柱の位置に数十 cm の深さの穴を掘り，柱となる太い丸太を土中に埋め立てる．太い丸太でできた家の土台は，10 年程度使用でき，弱くなれば補助木を添えることでさらに耐久期間は延びる（写真 2.4（中））．

　これらの丸太柱の上には，外側の四方に角形の太い木材をのせて枠とし，この間を細い角形材でたてとよこに並べ，家の土台となる床（プグ）をつくる．丸太材や角材はブアから切り出してきたものであり，斧やギリで削っただけなので，凹凸が残っている．木材同士はブアで採取した籐（*Calamus* spp.）を利用して結び付ける．場合によっては，市販の釘も使用する．この上に床板を張り詰めるが，床板の材料は，野生のヤシの一種であるブラックパーム（*Pfyckosperma* spp.）をたて割りにしたものを用いる．野生ヤシが材料なので，元の曲面は残っており，平らではなく凹凸がある．敷き詰めてはいるものの隙間は多い．見た目には隙間だらけでこぼこの床ではあるが，適当な弾力性があり，風通しや水はけのよさは大きな長所である．

　屋内には暖をとったり，料理をするために，炉がつくられる．煙突などの排煙や換気の仕組みはないので，室内は煙くなる．ただし，壁面は隙間が多いので，煙はわずかだが屋外に抜け出し，料理をしていることがわかる．写

真 2.7 は炉のそばで弓矢づくりをしている様子で，凹凸のある野生ヤシの床板に座って作業している．扉のない大きな窓があり，室内が明るくなるとともに，たき火の煙が出やすい構造となっている．壁面は隙間が多く，外光が入ってくる．また，食器や食塩などの置かれている状態も見え，家財道具の少なさが表れている．

座ったり寝たりするときは，このヤシ床板の上にメート（パンダナスの葉を編んでつくったマット）を敷く（写真 2.8）．メートは 1-3 cm 幅の長いパンダナスの葉をたてよこに編んだ敷物で，赤や青に染めた葉を組み合わせて簡単な模様を入れることもある．自家用の日用に使用するだけでなく，色柄を工夫し品質を高めたものは，マーケットで売買される商品となる．メートは敷いたままにするのではなく，寝るときなど使用するときに敷き，使い終わると緩く巻いて，立てておく．このメートも適度な弾力性があり，通気性が優れている．食べ落としなどのゴミ掃除も簡単で，メートを裏返してゴミを落とし，ほうきで掃いて床板の隙間から床下に落とせる．高温多湿の環境の暮らしの中では，このヤシ床とメートの組み合わせは通気性に優れているので，カビや害虫対策になっている．ただし，布団やベッドのような柔らかさはない．稀に，市販されているベッドを使用している者もいる．

家の土台の上に柱を立てるが，太さは多様である．柱の上に梁をのせて柱を結び付ける．柱と柱の間の壁（ドゥル）はサゴヤシの葉柄でつくる．葉柄をたてとよこに編み，幅が約 1 m，高さが約 2.5 m の壁ユニットをつくる．この壁ユニットを並べて，梁，柱，土台に籐のロープで結び付ける．壁も床と同様に，多数の隙間があり，密閉性は低い．外壁だけでなく，間仕切り壁も同様の壁ユニットを並べてつくる．壁ユニットの並べ方は簡単に変えることができるので，間仕切りのレイアウトの変更は容易である．外壁につくる窓（インドワ）も簡単な構造である．木枠で窓枠をつくり，この窓枠に合うように窓をつくり，壁ユニットと同じサゴヤシの葉柄を貼り付ける．窓の上端の左右を回転可能なように窓枠に付け，下部を屋外に押し出せば窓が開く．窓を開けた状態にするのは，窓の下部と窓枠の間に短い木の棒を挟むだけでよく，この小棒を取り外せば窓は閉まる．

写真 2.7 炉のそばで凹凸のある野生ヤシの床板に座って弓矢づくりをしている．大きな窓は室内を明るくし，たき火の煙が出やすい．

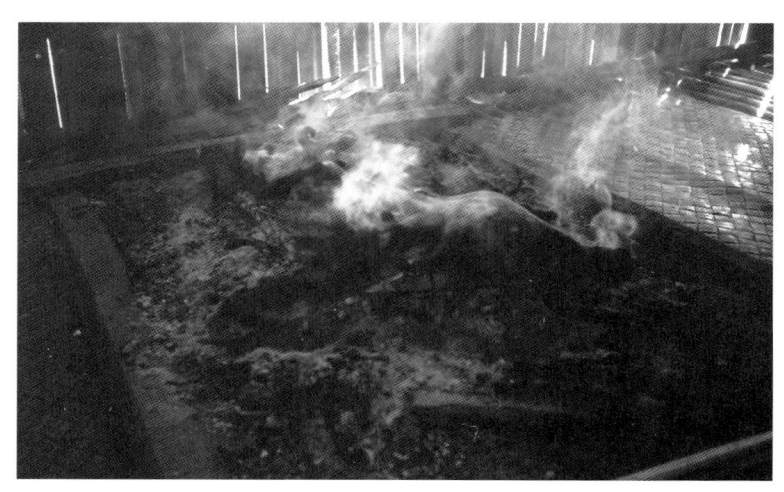

写真 2.8 炉端の周囲にメートを敷いて，寒い夜などは暖をとりながら，炉の周りに寝る．

写真 2.9 はしごを使って出入りするが，留守中ははずしておく．遠くからでも不在であることが確認でき，犬の侵入を防ぐ．

　屋根（オウキ）は，切妻屋根の形で，サゴヤシの葉で葺く．サゴヤシの小葉は，長さが 60 cm 程度で，幅が約 7 cm の葉元から先端にかけて細くなる．2 m の細い棒に小葉の葉元部分を折り巻き付け，次の小葉をこれに一部が重なるように巻き付け，雨水が漏れないように隙間なく並べる．50 枚ほどの小葉を重ね並べると，縦が 40-50 cm で，長さが約 2 m の屋根ユニットができあがる．切妻屋根のもっとも下の列からこの屋根ユニットを順に並べ，次に上方の列の屋根ユニットを重なるように並べる．両面の列が最上列まで並べば屋根のできあがりである．天井板はないので，屋内からはこのサゴ葺き屋根がそのまま見える．なお，サゴヤシの葉で葺いた屋根は 2-3 年おきに取り替える．

　扉（モラ）は，壁ユニットと同様の材料で簡単につくることもあれば，板張りで頑丈につくり鍵を備えることもある．高床式の家屋なので，家の出入り口には，はしごや階段がある．多くの家でははしごを使い，留守中ははずしておく．これは，不在であることが遠くからでも確認できる点と犬の侵入を防ぐためである．段の間隔が広く，上り下りが難しいのも，犬よけのため

2.2　メット　39

である．写真 2.9 の家は，はしごがはずされており，ドアも閉められているので，遠くからでも不在であることがわかる．

　高床の床下は重要な生活スペースとなっている．屋内は隙間が多いとはいえ，照明はないので昼間でも薄暗く，暑い．村内で暑い日中を過ごすのは，木陰や床下である．床下には台がつくられることが多く，村人の集会場所，おしゃべりのための長いす，昼寝のベッド，メートづくりや弓矢の手入れのための作業場などの用途として活用される（写真 2.3（左下））．

　家づくりの材料はほとんどがブアなどから得られる自然の恵みを利用する．土台の柱となる丸太材，床材となるブラックパーム，ロープとなる籐など，多様である．サゴヤシは，樹幹部のデンプンを主食とするだけではなく，葉柄が壁，小葉が屋根の材料として利用される．熱帯森林の特徴は多様性の高さであり，種数が非常に多いことは同種のものが分散して点在することになり，利用の点からすると，集めるのに苦労する．家づくりの材料集めに1日を費やすこともあり，狩猟や焼畑などの途中で見つけた柱の丸太を1本担いで帰ることもある．

　家は家族単位で，長期間かけて建てられる．ときには，親しい者が手助けをすることもある．家づくりの経過を写真で示す．写真 2.10（左上）は丸太柱を埋め込む穴を掘っているところである．写真 2.10（右上）のように，柱の位置が等間隔に3列あるいは4列に並べて配置される．写真 2.10（左中上）は，天井まで通す長い柱を立てているところで，数人の村人が手助けをしている．その様子を見にきている者の中には子どももいる（写真 2.10（右中上））．写真 2.10（左中下）は，床上部分の柱を立てて，床板を張っているところである．写真 2.10（右中下）は，柱が完成して，壁面が一部でき始めている．写真 2.10（左下）では，壁面をつくりながら，屋根をつくっている．写真 2.10（右下）は，その遠景であり，家の全体が見える．

　写真 2.11（上）は，家族で壁ユニットをつくっている様子で，子どもたちが近くで遊んでいる．壁面が完成するには時間がかかるので，屋根が一部でもできれば，この建築途中の家で生活を始める．長期間，一部の壁面があいたままで生活していることもある．写真 2.11（中）の家は，片面の壁が未完

コラム a　メット（家）

　スケッチ a.1 は，メット（家）の概略図である．メットは，床が地上より 1.5 m ほど高い位置にある高床式住居で，床面の形は長方形をしている．床を支える柱（ポルテ）は，3 列あるいは 4 列に並べて，合計で 20-30 本の柱が立てられる．これらの丸太柱の上には，家の外周に角形の太い木材をのせて枠とし，この間を細い角形材で縦と横に並べ，家の床（プグ）をつくる．

　家の土台の上に，柱を立て，柱の上に梁をのせて柱を結び付ける．柱と柱の間の壁（ドゥル）はサゴヤシの葉柄でつくる．窓（インドワ）は，穴の大きさにあわせて木枠で窓枠をつくり，サゴヤシの葉柄を貼り付ける．

　屋根（オウキ）は，サゴヤシの葉でつくる切妻屋根の形である．屋根は，縦が 40-50 cm で，長さが約 2 m の屋根ユニットをつくり，これを重ね合わせてつくる．

　扉（モラ）は，壁ユニットと同様の材料で簡単につくることもあれば，板張りで頑丈につくり鍵を備えることもある．

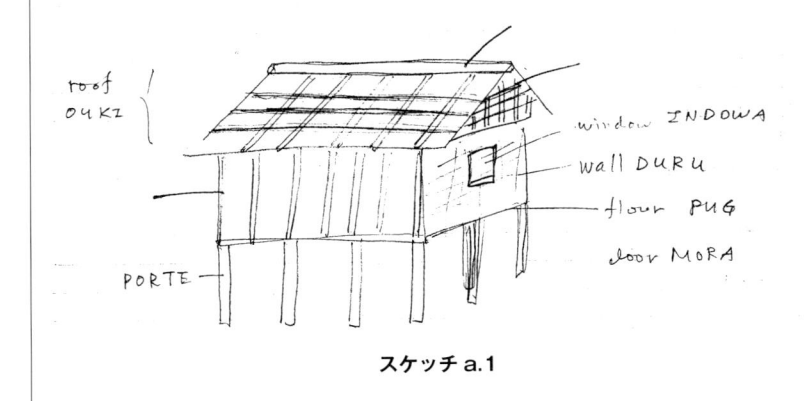

スケッチ a.1

写真 2.10 （左上）家づくりは，穴を掘ることからはじまり，この穴に丸太柱を埋め込む．（右上）柱の位置は等間隔に 3 列あるいは 4 列に並べて配置される．（左中上）数人の村人が手助けをして，屋根まで通す長い柱を立てている．（右中上）村人や子どもが，柱を立てる様子を見に，周囲に集まってきている．（左中下）柱を立て終わると，床板を張る．床板の材料として野生のヤシ（ブラックパーム）をたて割りにしたものを用い，床板を張り詰める．（右中下）柱が完成すると，床板を張り，一部の壁面をつくり始める．（左下）壁面をつくりながら，屋根の一部をつくり始める．（右下）かなり完成に近づいた家の全景を別の角度から見ると，家の全体がわかる．

写真 2.11 （上）家族で壁ユニットをつくっており，子どもたちが近くで遊んでいる．（中）片面の壁が未完成で，開いた状態で使用している．階段やはしごがなく，斜めにかけた1本の棒で昇降する．（下）夜に家が傾いたので住人は屋外退去し，直後，家は倒壊した．翌朝，建物の跡に残っている家財道具を探し出している．

成で，開いた状態で使用している．家の出入り口には，まだ，はしごや階段がなく，1本の長い棒を斜めにかけており，これを使用して昇降する．家は10年程度使用でき，太い丸太の土台が弱くなれば補助木を添え，壁や屋根はつくりかえられるが，ときには倒壊することもある．写真2.11（下）は，夜に倒壊した，翌朝の様子である．家が傾いたので，住人は屋外退去したため，人的被害はなかった．倒壊した建物の跡には，家財道具が残っているので，探し出している．

（2） メット（小舎など）

　村びとはルアル村の外にも，大きなサゴヤシ畑や焼畑にはメット（小舎）をつくることが多い．村落から離れた焼畑につくられることが多く，頻繁に利用する畑には，村落に近い場合でもメットをつくることがある．サゴヤシ畑は焼畑ほどにはメットをつくらないが，村から遠く，頻繁に利用される場所にはつくることが多い．焼畑のメットの中には，高床式の場合もあるが，村外のメットは村落内に建てる家に比べて簡素で，短時間でつくることができる．屋根は低く壁がないことも多い．だいたい，2-3年で使えなくなる．サゴヤシ畑などにつくるメットはさらに一時的なもので，数カ月ぐらいしか使用できない．雨宿り用などにはもっと単純な，シェルターをつくる．1列に3-4本の木を立てて，その上に横棒を通し，それに斜めに多くの棒を立てかけて，その上にヤシの葉や木の皮を覆い被せただけのものである．雨の降る可能性のないときには，ただ地面を整えて寝床とすることもある．写真2.12は，村の外につくられたメットの例であり，さまざまな大きさや形状のものがつくられる．

（3） 家財リスト

　22世帯の各世帯について，総数と成人・男女別の人数，家財道具などの所有物をまとめたのが表2.2である．ルアル村の住人の持ち物のほぼすべてを一覧表にまとめられるのは，数量が非常に少ないことを意味している．リストにあるのは生活に最低限必要なものだけで，品数も数量も非常に少ない．

写真 2.12 村から離れた場所につくられたメット（小舎）の例．さまざまな大きさや形状ものがつくられ，屋根は低く壁がない．

写真 2.13 は，家財道具の例である．食器類，シチュー鍋，水を入れたバケツが並んでおり，壁面の台には食塩が置いてある．ギリ（蛮刀）は危険なので，このように壁面に刺している．水道や電気などのインフラは整備されていないので，関連する製品は所有していない．

表 2.2 世帯別家財道具一覧（1981年調査時）

世帯番号	世帯総数	成人男性	成人女性	男子	女子	皿	大皿	スプーン	フォーク	コップ	シチュー鍋	フライパン	ボール	バケツ	水くみ	食塩	懐中電灯	ランプ	ラジカセ	カセットテープ	アチネ(斧)	ギリ(蛮刀)	シャツ	Tシャツ	ズボン	半ズボン	ワンピース	ドレス	スカート	ジャンパー	靴	バスタオル	シーツ	毛布	犬	罠	斧	カヌー(男性所有)
1	7	1	1	2	3	12	0	4	0	6	0	0	0	0	0	0	1	1	0	0	0	0	10	5	1	8	1	3	0	1	0	0	0	0	4	3	1	1
2	5	1	1	2	1	7	0	3	0	6	1	0	0	0	0	0	1	1	0	0	1	1	6	2	2	2	0	2	0	0	0	0	0	0	1	0	2	1
3	9	1	1	3	3	12	2	2	0	2	2	0	0	0	0	0	1	1	1	0	1	4	9	2	2	2	0	5	0	0	0	0	0	0	2	0	1	3
4	6	1	1	3	1	6	2	10	0	2	0	0	0	1	0	0	1	1	0	0	1	3	3	2	2	1	0	2	0	0	0	0	0	0	2	2	0	1
5	7	2	2	1	2	14	0	3	0	2	2	1	0	0	1	1	2	2	0	0	2	2	22	0	6	0	5	0	0	0	0	1	2	0	4	2	3	0
6	6	1	1	1	2	6	0	11	0	1	2	0	0	2	2	2	2	1	2	1	5	3	2	1	2	3	5	2	0	0	0	0	2	0	2	2	0	2
7	4	1	1	1	0	6	0	6	0	0	2	0	0	0	0	0	1	2	0	0	0	0	0	2	2	1	1	2	3	0	0	0	2	0	2	0	0	0
8	4	1	1	0	2	13	2	13	0	13	0	0	0	0	0	2	2	2	2	3	2	3	5	0	3	3	1	4	3	0	0	0	0	0	0	3	3	0
9	3	1	1	1	0	9	2	22	0	9	2	0	0	2	0	0	2	1	0	0	2	3	2	5	2	0	0	3	2	0	0	0	0	0	0	0	5	0
10	1	0	0	1	0	0	0	3	1	2	1	0	0	0	0	0	2	1	0	0	3	3	3	0	3	0	0	4	2	0	0	0	1	0	0	0	2	0
11	7	2	2	3	0	18	3	11	2	6	2	0	2	1	2	1	2	1	0	0	2	10	10	2	3	2	0	3	2	0	0	0	1	0	4	20	2	2
12	7	1	1	1	0	15	3	3	2	4	5	0	2	0	1	0	1	0	0	0	2	3	7	2	4	2	1	13	0	0	0	0	1	0	17	43	5	2
13	7	1	1	0	1	2	1	11	0	6	3	0	0	0	1	2	2	2	2	0	3	7	3	0	1	2	0	7	0	0	0	0	0	0	0	0	2	0
14	4	1	1	0	1	13	1	3	0	3	0	0	0	0	0	0	1	1	0	0	0	1	1	0	0	1	0	0	0	0	0	0	0	0	0	0	0	0
15	9	1	2	2	1	10	1	11	0	1	1	0	0	0	0	2	1	1	0	0	2	5	5	0	0	3	0	7	4	0	0	0	0	0	0	0	2	1
16	4	1	1	2	0	7	1	3	0	3	2	0	1	2	0	1	2	1	1	0	3	4	4	2	0	1	2	0	5	0	0	0	0	0	4	0	2	1
17	9	1	2	2	4	5	3	5	0	1	2	0	0	0	0	0	1	1	1	0	7	7	7	3	2	3	1	9	5	2	0	0	0	0	0	0	2	1
18	4	1	1	0	2	7	3	8	0	3	2	0	0	1	2	0	1	2	0	0	2	2	1	1	2	1	2	5	2	0	0	0	0	0	4	0	2	2
19	6	1	2	2	1	4	4	6	0	1	2	0	0	0	2	0	1	1	1	0	3	3	3	2	2	5	1	4	2	0	0	0	0	0	0	0	2	2
20	4	0	1	0	2	2	4	2	0	2	4	0	0	0	0	2	0	2	0	0	2	2	2	1	2	1	0	4	3	0	0	0	0	0	4	0	2	2
21	4	3	1	1	3	6	4	3	0	5	4	0	0	0	2	0	0	0	0	0	2	2	2	2	3	0	3	4	0	0	0	0	0	0	1	0	2	1
22	4	1	1	1	1	12	4	4	0	5	5	0	0	0	0	0	1	0	0	0	0	0	2	0	0	0	0	0	0	0	0	0	0	0	0	0	0	0
合計	110	21	31	26	32	177	33	139	3	55	37	2	3	6	8	13	16	13	5	3	33	49	107	29	41	38	18	76	23	1	1	1	8	1	51	79	35	19

46　第2章　ブアとヤップの境界

写真 2.13 家財道具の一例．食器類やシチュー鍋，水を入れたバケツが並んでおり，壁面の台には食塩が置いてある．

　食事は手だけではなく，食器を使うこともあり，多くの村人が皿，コップ，スプーンを持っている．家族全員が各自のものを持たない家庭や1人で複数持つ場合もある．食器としてのナイフとフォークはほとんど所有していない．食事のためのフォークはないが，ギリや小刀（ナイフ）を使って肉を切ることができる．調理道具の種類はわずかで，シチュー鍋を使うことが多い．フライパンを持っているのは少数で，炒め物の料理はほとんどない．サゴデンプンは，通常，サゴヤシの葉で巻いて焼くが，ときにはフライパンを使って焼くことがある．サゴヤシの葉を採集しなくても可能な，手抜き料理である．調味料は完熟したココナッツと塩のみで，オーストラリアから輸入された食塩が使われる．ダルーの町で購入しなければならないので，所有しているのは半数程度の世帯に限られる．

　アテネ（斧）やギリなどの刀類は必需品で，たいていの世帯で所有している．アテネは，サゴヤシや樹木などを切り倒したり，薪割りに使われる．鉄の斧の部分を購入し，木の柄の部分は自作する．ギリは万能具で，細い木を切り倒したり，草を切り払ったり，ときには獲物を倒すのにも使われる．弓矢づくりなどの小細工，食べ物の切断や皮削りなど，きわめて用途は広い．小さくなるところまで使い込むと，さらにヤスリで削り，主要な矢じりであ

るパコス（第4章参照）に加工される．なお，調査項目から漏れているが，小刀（ナイフ）もほとんどの者が所有しており，ギリとほぼ同じ数と考えてよい．

　バケツなどの水汲みや運搬具，水の保存容器は，必要性が高いにもかかわらず，すべての家族が所有しているわけではない．現金収入を得るのは容易ではないので，購入する経済力は家族により差がある．ただし，貸し借りは頻繁に行われるので，日常生活に支障がでるわけではない．暗い夜道を歩くには明かりが必要だが，彼らはンガヤと呼ばれる木の皮を燃やしながら歩くので，自給自足できる．懐中電灯を所有しているのは，夜間の狩猟に必要となるためである．懐中電灯を口にくわえて，弓矢猟を行う．ランプは半数程度の家が所有している．ランプがあっても，灯油を入手するのが難しく，入手してもすぐに使い切ってしまうので，日常的にランプ生活をしているわけではない．夜はたき火の明かりがあるので，ランプなどがなくても生活に困ることはない．なお，夜間にまでおよぶダンスのときには，村中のランプが使われる．ラジカセを持っている者がいるが，電池を入手するのが容易ではないので，日常の娯楽に使われることは少ない．祭事のダンスのときにはよく使われる．

　衣類も少ない．暑い気候なので，わずかな衣類でも生活に支障は出ない．日常生活では，男性が半ズボンとTシャツ，女性はワンピースを身につける．正装の衣類は，日曜の礼拝用の衣服や靴で，村人にとっては高額であり，大切に使っている．衣類はダルーの町で購入するため，現金が必要となり，頻繁に購入することはできない．価格の低い古着を購入することも多い．着られる限り着つくし，古くてあちこち破れている場合も少なくない．洗濯はよく行うが，石けんは購入しなければならないので，不足しやすい．裸足の生活なので，靴が日常的に使われることはない．日曜の礼拝や町に出たときに使うためのものである．

　寝るときは，たき火のそばでそのまま寝ることが多い．寝具としては，シーツに使うような大きな布を被ることがある．蒸し暑い夜が普通なので，寒さ対策というよりは，蚊よけとしての意味がある．ときにはかなり寒い夜も

写真 2.14 伝統医療の一つとして使われるショウガは，村内の畑で栽培される．

あるが，寝具を使用している世帯は限られ，炉端で薪を燃やして暖をとる．毛布やバスタオルもほとんど持っていない．

　ニューギニア地域の家畜動物は，アジアから持ち込まれたブタ（イノシシ），ニワトリ，イヌである．ギデラでは，野生化したものを狩猟対象とし，原則としてブタの飼育は行わない．ルアルでも，イノシシを飼育することはほとんどないが，稀に幼獣を生け捕りにしたときは，成獣になるまで育てることはある．カソワリ（ヒクイドリ）（*Casuarius casuarius*）も卵や幼鳥から育てることがある．ニワトリは食用としての価値は低く，村の掃除役として飼われている．食べ残しを地面に捨てるとニワトリがやってきて，きれいにしてくれるので，生ゴミが腐らない．ただし，食用にされたり，売買されることがある．なお，ニワトリを飼っている世帯はかなり多いが，家畜としての重要性が低いと思われたので調査しなかった．犬は狩猟に欠かせないので多くの世帯で飼っている．とくに狩猟に秀でた犬は貴重で，子孫を多く残すように配慮し，村人や村間で子犬の贈与が行われる．きわめて稀だが，5人の村人が換金目的で，肉用の白い子ブタを購入し，数頭を飼育していた．

　狩猟は弓矢猟が中心で，罠を使う者は限られる．ショットガンはライセン

2.2 メット　49

写真 2.15 （上）カヌーは重要な移動手段である．（中）他言語族の村はビトゥリ川の支流にあり，その往来にはカヌーが必需品である．（下）旧ルアル村の近くのビトゥリ川の支流にカヌー置き場があり，他言語族の村やウピアラ小学校へはカヌーを使う．

スがあれば所有できるが，村ごとにライセンス数は制限され，毎年ライセンス料を支払わなければならない．散弾はダルーの町で購入しなければならないので，入手は制限される．

　薬は，伝統医療の薬，つまり野生の動植物や栽培品種が使われており，表2.2に示したように，何らかの伝統薬を常備薬として持っている．写真2.14は伝統医療の一つとして使われるショウガである．公共サービスとして，村にエイドポストが設置されており，薬が不定期に配布される．ルアルにもエイドポストが設置されたことがあるが，継続していない．他村のエイドポストで薬をもらうことは可能だが，薬が常備されていないことが多い．

　カヌーは重要な移動手段で（写真2.15（上）），男性だけが所有しており，約半数の世帯が持っている．ビトゥリ川の支流を移動するにはカヌーが必需品で（写真2.15（中）），クリークにカヌー置き場がある（写真2.15（下））．

2.3　ルアル村周辺

(1)　村の外観と道

　樹木作物などは村の周辺に植えて，熟した実が鳥や動物に食べられてしまう被害を避ける．村はたて長に家がならび，中央は広場として利用される．家並みの外縁には，ココヤシやフトモモ科の樹木を植える．さらに野菜や果物用の菜園がつくられる．バナナ，パパイア，パイナップル（*Ananas comosus*），カスタード・アップル（*Annona squamosa*）などが完熟して，味も香りもすばらしくなる．村の中にはやパパイアを植え村の周囲にはさまざまな樹木が植えられている（写真2.16）．写真2.17は子どもが完熟したパパイアを収穫している様子である．

　村外からは，高く伸びたココヤシや樹木が見え，村の外周を形成している．村からはさまざまな方角に道が出ている．この4本の小道を歩くと，数分でブアかヤップになる（図2.2）．

　水場は，村のまわりにいくつもつくられている．写真2.18（上）は水汲み

写真 2.16 家の前にココヤシが植えられ，子どもと犬がいる．村の周囲にはさまざまな樹木が植えられている．

写真 2.17 パパイアの木によじのぼり，パパイアを収穫している．

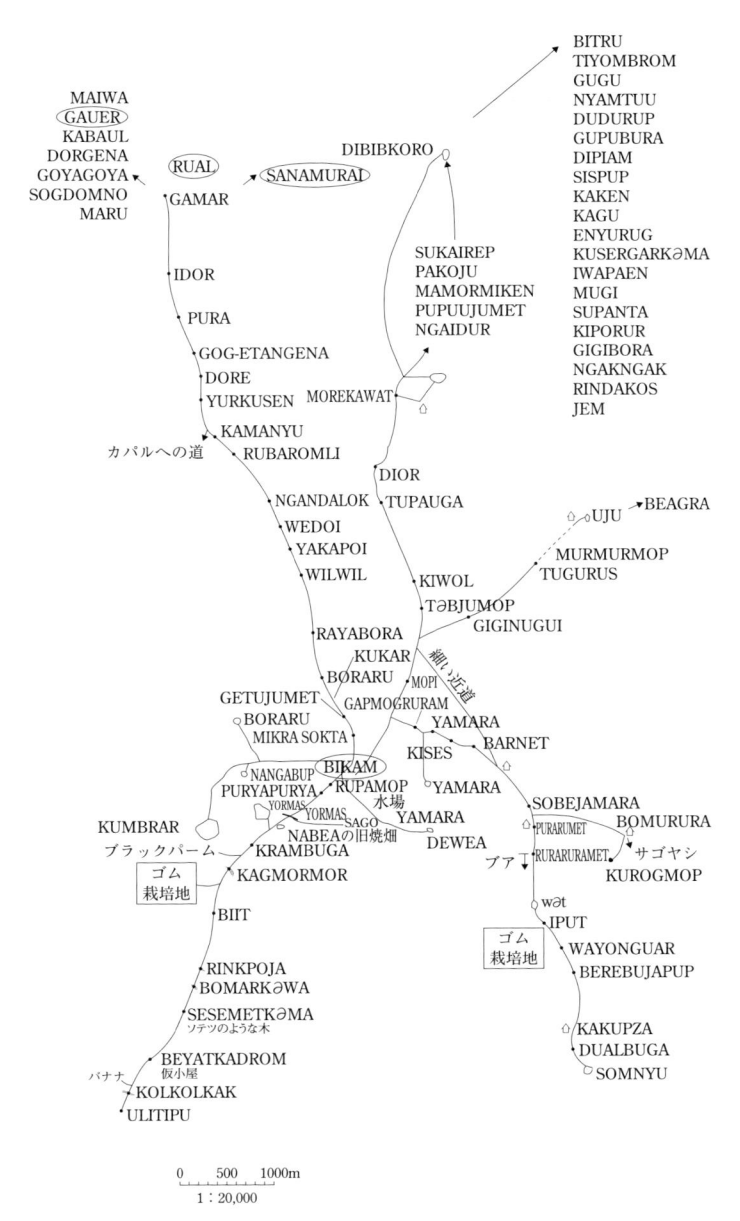

図 2.2 村から出る道と焼畑の位置．アルファベットは地名を示す．

写真 2.18 （上）毎日，村のまわりにある水場に水汲みに出かける．乾季になるとクリークの水が涸れるので，遠くの水場まで歩かなけばならない．（中）ブアの中などにクリークがあり，クリークに丸太などで足場をつくり，水を汲みやすくしている．（下）洗濯・食器洗い・水浴びは，飲料水を汲む場所より下流で行う．

に出かける様子である．村から10分ほど歩いたブアの中などにクリーク（細い水路）があり，利用しやすいように整える．クリークに丸太などで橋を渡して，水を汲みやすくしている（写真2.18（中））．飲料水は上流で汲み，洗濯や食器洗いは下流で行う（写真2.18（下））．さらに下流では，水浴びをするための水場がつくられている．沐浴の場所は男女で異なる．水量の多い季節は，水風呂気分でそれなりに快適なものではあるが，水の流れの止まったクリークでの水浴びは，中に入ると底の泥が浮き上がってくるというものである．なお，雨季と乾季では水量が大きく変わるので，使用される水場も季節によって場所が変わる．雨季や乾季の始まりは，十分な水量があり，村の近くの水場が使われるが，乾季になって雨が降らなくなるとクリークの水の流れは止まる．水浴びの場所は村から遠くなり，よい水場までは10分以上歩かなければならなくなる．

(2) 空間（土地）利用

　ルアルの人びとが利用する土地は，かなり広大である．焼畑やサゴヤシ畑としての利用だけでなく，北部に広がる広大なブア（森林）も彼らの生活の場である．サゴヤシの生育に適するのは湿地帯や川辺であり，蛇行するクリークがサゴヤシ畑となる．サゴヤシ畑はルアルの土地の中に点々と散在している．収穫期には，村から遠く離れていても，数日間寝泊まりしながら，サゴデンプンづくりを行う．一方，焼畑は，村の近くにつくる．タロイモやヤムイモの運搬はかなりの重量になり，村との往復は重労働である．村から離れた焼畑では，収穫期になると，そこのメット（小舎）で暮らすことになる．狩猟は日帰りの圏内が利用される．集団猟は主にヤップで行われるが，対象動物によってはブアの中に入っていく．弓矢による狩猟は命中率が低いので，過剰にとりすぎることはない．広大な土地により，狩猟動物が減少することなく，豊かな動物相が保たれている．

2.4 ルアルの人びと

(1) ルアル村の人口
ルアル村の人口は，1981年7月に110人であった．男性が47人，女性が63人で，人口性比（女性100人に対する男性の数）は74.6と低く，世帯数は22である．人口データは，1981年以降にルアル村で調査した，1989年，1997年，2003年についても得られている（表2.3）．村の人口は，150，165，171と次第に増えてきた．人口性比は，100.0，108.9，111.1と変化し，男性の割合が増えてきた．

(2) ルアル村の年齢階梯別人口
正確な生年月日は不明であるので，おおまかな年齢別の人口構造を知るために，年齢階梯制に基づいてまとめたのが表2.3である．1981年の人口を見

表 2.3 ルアル村の年齢階梯別人口

		1981年		1989年		1997年		2003年	
男性		人数	（割合）	人数	（割合）	人数	（割合）	人数	（割合）
ナニュルガ	高齢者	3	(6.4)	3	(4.0)	2	(2.3)	7	(7.8)
ルガジョグ	既婚者	18	(38.3)	21	(28.0)	22	(25.6)	22	(24.4)
ケワル	思春期	4	(8.5)	14	(18.7)	17	(19.8)	23	(25.6)
ヤンブガ	子ども	6	(12.8)	13	(17.3)	31	(36.0)	22	(24.4)
ソビジョグブガ	幼少	16	(34.0)	24	(32.0)	14	(16.3)	16	(17.8)
男性合計		47		75		86		90	
女性									
ナニュコンガ	高齢者	6	(9.5)	9	(12.0)	7	(8.9)	11	(13.6)
コンガジョグ	既婚者	25	(39.7)	33	(44.0)	30	(38.0)	29	(35.8)
ガムガイブガ	思春期	18	(28.6)	23	(30.7)	26	(32.9)	28	(34.6)
ソビジョグンガムガイ	幼少	14	(22.2)	10	(13.3)	16	(20.3)	13	(16.0)
女性合計		63		75		79		81	
ルアル村人口		110		150		165		171	

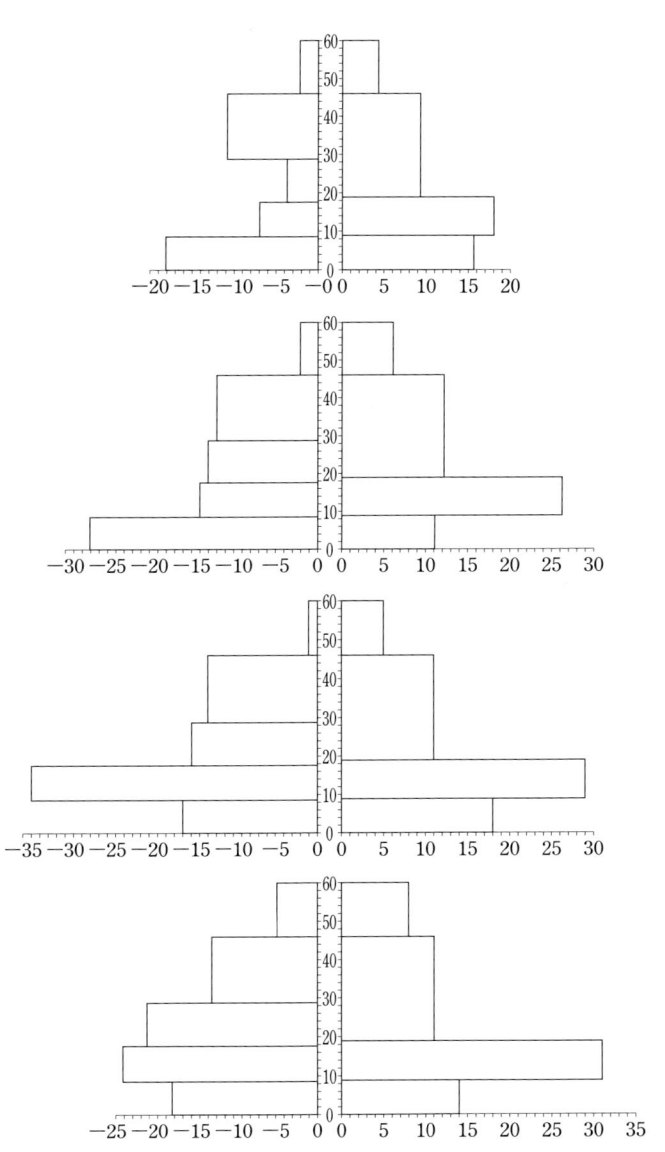

図 2.3 ルアル村の年齢階梯別人口ピラミッド（10歳別人口に換算）．上から 1981, 1989, 1998, 2003 年．左半分が男性，右半分が女性．

2.4 ルアルの人びと

ると，高齢者に該当するナニュルガとナニュコンガは，それぞれ3人と6人で合計9人となり，ルアルの総人口の8％に相当する．既婚男性（ルガジョグ）と既婚女性（コンガジョグ）は，それぞれ18人と25人で女性が多いが，性別での割合は38％と40％とほぼ同じである．これら4グループを合計すると52人で，これはおおまかに成人の人口に相当すると考えてよいので，全人口の47％が成人，残りの53％が未成年の子どもとなり，若年人口の割合は高い．未成年の子どもの割合は，1989年，1997年，2003年について，56％，63％，60％と，やはり高い割合である．なお，成人の年齢に十分達している未婚の男女各1名については，人口の分析なので，ケワルやガムガイブガではなく，ルガジョグとコンガジョグのグループに分類した．

年齢階梯別人口に基づいて人口ピラミッドを作図したのが，図2.3である．人口規模が小さいので，ピラミッドの形は変化が大きく，経年変化の傾向を捉えるのは難しい．

(3) クラン別人口

クラン別人口は表2.4のように，年齢階梯別にまとめて示している．ルアルの成員のクランは，全部で16ある．第1章でも述べたように，これらのクランは2つのグループつまり半族に分かれており，それぞれの半族は外婚制が行われる．原則として，同じ半族のクランの者同士は婚姻が許されず，他の半族のクランの者と配偶者になる．ダラム，グヤム，ドレムが多く，この3クランの合計が51人で，半数近くに達し，半族の合計は64人である．他の半族の合計は44人，ボゲアムやルニアムのクランの成員が多い．ゴクサムは1人だけであり，この男性は成人の年齢を超えても未婚の状態であり，親族がほとんどいないことは，姉妹交換婚の条件では結婚に不利だと考えられる．1名の未婚女性は重度の知的障害者である．他部族の男性との結婚で生まれた2人の男子はギデラのクランに属さない．

(4) ルアルの全世帯とクラン別家系図

ルアル住民全員の表は巻末の付録別表1に示した．また，クラン別家系図

表2.4 クラン別人口

クラン		ナニュルガ	ルガジョグ	ケワル	ヤンブガ	ソビジョグブガ	ナニュコンガ	コンガジョグ	ガムガイブガ	ソビジョグガムガイ	未婚男性	未婚女性	総計
ダラム	半族		2		2	4		7	3	3		1	22
グヤム		1	1	1	1	1	1	5	5	3			19
ドレム			3		1	4			1	1			10
ブル			1			2				1			4
ボル		1					1	1	1				4
ブジュジャム			1			1				1			3
ギロルマン*									2				2
半族合計													64
ボゲアム	半族		3		1	3	3	3	1	1			15
ルニアム		1	1	3				1	3				9
ゴベアマン								2	4				6
ダムラム			3				1	1					5
グレム*			1							2			3
コクイ*			1							2			3
ラヤイエナ*							1						1
アガラブ*							1						1
ゴクサム											1		1
半族合計													44
他部族の父						2							2
総計		3	17	4	5	17	6	24	18	14	1	1	110

*は他部族系のクラン．

についても，付録に図としてまとめた．

第3章
ルアル村の生活
交通手段と道具

3.1 移動と交通

　ルアルの住民全員に，これまでに行ったことのある村や町について，聞き取り調査を行った．ルアル住民の訪問地調査の結果は表 3.1 に示した．

　知的障害者 1 名を除く 109 名の対象者の中，全員が行ったことのある村は，隣村のカパル，テワラ，サングアンソ，そしてウピアラである．カパルはギデラの村であり，徒歩で 1 時間程度の近さにある．その後，小学校が設立され空港ができたため，往来はさらに頻繁になった．他の 3 村については，ルアルがギデラの最北の村という地理的位置の特色が現れている．他言語部族の村なので，使う言葉が異なり，親近性は低いと想定されるが，交通のルートから行く機会が多い（ギデラの村の位置は図 1.1 参照）．ギデラの村々は陸路でつながっているので長距離を歩かなければならない．隣村のカパルを超えてウィピムへ 1 日で行くのは難しく，カパルで 1 泊してから翌早朝に出発して，夕刻にウィピムに到着することになる．ウィピムは陸路の結節点であるとともに空港があるので，セスナ機により州都のダルー空港へ行くことができるが，訪問率は 70.6％にとどまっており，子どもの移動の難しさを現している．イアメガも隣村ではあるが，途中の大森林帯の中を通過しなければならないので避ける傾向にあり，ウィピムを経由するのが普通であるため，訪問率は 57.8％にとどまる．これに対して，テワラ，タピラ，サングアンソ，

表3.1 ルアル住民の訪問地

	年齢階梯	カパパル	イアメガ	ウィビム	ボダレ	ガマエベ	ウォニエ	クルメ	ウメ	ジム	ベアワ	アバム	ドロゴリ	テワラ	タピラ	サンアンソ	ウピアラ	バラムラ	ダルー	ポートモレスビー	対象者数
男	NR	3	3	3	2	3	3	3	3	3	3	3	3	3	3	3	3	3	3	3	3
	RJ	18	18	18	11	11	18	18	18	18	18	18	17	18	18	18	18	18	11	18	
	KB	4	4	4	0	0	4	3	1	4	4	4	4	4	4	4	4	0	4		
	YB	6	1	2	0	0	2	2	2	1	1	2	6	6	6	6	5	2	1	6	
	SB	16	4	6	0	0	3	3	1	2	2	2	4	16	15	16	16	12	6	0	16
女	NK	6	5	4	0	0	2	2	2	2	1	1	6	6	6	6	3	0	6		
	KJ	24	19	22	1	0	11	11	8	7	7	7	8	24	24	24	24	16	0	24	
	NB	18	8	13	0	1	6	6	4	4	4	8	18	18	18	18	17	10	1	18	
	SN	14	1	5	0	0	2	0	2	2	2	5	14	14	14	14	12	6	0	14	
合計		109	63	77	14	15	51	50	41	43	42	42	55	109	108	109	109	101	67	16	109
割合		100.0	57.8	70.6	12.8	13.8	46.8	45.9	37.6	39.4	38.5	38.5	50.5	100.0	99.1	100.0	100.0	92.7	61.5	14.7	

　ウピアラはクリークやビトゥリ川でつながっており，手こぎカヌーでの移動が可能である．荷物の運搬や子どもの移動の点から，他部族であっても，交流が多くなっていると考えられる．

　ウピアラには小学校がある．子どもたちとカヌーでウピアラへ行ったときの写真を示す．ルアル（地名はビカム）からカヌー置き場まで，徒歩で1時間かかった．写真3.1（上）は，カヌーに，荷物を入れて運ぶグリーン缶を積み，2人のアシスタントとともに出発したところである．カヌーはアウトリガー付のものが普通だが，このように2艘からなるカヌーもある．写真3.1（中）のように，水の流れが穏やかで，美しい景色が続く．水鳥がときおり現れるので，ピングビングブガ（小型弓）を使って鳥撃ちを楽しむ．しかし，クリーク周辺は夕刻になると，蚊が群れて黒い煙のようになって襲ってくる．掻きむしりたくなるようなかゆさに悩まされるだけでなく，マラリアに感染する危険もある．川幅はだんだん広くなっていく．途中テワラを通過して，写真3.1（下）のように，ハス（*Nelumbo nucifera*）が群生している場所があった．ハスの実はルアルの人びとの食糧として重要である．

　写真3.2（左上）は，ウピアラのカヌー付場に到着したところである．およそ8時間半を要した．写真3.2（右上）は，ウピアラ小学校である．校舎のつくりは村の家と似ている．写真3.2（左下）は，ウピアラ小学校のバスケットコートである．写真3.2（右下）は，ウピアラ小学校に通うルアル村

写真 3.1 （上）カヌーでウピアラ小学校へ行ったときの様子．カヌーにグリーン缶を積み，2人のアシスタントとともに出発した．積み荷が多いときは双胴船型のカヌーを使う．（中）クリークを進むとだんだん川幅が広がり，写真3.1（上）のように，水の流れが穏やかで，美しい景色が続く．（下）他言語族の村テワラを通過すると，ハスが群生している場所があった．極楽浄土の景色が楽しめるだけではなく，ハスの実はルアルの人びとの食糧となる．

写真 3.2 （左上）およそ 8 時間半のカヌーの旅の後，ウピアラに到着したところ．（右上）ウピアラ小学校の校舎も，サイズは大きいが，村の家とつくりは似ている．運動場の端には国旗が掲揚されている．（左下）体育の授業では，男女ともバスケットボールが行われる．体育館はないので，タッチラグビーやサッカーと同様，屋外球技となる．（右下）ウピアラ小学校で寄宿生活をするルアル村の小学生たち．

の小学生たちで，背景に見えるのは寄宿生活をする建物である．親たちが食糧を運び，交代で食事の世話などをする．ときには，子どもたちだけで行うこともある．

　ルアルの人びとの重要な移動の目的は，州都ダルーへ行くことであり，サゴデンプンやメートなどを市場や路上で売って現金収入を得，得た現金によってスーパーマーケットで米や小麦粉，サバの缶詰やビスケットなどの食料品や日用品を買うことである（表 2.2 の家財リスト参照）．ダルーへの歩行ルートは，ルアル－カパル－ウィピム－ウォニエと歩き，その後ジムへ行くか，ウォニエからクルを経由してウメに行くことになる．これらの村へ行ったことのある者の数は，ルアルからの距離に応じて少なくなる．ジムからは運賃を支払って船外機付カヌー（ジム村民所有）でオリオモ川を下り，ダルーへ行く．途中，オリオモ川にはペアワやアバムがあり，海辺の村ドロゴリ

写真 3.3 州都ダルーの港は，首都ポートモレスビーや海外からの物資流出入の拠点であるが，規模は小さい．桟橋はコンクリート製だが，手前の道路は未舗装である．

からは対岸のダルー島が見える．長距離を歩くことになるジム，オリオモ川沿いのペアワやアバムは，ルアル住民の40％弱程度しか行っていない．ドロゴリが50.5％と高い割合になっているのは，州都ダルーの対岸に位置しているため，ダルーからの往来がしやすいためだろう．ウメからも船外機付カヌーでダルーへ行くことができ，訪問率は37.6％である．

写真3.3は，ダルーの港の様子である．州都とはいえ，規模は小さい．写真1.8は，船外機付カヌーがダルーの港に着いた様子である．

このルートから外れたギデラの村への訪問機会は低くなり，ポダレやガマエベは15％以下である．ダルーへ行く方法としては，陸路と船外機付カヌーによるものと，ウィピムからの空路があるが，セスナ機（写真1.7）の利用はルアル住民には大きな経済的負担であり，運べる荷物が少ないので，ほとんど利用されない．その他に，ルアルから船外機付カヌーを使用して直接ダルーに行く方法で，クリークを抜けてビトゥリ川を経由し，フライ川に出て，さらにフライ川を下ってダルーへ向かうことも可能である．ただし，船外機のガソリン代や所要時間が長いなどの制約が強く，ほとんど行われてい

3.1 移動と交通

コラム b　カヌー

　ギデラは森の民であり陸地の生活が主であるが，川沿いに出てきた村ではカヌーが利用される．ルアルはギデラの北端の村で，川に暮らす他言語族の村と隣接するため，カヌーは重要な移動手段である．主に利用されるのは，パドリングによって進むシングル・アウトリガーカヌーで，ミクロネシア，メラネシア，ポリネシアの各地で使用されているものである．

　スケッチ b.1 は，シングル・アウトリガーカヌーを示す．カヌーはググと呼ばれ，木をくりぬいてつくる．舟体をドゥルといい，舟のへりの部分をトゥグム，底面をテジュ，腰掛ける座席はウドンと呼ぶ．カヌーを安定させるアウトリガーはカングルと呼ばれ，ワワと呼ぶ腕木で舟体とつなげられる．ワワとカングルは 2 本のヌムで支える．これらの木を結ぶひもはウカクと呼ばれる．カングルの前方端がムダ，後方端がソである．

　カヌーを漕ぐのに使うパドルは，水をとらえる部分が片側だけについているシンブルブレードパドルで，アイブと呼ばれる．水をとらえる部分はアイブモグ，棒の部分はペイ，アイブモグとペイの結合部分はドゥプと呼ばれる．

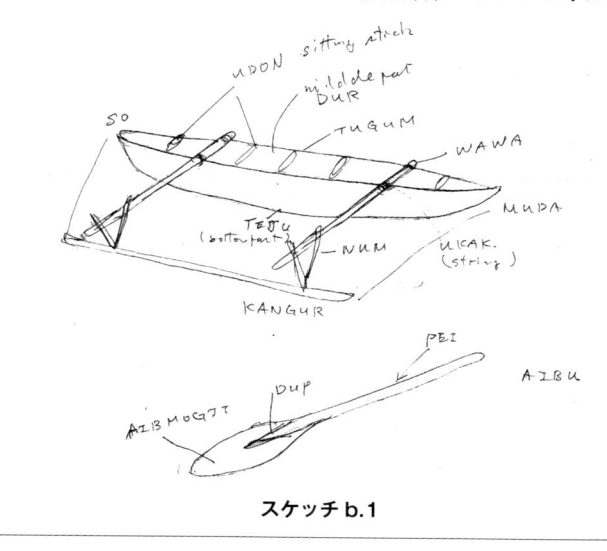

スケッチ b.1

ない.

　州都のダルーに行ったことのある者は62%,首都のポートモレスビーは15%である.年齢階梯別に見ると,ナニュルガ(NR)とルガジョグ(RJ)の合計では,21人中14人がポートモレスビーに行ったことがあり,成人男性の3分の2が首都での都市生活の経験者である.一方,女性では,ポートモレスビーに行ったことのある成人女性はなく,未婚の若いガムガイブガ(NB)1名だけがポートモレスビー経験者であった.

3.2　ルアルの1日

(1)　1997年調査時のルアル村

　1997年7月25日(金)にルアルの1日の暮らしを詳細に調べた.当時のルアル村はダムアとノタイの2つに分かれていた.

　ダムアは,ビトゥリ川の支流に面し,村の位置が低いため,雨季には村の中にまで水が浸入することもあり,立地はよくない.しかし,カヌーの利用には適しており,ビトゥリ川の支流に面した他部族の村落へ行くには便利である.ダムアには近年購入したモーターボートがあり,これを使うと,ビトゥリ川を経由してフライ川に入り,それを下って海に出れば,州都ダルーに到達できる.低湿地帯のため道路事情がきわめて悪いので,時間や経費はかかるものの,ダイレクトにダルーへ行けることは重要である.ダムアには10軒の家があった.半定住的で滞在している人は日によって変動するが,1997年7月25日の人口は34人であった.

　調査を行ったノタイには19軒の家があり,この日の人口は104人であった.ただし,そのうちの4軒(21人)は離れた場所に家が建てられていた.ノタイは,ヤップの小高くなったところを切り開いてつくられた.ノタイに村落ができる前は,この地にはまばらに木が生えていたので,いまでも大きな木の切り株が残っている.写真3.4(上)は,ノタイの風景である.ノタイは村ができてから長く経過していないので,柱を立て始めた建築中の家が

写真 3.4 （上）ノタイは，まばらに木が生えていたヤップの小高くなったところを切り開いてつくられた．1997年7月時点では，まだノタイに村がつくられてから長く経過していないので，柱を立て始めた家があり，ココヤシも小さい．（中）ノタイ村の中を母親と娘2人，そして犬が歩いている．（下）隣村のカパルにできた小学校の生徒と先生の記念写真．校舎はトタン屋根でつくられている．

あり，ココヤシも小さい．写真3.4（中）は，村の様子の一こまで，母親と娘2人，そして犬が歩いている．のんびりした村の暮らしが見てとれる．

当時のカパル小学校の生徒と先生の記念写真を，写真3.4（下）に示した．小学校は6年制だが，まだ，5年生までしか入学していなかった．

（2）　ルアル村ノタイにおける1日の出来事の調査

1997年7月25日（金）にルアル村ノタイの村落内および周辺で調査を行った．以下に1日の出来事を記述する．

5:00am

　空はまだあけない．月の光で明るく満天の星は数を減らしている．ニワトリの声が聞こえてくる．ギデラの家は高床になっていて，背丈ほどの高さのところに床がある．その床下，ということは土の地面になるわけだが，休んでいたニワトリが，そろそろ起き出して鳴き始める．まだ起きて間もないためか元気がなく，とぎれとぎれの鳴き声だ．ルアルは現在2つに分かれており，このノタイには15軒の家が並んでいる．

6:00am

　空が白み始める．犬があちこちぶらついている．ノマッド地域出身のおよそ15歳のケワルが草刈りを始めた．彼によれば，出身地の村落が土壌汚染でまったく作物が育たなくなり，食べるものがなくなってしまったので，一時的にルアルに避難してきたということである．ギデラでは養子を持つのは，ごく普通のことなので，彼も養子として受け入れられている．しかし，ケワルが早朝からこのように働くのはきわめて稀なので，彼は緊張した生活を強いられていると推測できる．

6:30am

　女たちが犬の糞の片づけを始めた．鉄製のシャベルを使って糞を集め，村の脇の草むらに運んで捨てる．ゆっくりとした動きから，ルアルの人びとの

1日は始まる．そして，あちこちの家から，軽いおしゃべりが聞こえてくる．家の中や床下，家のそばにあるキシニ（料理小屋）で木を燃やし始める．家の中の火は外からはほとんど見えないが，サゴヤシの葉で葺いた屋根全体から煙が立ち上るので，火を燃やし始めた様子はすぐに分かる．赤道に近いとはいえ，朝は肌寒く，火の暖かさがうれしい．この火を使って食事の用意が始まる．

7:00am

　朝日が村の中に差し込んできた．ノタイは小高くなった場所にあり，周囲にはわずかに水の流れているプシンが蛇行している．プシンの周辺は低くなって木々が多く，その辺りに朝霧がたちこめて美しい．ノマッド出身のケワルはまだ草刈りを続けている．ナニュルガ（老人）が村の中をゆったりと歩く．あるコンガジョグが食べ物を運ぶ姿が見える．昨日近くのプシンで魚を捕ってきたのだが，戻ってきたのが夜遅かったので，今朝父母の家に持って行く．近隣の他部族の村落テワラに住んでいるルガジョグがぶらりぶらりと歩いている．彼は他部族出身だが，彼の妻はルアル出身なので，ルアルに滞在することが多い．概して男は村の中では覇気がなくぶらぶらしているが，とくに他の村からやってきた場合は果たすべき役割がないのか，所在なさが目立つ．ケワルたちが三々五々軽い会話を交わしては村を出て行き，戻ってくる．そしてときに大きな笑い声．家の中からは1歳3カ月のソビジョグガムガイの甲高く可愛い声が響き出てくる．母親がその子ををあやしながら，歌を歌い始める．

　犬がケワルの1人の後を追いながら，共に去っていった．村の中にいるときの犬は哀れである．食べるものは残り物，吠えれば追い立てられ，子どもには玩具にされる．しかし，犬は狩猟にはなくてはならないものなのだ．大声で吠えて，獲物を追いつめ，猟師にその場所を知らせる習性は，狩猟にはなくてはならない．この大切な習性が，村の中ではうるさがられ，村人の怒りを買う．

　村の端に幼児学校の建物があるが，数カ月間学校は開かれていないので，

いまはケワルたちの溜まり場になってしまっている．その建物の中で大きな騒ぐ声．昨晩は彼らはこの中で一夜を過ごしたようだ．

7:30am

ヤンブガがやってきた．手にはギリと呼ばれる鉄製の短刀を持っている．長刀も同じくギリと呼び，万能の道具で何を切るにもギリがあれば用が足りる．この子はいまはギリを使って地面に字や絵を描いている．元来は無文字社会であるが，学校教育が普及してきており，英語の読み書きができるようになっている．ときおり，犬の遠吠えが始まる．1匹がウォーとなくとウォーオーン，ウーンなどとあちこちで吠える．盛り上がりすぎて村中が犬の声で溢れると，飼い主たちが大声で叱責する．犬の吠え声と人の怒声とで騒々しいことこの上ない．犬の遠吠えは夕方が多いが，朝や昼にも起こる．

8:00am

各家では朝食をとっているのであろう．静かな時間が流れていく．

1人のコンガジョグが近くのプシンに小魚捕りに出かけた．今年は雨が少なく，早く乾季がやってきたので，すでに水量は少なく，魚捕りには適している．

数人のコンガジョグやガムガイがサゴづくりに出かけた．本来ならこの時期は多くの焼畑作物の恩恵を受けるのだが，今年は干ばつのため焼畑作物は大きな被害を受けており，サゴ利用が中心になっている．

8:30am

コンガジョグとガムガイが焼畑にイモやバナナを採りに出かけた．ガーと呼ばれるカゴや荷袋を携えて行くが，帯の部分を額に掛け背中に背負う姿である．今年は雨が少なく，生育は悪いが，わずかながらも収穫はあるだろう．

9:00am

昨日ブアを越えてやってきたイアメガ村の人たちが，村の中を散策してい

る．イアメガからルアルへ来る通常のルートだと，イアメガからウイピムへ向かい，さらにカパルを経由してルアルに着く．イアメガとルアルの間には大きな深いブアが横たわっており，このように迂回するのである．しかし，森の民と呼ばれるギデラの人びとは，ときにはこのブアを突っ切って，行き来することがある．今回イアメガからは，1家族4人にケワル1人とナニュルガ1人が加わって一緒にやってきた．森の中には，ティムティムと呼ばれる強力な毒を持った黒ヘビ（パプアンブラック）が棲息している．森の民とはいえ，この毒蛇に命を奪われる危険がある．村近くの地形は知り尽くしているとはいえ，森の最深部では見知らぬ場所も多い．

　イアメガの人は，昨日魚を捕ってきた家に入り，朝食を振る舞われた．イアメガの家族と食事を提供する家族とは親族関係で結び付いている．久々に出会う親類の者に対して，可能な限りのご馳走が供される．ワラビーの肉，ヤムイモ，キャッサバ，タロイモ，焼きサゴなど，質量とも十分なもので，朝食としては異例の豪華さである．

　サゴは伝統的な方法で焼いてある．サゴを焼くときは，サゴの葉を1，2枚使ってその上にサゴデンプンをのせてくるむ．細い草で巻いて縛り，40cmほどの棒状に仕上げる．これをおき火の上でじっくりと，巻いたヤシの葉が乾ききって焦げるまで焼く．焼き上がると，外周はやや焦げて堅く，その内側はデンプン特有の粘りとなり，中央部は熱くはなるが粉の状態のままである．サゴデンプンはほぼデンプンだけを含んでおり，味はないが，焦げた部分は香ばしい．味付けはココナツである．完熟した堅いココナツをヨルカク（貝殻）で薄く削って，湿った削り鰹のような形状にして食べる．焼サゴはかなり粉っぽいので，水気のある削りココナツとの組み合わせは見事である．これに新鮮な肉があれば，ギデラの定番料理となる．

　食卓というものはなく，床に座って食事をする．食物は中国製のホーロー製容器（縁の高い洋皿や洗面器の形状）に入れ，手づかみで食べる．ときにはスプーンやフォークを使うこともある．食事の場には食塩が出されている．焼いたものには使わず，ヤムイモのココナツ入り煮込みに振りかけて食べる．ルアルの人が料理で味付けに使うものは，ココナツと塩である．塩もないこ

とが多く，ココナツも量の変動が大きいので，素材のまま味付けのない食事が普通である．

9:30am
　若いケワルが弓矢を持って村の端から現れ，ときおり，上空の鳥を狙おうとして立ち止まるが，チャンスがなく，やがて村を横切って他端へと消えて行く．小鳥が村の上空を飛ぶことがあるので，それをドゥパと呼ぶ矢を使って射落とそうと狙っているのである．ドゥパの矢尻は，先端を木でつくり，丸く平べったくしたもので，突き刺すのではなく，ぶち当てるのである．矢が遠くに飛んでいくと拾いに行くのが面倒なので，真上に矢を放つ．
　今日は金曜日なので，隣村のカパルにある小学校に寄宿している小学生が戻ってくる．子どもたちを迎えに，母親の1人がカパルの小学校に行った．カパルに小学校ができて5年になる．それまではカヌーで1日かかる他言語族の村にある小学校に通っていた．小学生は寄宿舎で生活し，親が2週間に1回程度食糧を運んでいた．バナナやイモ類は長期保存ができないので，食糧は不足しがちで，食べ物のない日もあったという．これに対して，カパルの小学校は，徒歩で1時間程の距離にあるので，金曜日の午後には村に戻ってくる．週末になると子どもたちの顔や声で村に活気が戻る．
　ときおり強い風が吹いて，土を巻き上げる．ギデラの村落の中は，草取りをして雑草はほとんどなく，土が露出している．この地域の季節は，乾季と雨季の2つに分けられ，いまは雨季から乾季への境にあるが，この時期には強い風が吹くので風季とでも名付けておくのがよいかもしれない．今年の雨季はきわめて雨が少なかったということで，乾季の水不足が心配される．ルアルは川に近いので比較的水不足には耐えられるが，ひどくなれば，大きな河のそばで生活することになるかもしれない．

10:00am
　日射しが強くなってきた．10人程の人が，日向に出て陽に身体をさらしながら，土の上に座って話をしている．暖をとるには朝日を浴びるのが一番

というところだろうか．しかし赤道直下の太陽光線の紫外線は強力だ．彼らの黒い皮膚は，そのメラニン色素が有害紫外線から身体を守ってくれる（写真3.5）．

　話題はテワラ（他部族の村落）の死者にまつわる話であろう．テワラで老人が亡くなり，その弔いに出かけていた村人が，昨日ルアルに戻ってきたのだ．ルアルにはテワラ出身の者がおり，婚姻によって結ばれている．ルアルにもこの死者と親族関係を持つ者がいる．一般に婚姻は同一言語内で行われるが，ルアルのように他言語集団の村落と接している場合は，部族を越えた婚姻が行われるのは珍しいことではない．

　子どもの一団が遊んでいる．ソビジョグブガが3歳ぐらいになると子どもの集団に入って遊ぶようになる．村の周辺は木や草が生い茂り，遊び道具の材料には事欠かない．長い茎に3，4枚の葉を残して，他の葉を取り去り，一種の風車にして走っている子どもがいる．また別のソビジョグブガは，棒の先に缶詰の空き缶を付けて，ころがして遊んでいる．ダルーへの往来が年々増え，近年ではサバの水煮の缶詰も珍しくなくなった．

写真 3.5　日射しが出てきたので，日向ぼっこをしながら，メートを敷いて座り，カゴを編みながら会話をしている．

コンガジョグとガムガイが焼畑に出かけた．8:30amに出かけた2人と同じ畑に行く．

10:30am
　突然，ハチの大群が現れた．体長が1.5 cmほどもある大きなハチだ．歩いていた3人のケワルが身を伏せた．村の端でこの様子を見ていた他のケワルが大声で村人たちに危険を知らせる．このハチの1群は，村の中をあちこち彷徨った後，被害を出さずに去っていった．
　いま，ダムアから1人のナニュコンガがやってきた．ダムアはノタイの北方にあり，約3.5 km離れている．このように，老人もときおりダムアとノタイを往来するが，かなり高齢になって足腰が弱まり，1年に1，2度程度しか来ない者もいる．
　ケワルたちの多くは休校中の小学校の校舎に集まっている．中ではルガジョグたちも加わってトランプを楽しんでいる．ルアルの人たちが現金収入を得られる仕事は限られているが，西部州政府の道路整備事業は非常に重要である．先週，この報酬が支払われた．1人1日働いて5キナである（1キナは約40円）．いまは村の中に現金があるので，トランプで賭をしている．賭はほとんどの者の手持ち金がなくなるまで延々と続く．
　一方，高床の床下でパンダヌスの葉でつくったマットに寝そべって，昼寝を楽しんでいるルガジョグがいる．いま，1人のルガジョグが斧の柄をつくっている．道具づくりも村の中での重要な仕事の一つで，弓矢をつくる姿がよく見られる．

11:00am
　犬は気持ちよさそうに寝ている．斧の柄をつくっていたルガジョグは1本つくり終え，もう1本つくり始めた．斧の柄に使われる樹種は決まっており，ウォバルまたはカグと呼ばれる木が使われ，竹を使うこともある．しかもこの竹も弓として使われて，壊れてしまったのをリサイクルすることもあるという．熱帯森林の植物相は多種多様であり，利用目的に応じて使用される種

は決まっている．だから特定の種の材料を多く集めようとすると，あっちで1本こっちで1本というように，歩き回って運んでこなくてはならない．

　斧の柄をつくるとき，万能のギリを使って大体の形をつくり，ヨイの木の葉で磨く．この葉は堅くてざらざらしていて，まさしくサンドペーパーである．ヨイの木は自生しているものを利用するが，村の近くに植えておくことも多い．ヨイの木の葉の代わりに，ガラスの瓶の破片を使うこともある．

　鉄製の斧はダルーで買ってくるが，柄の部分は自然の倉庫である森の中の材料を使って見事につくり上げる．鉄が入ってくるまでは，石斧が使われていた．いまのナニュルガの2, 3世代前までは石器が使われていたらしく，捨てられた石器を見つけることができる（写真3.6）．

11:30am
　2軒の家でコンガジョグやナニュコンガがガーと呼ばれるカゴを編んでいる（写真3.7）．イモやサゴを入れる大きなガーはガグルまたはワープと呼ばれるパンダヌスの葉を使ってつくる．生活の材料も道具もたいていはブアやヤップからとってくる．自然はあらゆるものの貯蔵庫なのだ．

　ルガジョグが子どもの遊び道具にウクレレをつくっている．形や音は粗雑だが，子どもの玩具としては十分である．もっと簡単な遊び道具もある．母親が料理用にとってきたココナツを，左右の手に1個ずつ持って肩に乗せ，おどけたようなリズムをとりながら踊っている．

　赤トンボが1匹やってきて，村の中をしばらく飛んだ後，行ってしまう．蝶もひらひら飛んで消えていった．

　サゴづくり，焼畑耕作，魚捕りなどで，すでに村から出て行って留守になった家もあるが，イアメガからの訪問客がきているので，村にとどまっている人は多い．

　日射しが強くなってきた．家の中は暑いので，あちこちで高床の床下で座って，涼んでいる．あるいは，家のそばのキシニの中で休んでいる者もいる．10時前から吹き始めた風が，だんだん強くなり，ときおり強風となって家を揺らす．まるで家が倒れてしまうのではないかと思われるほどである．し

写真 3.6 道具づくりは村の中での重要な仕事の1つで，ルガジョグが斧の柄をつくっている．鉄製の斧はダルーで買ってくるが，柄の部分はウォバルまたはカグと呼ばれる木を使ってつくる．犬は気持ちよさそうに寝ている．

写真 3.7 大きなガーを編んでいるコンガジョグやナニュコンガ．

かし，この風も日陰で休んでいると，涼しくて快適だ．ただし，ときには風が砂を巻きあげて，埃っぽい．

　1人のケワルが50cmほどの小型の弓（ピングピングブガ）に，マシボと呼ばれる矢を使って鳥を撃った．2本はずした後，鳥を追って去っていった．マシボはサゴヤシの葉を切って，簡単に大量につくることができるので，使い捨ての矢として使われる．竹製の矢のように遠くまっすぐは飛ばないが，手軽に楽しめる．

12:00pm

　イアメガからきていた6人が村を去る．イアメガは隣村とはいえ，巨大な森林で隔てられているので，往来は少ない．次に何時会えるかはわからない．ナニュルガやナニュコンガだと，これが最期になってしまうかもしれない．村に残っている者全員で見送りをする．別れの言葉は，ヤオ．何度もこのヤオを呼び交わす．哀愁を帯びて，ヤオーーと長く叫んだり，ヤオの後に相手の名前を親しく呼んだり，何度も繰り返す．姿が見えなくなり，声が聞こえなくなるまで，ヤオと呼び交わし，やがて別れは終わる．

1:00pm

　村の近くで狩猟が始まった．ヤップに火をつけて行う集団猟である．大きく円形にぐるりと火をつけ，その円をだんだん小さくしていって，中に動物を追い込んでいく．猟師は火の外側で適当な間隔をあけて立ち，逃げ出してくる獲物を弓矢で射る．しかし，逃げる動物を弓矢で射るのは難しく，命中することはほとんどない．有効なのは，数匹の犬が獲物を追いつめ，取り巻いて吠え立てて，動きが鈍くなったときである．ねらいを定めて矢を射る．または，火に囲まれて，おびえて草むらの中に潜んでいる動物を，嗅覚の優れた犬が見つけたところで，ゆっくりと至近距離まで忍び寄って，命中させる．狩猟対象は，ワラビー，シカ，イノシシ，バンディクートなどである．

　集団猟に参加したのはナニュルガ2名，ルガジョグ3名，ケワル2名，ヤンブガ2名の合計9名であった．ルアルで行われる集団猟としては小規模で

ある．時間ごとに経過を追うと以下のようになる．

1:10pm　開始．弓矢を持ち，犬をつれて村を出る．
1:15pm　村のそばのヤップに到着．点火開始（写真3.8（左上））．
1:20pm　一部で火は大きくなり，ワラビーが1匹逃走．
1:30pm　火があちこちで点火されたが，円形に閉じていなかったため，燃えていないところからワラビーが出現．ヤンブガの1人が棒を持って追っていくが，逃走．
1:40pm　火の勢いの弱い部分から，ワラビーが1匹逃走（写真3.8（右上））．
1:42pm　ほとんど水のないプシン（小川）の近くの茂みの近くで，ルガジョグが犬を呼び寄せる．獲物に集中させるために，ホーッ，ホーッ，ホー，アプ，アプ，アプとリズミカルな声で，繰り返す（写真3.8（左下））．
1:45pm　1人のルガジョグがバンディクートを1匹射とめた（写真3.8（右下））．
1:50pm　狩猟を終了．犬を連れて村にもどる．

　成果はバンディクートが2匹だけであった．今年は雨が少なく農耕には大きな被害が出たが，草が早く枯れて，狩猟には適している．ただし，今日の集団猟の結果は悪い．その原因は，動物がいなかったのではなく，逃がしてしまったからである．打ち合わせでは，同時に点火する予定が，火をつけるタイミングが狂ったため，一部だけ早く火をつけてしまい，火が円形になる前に，動物が火のついていない方向からどんどん逃げ出したのである．近くで確認できただけでも，シカ1頭，ワラビー6匹が逃げていった．

2:00pm
　斧の柄をつくっていたルガジョグはまだ作業を続けている．たき火のそばに座り，割ったガラスの破片を火の中に入れ，小さく割って削りやすいような割れ片をつくる．この家のコンガジョグは村を離れているので，昼食のサ

写真 3.8 （左上）弓矢を持ち犬をつれて村を出た後，村のそばのヤップに到着すると草に火をつける．犬が吠えて走りまわり，射手の方向に獲物を追い立てる．（右上）炎の先では，待ち伏せしている射手が弓矢を構えてチャンスを待っているが，多くのワラビーが逃走していく．（左下）ほとんど水のないプシン（小川）の近くの茂みの近くで，ルガジョグが犬を呼び寄せる．（右下）1人のルガジョグがバンディクートを1匹射とめたので，子ども（ヤンブガ）が運んでいる．

ゴはこのルガジョグが自分で焼く．フライパンを使った，新しい簡単な調理方法で焼き上げた．

　昼食は不定で，決まった時間に決まった食事をとることはない．村にいるときは，腹具合に応じて，簡単な食事をする．狩猟をしているときには，獲物がとれれば，それが昼食になる．焼畑で仕事をしているときも，食べないことが多いが，掘り出したイモを焼いて食べることもある．

　今日は，イアメガの人たちに食べ物を提供したため，食べ物はほとんど残っていない．それに男たちは狩猟に出ているので，料理をする煙はわずかである．

2:30pm

　美しく輝く翅を見せて，アゲハチョウが舞い，飛び去っていった．

斧の柄をつくっていたルガジョグは作業を終え，個人猟に出かけた．弓矢を持ち，犬は連れずに静かに出て行った．

3:00pm
　ナニュコンガの1人が家の外で何をするでもなく座っている．その家に同居している子どもたちは，外に出てくることもあるが，だいたいは家の中で遊んでいる．集団猟に参加していたナニュルガがとったバンディクートを持ってその家に帰ってきた．肉の量は多くはないが脂肪があり，子どもたちにはすばらしいご馳走だろう．

3:30pm
　小学生たちがカパルから戻ってきた．急に村は活気に満ち始める．子どもたちのはしゃぐ声．寂しい村が週末になると本来の姿に戻る．
　焼畑に出かけていたコンガジョグとガムガイが村に戻ってきた．額にガーの帯を掛け，イモや薪を入れたガーを背に担いでいた．

4:00pm
　2人の小学生が早速ドゥパ矢を使って鳥撃ちを始めた．頭上を通過する鳥をめがけて真上に矢を放つ．ときおり鳥の近くを通過するが，惜しくもはずれる．はずれた矢は撃ち手の近くに落下する．鳥撃ちを続けながら，村から離れていった．

4:30pm
　静寂．村の中を歩く姿はない．家の中で休んだり昼寝をしたり，軽い食事やおやつを食べたりしているのであろう．ナニュコンガが1人家の床下で座っている．話し声はほとんど聞こえない．

5:00pm
　タッチラグビーが始まった（写真3.9）．これは，ラグビーの一種でタック

写真 3.9 狩猟が終わると，村に戻ってきた若者はタッチラグビーを始めた．学校の体育で習うスポーツが村の中でも行われている．

ルを禁じ，相手の身体にタッチすればボールの支配権が交代するものである．学校の体育で習うスポーツが村の中でも行われている．サッカーやバスケットボールも盛んで，女子も参加する．また，独立記念日のような大きなイベントでも，伝統的なダンスと共にサッカー大会やラグビー大会が催されることが多くなってきている．

村にいた年長のケワルや，小学校から戻ってきた若年のケワルやヤンブガなど，男子だけでタッチラグビーは行われている．最初は5人でボールをまわしていたが，だんだんメンバーが増えていく．若いルガジョグも加わって15人となり，2チームに分かれていよいよ試合開始である．試合はだんだんと盛り上がり，応援も熱が入ってくる．村全体が一体となって，ラグビーのゲームを楽しんでいる．

村の家の配置はラグビーやサッカーを行うのに適している．中央の広場がグランドとなり，周囲の家の床下は観覧席である．残念ながらこのグランドはやや傾いており，凸凹も多い．

1人のケワルがラグビーシューズを履いている．その他は裸足である．日

常生活はだいたい裸足で過ごし，靴を持たない人が多い．持っていても使うのは，日曜礼拝などの特別なときである．

　学校教育は，狩猟のような伝統的な生業活動への影響は比較的小さいが，簡単な英語を話す村人の数が増えたことやスポーツにおいて，大きな影響を与えている．

5:30pm
　カパルに出かけていたコンガジョグたちが戻ってきた．村に戻ってきた者たちは，自分の家に帰ると，ラグビーの応援を始めた．

6:00pm
　ラグビーが続いている．夕日がまぶしく，選手や観客を照らしている．風が冷たくなってきた．じっと座っていると，半袖のTシャツに半ズボンでは寒くなる．村の周囲を見渡すと，夕日に照らし出されたヤップが美しい．ココヤシや家並みがフラッシュライトをあびたように，雲の多い空を背景にして，浮かび上がっている．
　選手たちは激しい動きを続けており，上着を脱いで上半身裸となり，汗が吹き出して，黒く輝いている．観客の女たちや子どもたちは，ときおり大声で応援したり，大笑いする．応援の姿はさまざまだが，中には犬を抱いているガムガイがいる．また，ラグビー観戦に飽きて一人遊びを始めた子どももいる．

6:30pm
　ラグビーの試合が終わった．
　サゴづくりに出かけていたコンガジョグやガムガイが戻ってきた．ヤシの葉で包んだ5-10 kgのサゴデンプンを額にひもを掛けて背負って帰ってきた．
　夕食の支度が始まる．コンガジョグが料理小屋でサゴを焼いたり，イモを煮たりしている．カリカリとココナツを削る音も聞こえる．料理小屋のない家では，家の中で料理する．煙が屋根や壁から湧き出す．

3.2　ルアルの1日　83

7:00pm

　夕暮れは美しい．ゆっくりと日が暮れて，空の色が変わっていく．鳥の声が，近く遠くで，流れていく．ター，ター，ター．

　個人猟に出かけていたルガジョグが戻ってきた．成果はなし．

　それぞれの家では，夕食が始まる．

8:00pm

　夜は満天の星．木が切り払われた村の中では，見上げれば全天がこぼれ落ちんばかりの星．

　深夜，家の中でときおり聞こえるのは，ヤモリの鳴き声．ケケケケケケケ．

3.3　さまざまな道具

　ルアルで用いられる生活の道具は，ほとんどが豊かな自然から手に入るものを加工して製作される．道具をつくるのに欠かせないのが，ギリやアテネであり，町で購入する．アテネは，薪割りだけではなく，サゴヤシの幹を切り倒したり，樹皮を削ったりするときや，焼畑での伐木に使用される．ギリはきわめて多くの場面で使用される，万能の用具である．

(1)　弓矢

　弓はピングまたはピングジョグと呼ばれ，長さは成人の身長より約 20 cm 長い程度である（写真 3.10（上））．弓や弓の弦はダイサンチク（*Bambusa vulgaris*）でつくり，矢柄はササダケ（*Bambusa etra*）を使う．弓の弦は消耗しやすいので，写真 3.10（下）のように，新しい弦に交換する必要がある．

　矢じりは素材や形状によって 4 種類に分けることができる．ヌムセピは野生のヤシ（*Ptychosperma* spp.）の幹からつくられ，先端が鋭くとがり，形

の違いにより多くの種類がある（写真3.11（左上））．ヌムセピは小型動物を射るのに適している．ドゥパも硬い材質の木からつくられるが，先端が丸くなっている（写真3.11（右上））．鳥を射るために主に使われるのはドゥパで，真上に向けて矢を放つ．先端が丸く大きいので，鳥の胴部でなくても羽に当

写真 3.10 （上）ピングまたはピングジョグと呼ばれる弓．（下）弓の弦を交換しているルガジョブ．

コラム c 弓矢図

　渡辺仁（Watanabe, 1975）は，考古学的な手法を使って，ギデラ族の弓矢を詳細に記載しているので，紹介する．写真 3.10, 3.11 を参照しながら，以下の図を見ると，弓矢の形状を正確に知ることができる．

　図 c.1 はピングまたはピングジョグと呼ばれる弓と矢を示している．弓の長さは成人の身長より約 20 cm 長い程度で，ダイサンチクでつくる．矢柄はササダケを使ってつくる．

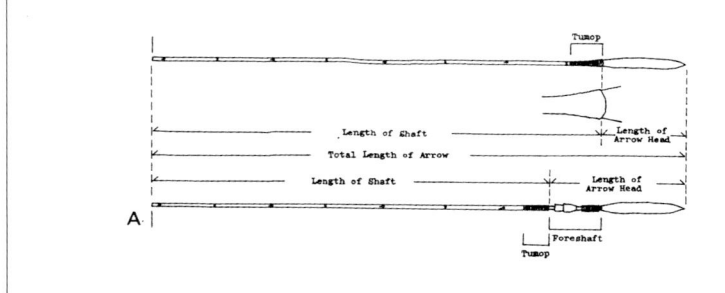

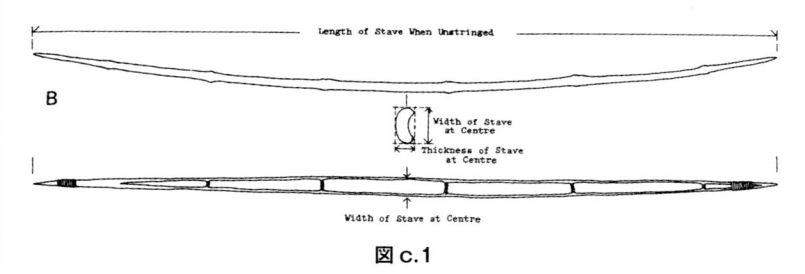

図 c.1

　図 c.2 は，もっとも頻繁に使われている鉄製の矢じりのパコスである．パコスは使い古して磨耗したギリやナイフを再利用して，ヤスリで削ってつくる．殺傷力に優れているので，多様な対象動物に使われ，形状は多様である．

　図 c.3 の矢じりは，左 4 本が魚を射るためのテテ（またはワヤ）である．約 10 cm の太い針金を数本束ねて，先端をやや広げて使用する．魚に命中すれば，多数の矢先が突き刺さり，針金の反発力のため，抜け落ちにくい構造になって

いる．

　右2本は，主に鳥を射るために使われるドゥパで，硬い材質の木からつくる．先端はとがらせずに，太くなっている．太く大きいので，鳥を射落とすのに適している．

　図c.4は，野生のヤシの幹からつくられるヌムセピで，先端が鋭くとがり，形の違いにより多くの種類があり，それぞれに名前がつけられている．ヌムセピは小型動物を射るのに使われる．

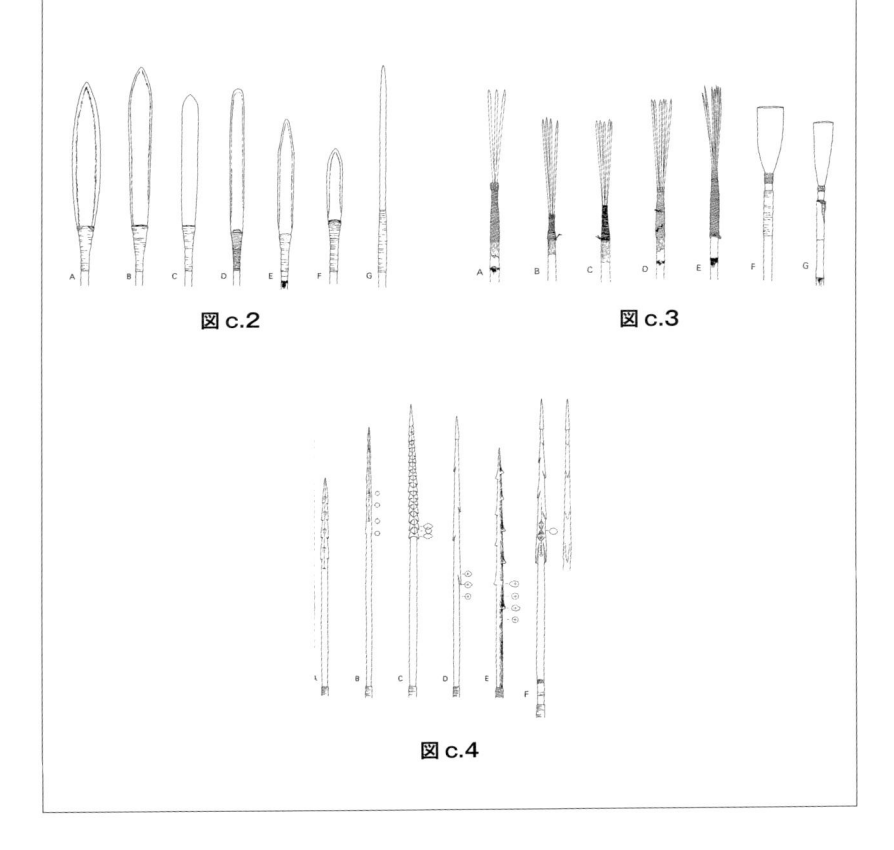

図c.2

図c.3

図c.4

たれば射落とすことができる．矢尻部分が大きく重いので，射手の近くに落下するのが確認しやすく，回収が容易である．実際に頻繁に使われているのは鉄製の矢じりで，パコスと呼ばれる（写真3.11（左中））．これは使い古し

3.3　さまざまな道具　　87

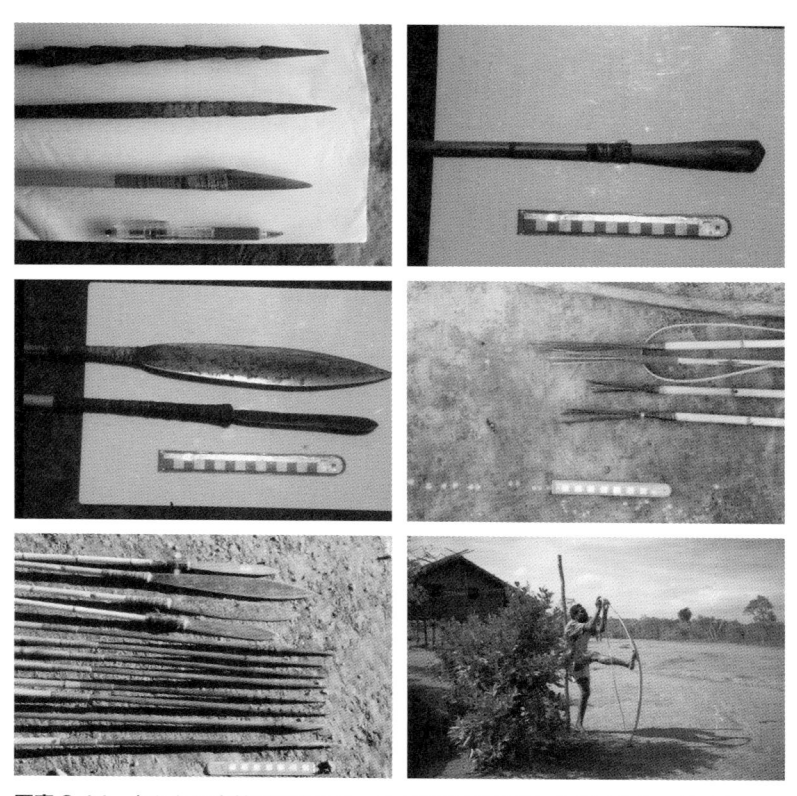

写真 3.11 矢じりは素材や形状によって 4 種類に分けることができる．（左上）ヌムセピは野生のヤシの幹からつくられ，先端がさまざまな形状で鋭くとがり，小型動物を射るのに使用される．上の 2 本がヌムセピで，下の 1 本はカソワリの爪を使ったトゥヌプである．（右上）ドゥパも硬い材質の木からつくられ，先端が丸くなっていて，主に鳥を射るために使われる．（左中）頻繁に使われるのがパコスで，鉄製の矢じりは使い古して磨耗したギリやナイフをヤスリで削ってつくる．（右中）魚を捕るときに使うのがテテ（またはワヤ）で，約 10 cm の太い針金を 10-20 本束ね，先端をやや広げて使用する．（左下）矢じりは形状や大きさに個人差があり，使用目的に応じて使い分ける．（右下）弓の強さを保ち弦の消耗を防ぐため，弓の弦は弓を使用する直前になって，足と体を使ってセットする．

て磨耗したギリやナイフをヤスリで削ったものである．殺傷力に優れているため実用性が高いので，多様な対象に使われる．魚を捕るときも森の民らし

く弓矢を使う．魚を射るための矢じりは，テテ（またはワヤ）と呼ばれ，約10 cm の太い針金を 10-20 本束ね，先端をやや広げて使用する（写真 3.11（右中））．魚に命中すれば，多数の矢先が突き刺さり，針金の反発力のため，抜け落ちにくい構造になっており，魚を捕り逃がすのを防ぐ．その他の矢じりとして，竹でつくったパコやカソワリの爪を使ったトゥヌプなどがある．写真 3.11（左下）には，さまざまな矢じりを示した．なお，弓の弦は，弓を使用する直前になってから，写真 3.11（右下）のように足と体を使ってセットする．この様子から，弓の張りが強いことがわかる．

　小型の弓はピングピングブガと呼ばれ，1 m 程度の長さである（写真 3.12（上））．写真 3.12（下）の子どものように，弓を引く力が弱いときは，ピングピングブガを使うことが多い．矢の名前はマシボで，サゴヤシの葉柄を 50 cm 程度に切り，矢先もギリで削って尖らせただけの単純なつくりである．マシボは短時間に大量につくることができ，使い捨ての矢であり，他の矢のように何度も回収して再利用することはない．子どもたちが，カヌーで移動中に鳥を狙うのに使われることが多いが，稀に大人も使うことがある．

(2) 運搬

　女性はガーと呼ばれる大きな籠を頭からヘッドバンドを掛けて背中に背負う（写真 3.13（上））．焼畑の収穫物である，ヤムイモ，タロイモ，バナナなどはかなり重く，運搬は重労働である（写真 3.13（中））．これに対して，男性の持ち物は少なく，弓矢やギリに限られる．男たちは，つねに狩猟できるように準備しておくために弓矢だけを持つのだ，という．ただし，獲物がとれたときは，写真 3.13（下）のように，村まで担いで運ぶことになる．

(3) 犬の役割

　ルアル村で犬を飼っている世帯は多い（表 2.2）．犬は，狩猟に重要な役割を果たす．獲物を見つけ，吠えながら追い立て，取り囲み，かみつく．そして，動きの鈍った獲物を人間が弓矢で射とめるのである．小動物なら，犬だけで獲物をとることがある．

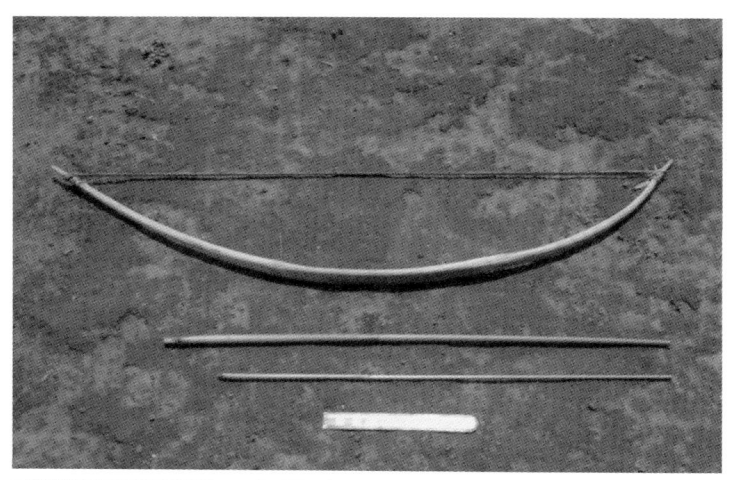

写真 3.12 （上）小型の弓はピングピングブガと呼ばれ，1m 程度の長さである．矢はマシボで，サゴヤシの葉柄を 50 cm 程度に切り，矢先もギリで削って尖らせただけの単純なつくりである．（下）弓を引く力が弱い子どもは，ピングピングブガを使うことが多い．マシボは短時間に大量につくることができる使い捨ての矢で，カヌーで移動中に鳥を狙うのに使われることが多い．

写真 3.13 （上）焼畑作物のヤムイモ，タロイモ，バナナなどを女性が運搬するときに使用する大きな籠はガーと呼ばれる．（中）女性はガーを頭からヘッドバンドを掛けて背中に背負い，ヤムイモ・タロイモ・バナナなどを運搬する．かなりの重量で，弓矢を持ち運ぶ男性に比べて，女性の負担は大きい．（下）男性の持ち物は少なく，弓矢やギリに限られるが，獲物がとれたときは，村まで担いで運ぶことになる．

コラム d　ダンスのときに使う楽器

　伝統的なダンスをするときに主に使われる楽器は，ケンダンと呼ばれる太鼓である．ルバという堅い木からつくられたケンダンは，1 m よりやや長い円筒形で，中央部がくびれて両端が広がる形である（スケッチ d.1）．中央部には手で握るためのとってがある．ケンダンは，1 本のルバの木を削ってつくられ，とっての部分は削りとらずに残されている．ケンダンの内部はくりぬいて空洞にし，空洞になって広がっている一端には，ジャマラと呼ばれる川ヘビの皮を張る．

　ジャマラをくっつけるには，ソレアという木の樹液を使う．やや紫色がかった淡赤色の透明な樹液をケンダンの外周に塗り，ジャマラを貼り付ける．写真d.1 は，子どもたちも手伝って，ジャマラをのばしながら貼り付けている様子である．そしてジャマラをとめるため，ダパと呼ぶ輪を巻き付ける．皮をピンと張るために，火に近づけてあぶる．また，数個の蜂蜜の小塊をジャマラに塗り付けて音をよくする．

　ケンダンを使うときは，立ったまま左手でケンダンを持ち，2-3 秒間隔で右手で強くジャマラの皮を，ドーンドーンと叩き続ける．やや低音の，かなり強

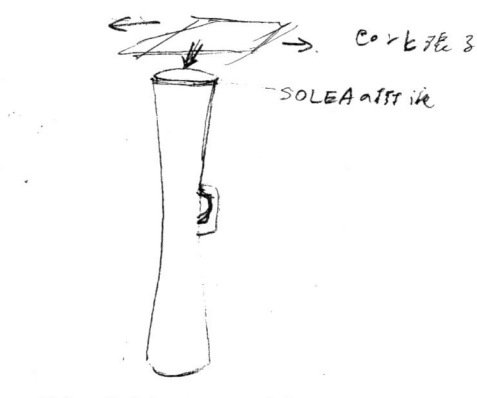

スケッチ d.1　ケンダン太鼓．

い音が響く．なお，音の高さはケンダンの大きさによって差がある．写真 d.2 はケンダンを打ち鳴らしながら，伝統的な衣装でダンスを踊る様子である．

もう1つの楽器はボーンと呼ばれ，ダイサンチクからつくられる．長さが 40 cm 程度で，中央部が 5 cm 程度の幅でくりぬかれている．座って脚をのばし，両足でボーンを挟んで固定し，2本の棒で叩く．左手はゆっくりと一定のリズムで叩き続け，右手はリズムを変え，音の大きさを変化させる．写真 d.3 はボーンを演奏している様子である．ケンダンとボーンの楽器は，男女とも使うことができる．

ダンスは，ケンダンを打ち鳴らし，それにあわせてステップを踏み，腰を落として足で強くけるように地面を叩く．さらに，右や左にターンして1周したり，飛び跳ねて腰を深く落としたりしながら，さまざまにアレンジする．それに加えて，ボーンの速いテンポの音を重ねる．踊りは，男女で異なり，女性の方は躍動感が乏しい．

写真 d.1 ケンダンにソレアの木の樹液を付け，ジャマラを貼り付ける．

写真 d.2 ケンダンを打ち鳴らしながら，伝統的な衣装でダンスを踊る．

写真 d.3 ケンダンを打ち，ステップを踏んでダンスを踊る．女たちが座ってボーンを演奏している．

3.3 さまざまな道具

II
ブアとヤップで生きる

生業活動と食生活

第4章

豊かな動物相

狩猟活動と漁撈活動

　先にも述べたように，ルアルはギデラの13村落の中で，もっとも北方に位置し，巨大な森林（ブア）に接していて内陸的要素が強く，狩猟採集を行う．「森の民」の生活が保たれている要因としては，豊かな動物相という環境条件が満たされるだけではなく，狩猟生活の根幹をなす弓矢猟の伝統が受け継がれていることも重要である．動物が豊富であるからといって，獲物をとるのが簡単なわけではない．高い狩猟技術が必要である．

　狩猟は，年齢階梯がルガジョグやナニュルガの成人男性が主として行い，思春期の男子（年齢階梯がケワルやヤンブガ）も集団猟に参加する．男女分業がはっきりしており，狩猟は男性の仕事である．狩猟は，体力と技術（スキル）を必要とする生業活動であり，成長とともに体力が向上し，狩猟経験を積み重ねて，確実に獲物を獲得できるようになる．活動効率には大きな個人差があり，日による変動も大きい．狩猟道具は彼らが自作する弓矢であり，通年行われる個人猟と乾季にヤップで火をつけて行う集団猟がある．主要な狩猟獣はカソワリ（約40 kg），イノシシ（体重約35 kg），ワラビー（約15 kg）である．カソワリはブアで生活し，イノシシはブアとヤップの両方に，ワラビーはヤップに棲息する．なお，近年では野生化したシカ（*Cervus timorensis*）も増加している．獲物は分配されるが，獲物の大きさや狩猟方法によって分配の程度は異なる．ワラビーよりも大きな獲物は，集団猟および個人猟のどちらの場合も，原則として村落の全世帯に分配される．とれた

動物は大勢で蒸焼き（ムームー料理）にして，分配される．個人猟で小さな動物を捕獲した場合には，その大きさに応じて血縁関係の深い世帯を中心に数世帯ほどに肉の一部分が贈与される．狩猟獣の分配・贈与のシステムによって，肉は多くの者に分けられるため，摂取される肉の量の差は村の成員間で大きくない．小さなバンディクート（*Echymipera* spp.）や小鳥は，捕獲してすぐに焼いて，その場にいる者で分けて食べる．

弓はダイサンチクでつくられ，矢柄はササダケを使う．矢尻は対象動物によって異なり，鉄製のもの，堅い木や竹を使ったものがあり，形も多様である（写真 3.11，コラム C）．

4.1 弓矢猟

(1) 狩猟動物

狩猟対象となる主要な動物は表 4.1 に示した．弓矢猟でもっとも頻繁に獲れるのはヤップに棲むワラビーであり，集団猟の主要対象である（写真 4.1）．イノシシはサイズが大きく凶暴なため，とるのは容易ではないが，得られる肉の量が多い（写真 4.2）．ブアに棲むカソワリは，森林の中を高速で走るためとるのはきわめて難しいが，シェルターをつくって潜み長時間待ち伏せして狩猟する（写真 4.3）．大量の肉（肉質は堅い）が得られ，脂肪部分はとくに美味なので，最高の獲物として評価が高い．ブアの中では個人猟が行われ，2 種のブッシュワラビー（*Dorcopsis veterum* および *Tylogale* sp.）（写真 4.4（上））やポッサム（*Phalangeridae*）などをとる（写真 4.4（下））．ヤップでは，バンディクート（写真 4.5（上）），大トカゲ（*Varanus* spp.）（写真 4.5（下）），ニシキヘビ（*Liasis* spp.）など多様な動物が狩猟対象となる．弓矢だけでなく棒も使用され，ときには手づかみでとることもある．鳥類は非常に多種にわたり，特別な形の矢尻の矢（ドゥパ）（写真 3.11（右上））を使用したり，小型の弓矢（ピングピングブガ）を使う（写真 4.6）．シカは飼育されていたものが野生化し，年々個体数を増しており，サイズが大きく得られ

表 4.1 狩猟動物

主要狩猟動物	ギデラ語	学名	重要性	重量（kg）	生息地
ワラビー	Beat (Seba)	*Wallabia agilis*	◎	15	ヤップ
イノシシ	Boma	*Sus scrofa*	◎	35	全域
カソワリ（ヒクイドリ）	Gigi	*Casuarius casuarius*	○	40	ブア
バンディクート	Ruei	*Echymipera* spp.	○	2	ヤップ
ブッシュワラビー	Suga	*Dorcopsis veterum*, *Tylogale* sp.	○	5	ブア
シカ	Dia	*Cervus timorensis*	◎	40	全域

他の狩猟動物	種類	学名
ワニ	2	*Crocofdilus* spp.
大トカゲ	8	*Varanus* spp. など
ポッサム	9	*Phalangeridae*
ネズミ	3	
鳥	100	
ヘビ	14	*Liasis* spp. など

◎は非常に重要，○は重要を示す．

る肉量が多いので，重要な獲物になってきている（写真 4.7）．

プシンにはワニ（*Crocodylus purosus*）が棲息している．とれると高額の現金収入を得ることができるので，積極的にワニ狩りを行い，稀ではあるが捕獲に成功する．

(2) 集団猟

ルアルの人びとはヤップの草が枯れる乾季になると頻繁に集団猟を行う．枯れ草を燃やして，ワラビーなどの獲物を追いだし，犬を使って吠え声で慌てさせ，犬が獲物を追い立て，弓矢で射る．弓矢で獲物がどんどんとれるかというと，実際には，待ちかまえる射手から放たれる矢は，火から慌てて逃げてくる獲物を外れる．弓矢猟は，走って移動する的を射るのに適さない．ときには，じっと立って写真を写している筆者の 2-3 m の近くにまでワラビーが近寄り，こちらに気づいて転びながら方向転換するほどの慌てようだ

写真 4.1 （上）弓矢猟でもっとも頻繁に獲れるのはヤップに棲むワラビーである．（下）ワラビーは集団猟の主要対象動物である．二足で跳びながら走る有袋類で，動きは俊敏ではない．

写真 4.2 （上）イノシシはサイズが大きく凶暴なため，とるのは容易ではないが，得られる肉の量が多い（体重約 35 kg）．（下）ブアとヤップの両方に棲息するイノシシの捕獲では，接近しすぎると気づかれて逆襲にあうので危険である．ギデラではブタ（イノシシ）を家畜としないが，稀に子イノシシを飼う場合がある．

写真 4.3 （上）カソワリは，大量の肉（肉質は堅い）が得られるが，ブアの中を高速で走るためとるのはきわめて難しい．（下）稀にカソワリの幼鳥を捕獲すると飼育してから食用とする．

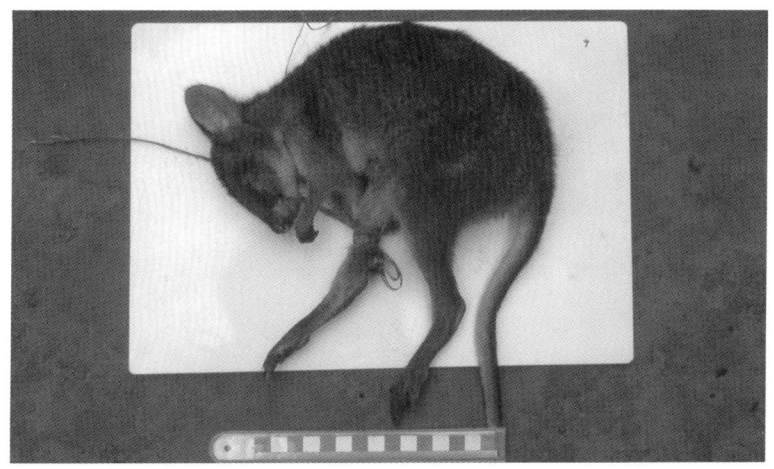

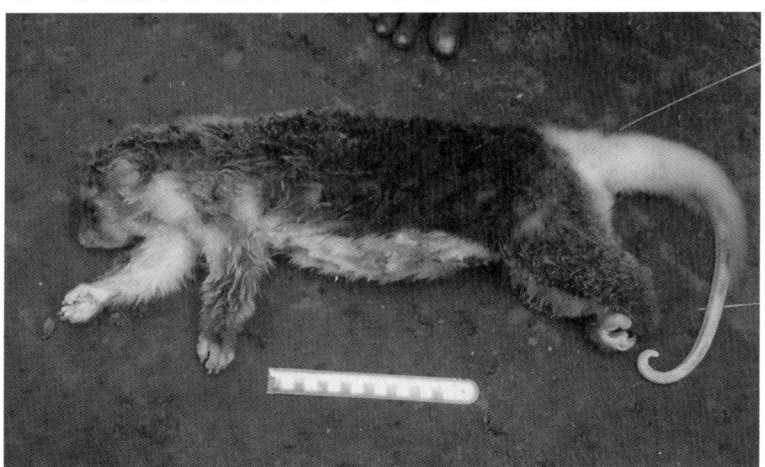

写真 4.4 （上）ブアの中捕獲されたブッシュワラビー．（下）ポッサムは樹上性の夜行性有袋類で，日中は木の洞などにつくった巣に隠れている．

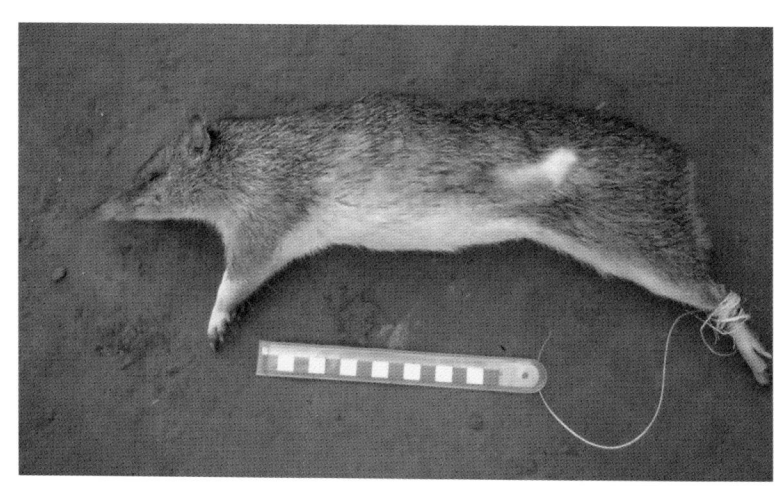

写真 4.5（上）ヤップに棲息するバンディクートは有袋類で，つがいで生活し，大きな木の根元などに巣をつくる．夜行性で，長い口先を使い，土を掘り返してエサを見つけ，主にミミズなどの昆虫を食べる．（下）大トカゲは棒などを使って，地上または木に登ったところをたたき落として捕獲し，食用とする．

写真 4.6 鳥類は非常に多種にわたり，特別な形の矢尻の矢（ドゥパ）を使用したり，写真のようにピングピングブガを使って捕獲する．

が，矢が命中することはほとんどなく，射手の間を逃げ去る．豊かな動物相を維持するには，活動的な獲物は逃げ延びて子孫を残すのが好ましいが，獲物の肉を求める側からすると，期待は裏切られ続ける．

とはいえ，場所を移動しながら集団猟を繰り返すと，全体では数匹の獲物を獲得し，それらは参加者全員に分配される．とれる場合の主な状況は，犬が獲物を取り囲み，周囲から噛みついて弱ったところに矢を放つ，あるいは逃げ続けてきた獲物の足音に注意し，草むらで休んだところを至近距離まで接近して射止めるのである．弓矢の狩猟技術とは，強い弓を自在に操り，遠くを走る獲物を正確に射ることだけではなく，動物の行動を注意深く観察し，至近距離まで近づき，確実に命中させることである．運も重要な要素である．

乾季に行われる集団猟の方法の概略を記述すると以下のようになる．集団猟は数人から十数人のメンバーでパーティーをつくり，役割分担を決める（写真 4.8（左上））．直径が 1-2 km 程度の円形で包囲するように適当な間隔で待ち伏せをする（写真 4.8（右上））．枯れ草に火をつける役目の者（1-3名）が円に沿って火をつけてまわる．犬も吠え立てるので，包囲の中にいる

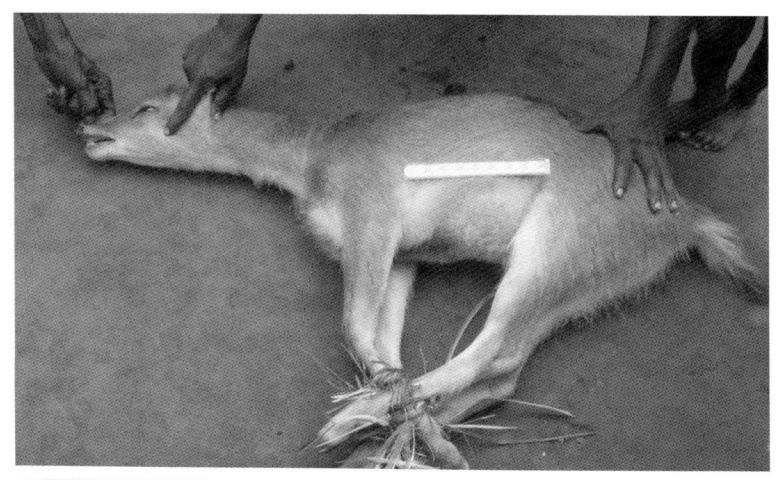

写真 4.7 （上）シカはサイズが大きく得られる肉量が多いので（約 40 kg），重要な獲物である．（下）シカは飼育されていたものが野生化し，オリオモ台地全域に生息場所を拡大している．ギデラランドでも年々個体数が増加している．

動物は，あわてて火から逃げようとして走り出てくる．そこで，待ち伏せ役の者たちは，弓矢を使って逃げる獲物を射止めるのである．待ち伏せの場所は，周囲より小高くなった所で，下方から逃げてくる動物には見えにくい位置を選ぶ（写真4.8（左下））．樹幹部の太い木の後ろに隠れると見えにくくはなるが，弓矢の使用には適さない．ワラビーなどは，視覚が劣っているので，動かずに立っていれば，射手に気づくことなく近距離まで近づいてくる．ただし，矢を射るチャンスは少なくないが，命中率は低い．射手同士の間隔はかなりあいているので，多くの場合，動物はその間を抜けて逃げ去る．

　ときには，獲物が怯えて茂みに入り込むことがあり，このような状況が射止めることのできる絶好のチャンスとなる．至近距離まで近づき，潜んでいる獲物に矢を射る．また，犬が獲物を取り囲んで，四方から噛みつくように攻撃しているときも，射手は至近距離まで近づいて命中できる．ワラビーは2足で跳びながら走り，足音も大きいので，茂みに逃げ込んで休むときに，遠くからでも止まった足音の位置を知ることができる．矢が命中しても，獲物が絶命することなく逃げ続けることがあるので，矢を射るとただちに獲物に走り寄り，ワラビーの足をつかんで振り上げ，動物の頭を樹幹などに打ち当てて絶命させる．実例を写真4.9に示す．

　このように，獲物をとれるかどうかは，弓矢の操作技術の高さよりも，獲物に接近できるチャンスの多さによって決まる．したがって，集団猟による獲物の獲得数の個人差はそれほど大きくはない．経験豊富な名人だけが大量にとるのではなく，未熟なケワルにもとれるチャンスはある．なお，獲得した肉は，射止めた者だけが取得するのではなく，集団猟に参加した者全員に分配される．集団猟は猟場を移動しながら，1日に何度も繰り返され，歩くだけではなく走ることも少なくないので，重労働であり，食事なしで続けることも多い．一方，獲物を追い詰めて射止めるという目標の達成感は充実しており，成果として得られた肉は全参加者の家族の夕食のごちそうとなる．狩猟に参加しない女性たちについても，肉に対する期待は大きい．乾季の集団猟が活発に行われ続けている要因は，このような点にあると考えられる．

写真 4.8（左上）乾季に行われる集団猟では，集団猟に参加するメンバーが，数人から十数人でパーティーをつくる．（右上）直径が 1-2 km 程度の円形で包囲するように適当な間隔で待ち伏せをする前に，弓矢の準備をしている．（左下）待ち伏せの場所は，周囲より小高くなった所で，下方から逃げてくる動物には見えにくい位置を選ぶ．（右下）とれた獲物はケワルたちが運搬する．

（3）個人猟

　個人猟は，1年を通して，ブアでもヤップでも行われる．狩猟の時刻も自由度が高く，朝夕を含む昼間の時間帯に行われるだけではなく，夜間にも行われる．1人で行うのが原則だが，狩猟犬を伴うことは珍しくなく，息子などの狩猟技術の教育などを目的とするような場合には，複数人で出かけることもある．主要な狩猟対象動物は，ブアではカソワリとブッシュワラビー，ヤップではワラビーである．イノシシも重要な狩猟獣であり，ブアとヤップの両方に棲息する．弓矢の射程距離は 10 m 以上あるものの，命中精度や殺傷力の点から，至近距離に近づくことが重要である．狩猟獣に早く気づき，動物に気づかれずに接近することが，捕獲に成功するための重要な条件となる．接近の仕方は，臭いに気づかれないように風下を選び，低い姿勢（ときには匍匐前進）で，音を立てずに接近する．動物をだますテクニックも必要

コラム e　集団猟

　乾季に行われる集団猟の1日の活動を記録したフィールドノートを表 e.1 にまとめた．場所を移動しながら集団猟を繰り返し，かなりの成果をあげたときの活動記録である．集団猟に参加したのは13名で，そのうち2名が合計12匹の犬とともに追手を担当した．表の歩数は，筆者がカウンターで数えた数値である．歩幅が約 50 cm になるように歩行練習をしたので，距離の推定に使える．総歩数は 20,844 歩なので，集団猟で移動した距離は約 10 km であった．

　射手たちは弓矢の準備を整え，朝 8:20 頃から村を出て行った．村外の待ち合わせ場所に集結して，狩猟コースの打合せをして，狩猟を開始した．射手があらかじめ決めておいた狩猟場所に到着すると，射手は円形で包囲するように適当な間隔で立ち，獲物が逃げてくるのを待つ．なお，この日の集団猟では，枯れ草に火をつけることはしなかった．

　図 e.1 はニロロの場所での狩猟の略図で，射手の配置や追手の移動を示している．2人の追手が，吠え立てる12匹の犬と近づくと，獲物が逃げ出す．射手たちは，逃げてくる獲物に矢を射るが，命中率は低い．表に記載した獲物の逃走は，筆者が直接観察したものだけである．

　ときには矢が獲物に命中する．ただし，矢が命中しても，獲物が絶命することなく逃げ続けることがあるので，矢を射るとただちに獲物に走り寄り，ワラビーの足をつかんで振り上げ，頭を樹幹などに打ち当てて絶命させる．実例の写真は，写真 4.9 を参照．

　この日の集団猟の結果では，7人の射手が弓矢猟に成功し，合計9匹のワラビーとシカ1頭を獲得した．ただし，2匹は犬による捕獲であった．他には，小鳥を1羽射止めた．

表 e.1 集団猟（1981 年 10 月 29 日）

参加者は合計 13 名．2 名は犬（合計 12 匹）を使う．距離（m）＝歩数× 0.5

時刻	歩数	地名	進行方向	説明
8:20	0		N	準備ができた者から順に村を出発
8:28	1056			参加者全員集合，打合せ
8:31		タブジュモブ	N	狩猟開始
8:45	2903			2 グループに分かれる．6 名＋犬と 7 名
8:50	3541		N	
8:57	4284	キウォル	NE	
9:03	4444	ニロロ		
9:10	4734			射手 5 名待機
9:14	4922			射手 1 名待機，風は S 向
9:30	5000		S	シカが N から来るが，矢ははずれ，SW に逃走
9:35				ワラビーが SW に逃走
9:41	5241			
9:52	5749			犬が NE から吠えながら現れる
10:10	0	タブジュモブ		休憩，喫煙，カウンター 0
10:25			N	狩猟再開
10:33	420		NW	ワラビー（大）が 2 名の射手の間を逃走，背後から矢，外れる
10:51	1098			草原，射手 5 名と射手 5 名に分かれ，2 名が犬を追う
10:55	1636	ラワ		クリークで 2 人の女性がサゴづくりをしている
11:01	2155		WNW	
11:04	2435	コカル		休息
11:11				狩猟再開
11:24	3751			
11:39	5305		NE	
11:42	5483	ウィルウィル		射手が待機．ESE から犬，ワラビー 1 匹命中，ワラビー 2 匹逃走
11:56			NNE	
12:02	5736		NW	犬 SE から出現
12:10	6552	ヤカポイ		射手待機．S 方向に傾斜し，低湿地の草原，ワラビー（大）2 匹逃走
12:19				ワラビー 1 匹右眼に命中だが，逃走したため，犬が噛みつき，射手が手足をつかみ，木に頭部を強打し絶命
12:25	6552			休息
12:40			W	狩猟再開，雨
12:53	7824		SW	
13:01	8281			射手放矢，ワラビー逃走，2 名の射手の間をワラビー逃走
13:18	8470	セパパ	S	大湿地帯，犬を中央に両横に射手が並び，移動しながらの狩猟
13:20	8700	ミヤコドル	W．S	川辺林の中に逃げ込んだワラビー捕獲
13:30	9186			クリークを渡り，小高い場所でワラビー捕獲
13:37	9235	ウォムゴブ		休息
13:48	0		E	カウンター 0
13:58	1012			狩猟再開
14:20	1568	パモブ		クリーク近くでワラビー捕獲，1 匹逃走
14:40		ソムニュー	E	ワラビーを狙った矢は外れて木に命中
14:46	2957		ESE	逃げてきたワラビーが止まったところを命中，足をつかみ，頭部を木にぶつけて絶命（写真 4.9）
14:52	3482			休息
15:00	0			帰路につく
15:04	381			
15:17	2387			帰村

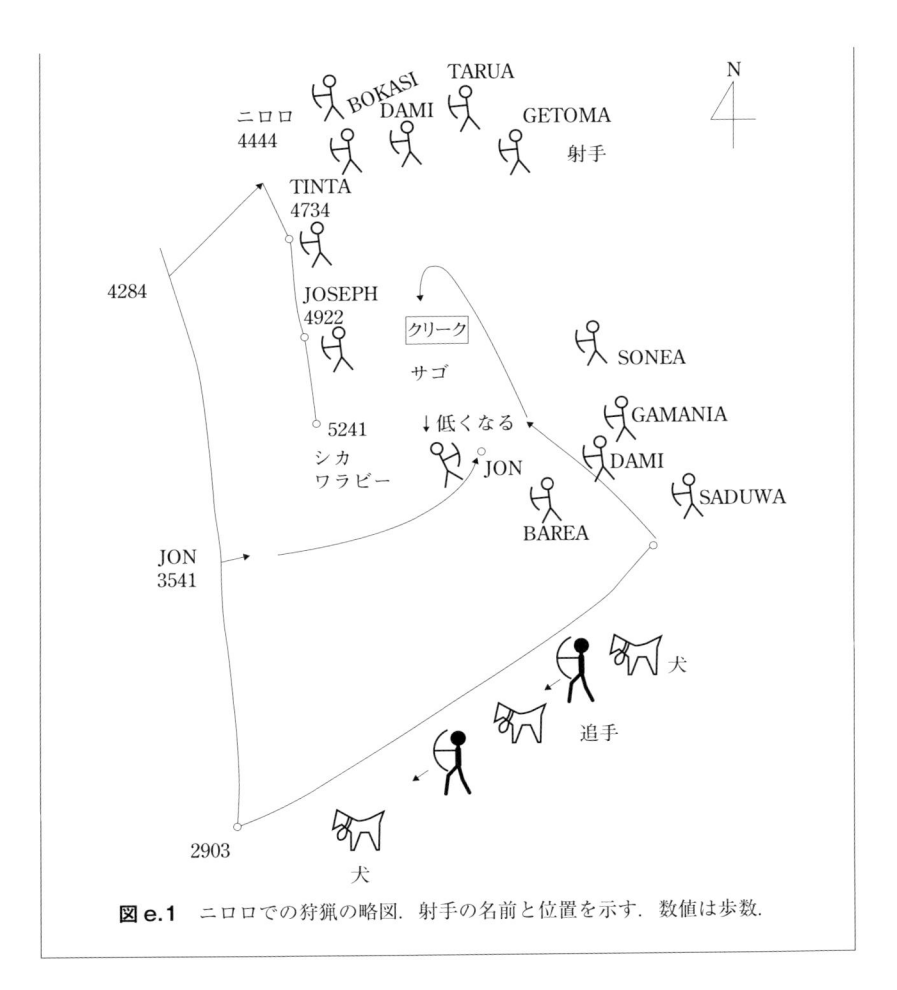

図 e.1 ニロロでの狩猟の略図．射手の名前と位置を示す．数値は歩数．

で，ワラビーの場合には，尾で地面を叩く習性をまねて，その音に似せるために，手で地面または自分の胸を 1-2 秒間隔で叩く．また，枯葉などを使って動物の足音をまねたり，動物の発生音に似せた声を出して近づくこともある．写真 4.10 は，犬を連れて，個人猟に出かける様子である．

　カソワリやイノシシは至近距離まで接近することの難しい対象である．カソワリを捕獲する場合は，シェルターをつくって身を隠し，長時間待つことが必要である．シェルターはヤシの葉などを使って，外部から中の様子が見

写真 4.9　(左上) 獲物が怯えて茂みに入り込むことがあり，このような状況が射止めることのできる絶好のチャンスとなる．至近距離まで近づき，潜んでいる獲物に矢を射る．ワラビーの足音が止まった場所にワラビーを見つけ，至近距離まで近づいて矢を放つところ．(右上) 命中したが，逃げようとしたので，近づいて足をとらえて振り上げ，動物の頭を樹幹に打ち当てて絶命させる．(左下) 絶命したワラビー．(右下) 射止めたワラビーの足と首を草で縛り，背中に担いで帰路につく．

えないようにする．カソワリが好む木の実が落ちている所や水場近くが待ち伏せの場所となる．カソワリの来る場所を予測するには，カソワリの生態を知ること，過去の経験，カソワリの糞などの情報が重要である．

イノシシの捕獲では，接近しすぎると気づかれて逆襲にあうので，危険である．狩猟犬が重要な役割を果たすことが多い．狩猟犬は嗅覚が優れているのでイノシシの発見が早く，吠え立てて追いかけ，周囲から攻撃しながら逃走をくい止める．そこで射手は，至近距離から犬を避けつつイノシシに矢を射るのである．

写真 4.10 犬を連れて，個人猟に出かける．個人猟は 1 年を通してブアでもヤップでも行われ，狩猟の時刻も，朝夕を含む昼間の時間帯だけではなく，夜間にも行われる．

4.2 狩猟の成果

(1) 集団猟の成果

集団猟について，1981 年 9 月 25 日から 11 月 12 日までに行われたものを表 4.2，4.3 にまとめた．表 4.2 は 24 人の成人男性（ケワルの一部も含む）について，集団猟への参加を一覧表にした．この中には，高齢のため集団猟の参加が難しい者（11001，11901），夫婦関係の問題のため集団猟の参加が困難な者（11801）も含まれている．

この期間に集団猟は 20 回行われた．始めの 3 回はほぼ全員の 20 人が参加した．参加可能な者のほぼ半数の 10 人以上の参加について見ると，20 回中 13 回におよび，積極的に参加しているのがわかる．ただし，参加者が 5 人（11/3）や 7 人（11/6）と少数のときもあった．

個人ごとに参加回数を見ると，半数の 10 回を超える者が 17 人であり，大

表 4.2 集団

世帯	IDNO	名前	年齢階梯	9/25	9/28	9/29	10/1	10/2	10/5	10/7	10/8
1	10101	AREA	NR	○	○	○		○	○	○	○
1	10105	TINTA	KB	○	○	○	○	○	○	○	○
2	10201	ALOKA	RJ	○	○	○		○			
3	10301	NABEA	RJ	○	○	○		○	○		
3	10407	SONEA	KB	○	○			○			
4	10401	MIDI	RJ				○	○	○		○
5	10501	DAMI	RJ	○	○	○	○	○			○
6	10601	KODI	RJ	○	○	○	○				○
7	10701	WASARI	RJ	○	○	○				○	
8	10801	TARUA	RJ	○	○	○					
8	10804	WARAWIA	KB	○	○	○					
9	10901	BUAGO	RJ	○	○	○	○	○	○		○
10	11001	SANAGA	NR								
11	11101	SIYORO	RJ	○	○	○					
12	11201	GAIDERE	RJ	○	○	○					
13	11301	JON	KB*								○
14	11401	KERO	RJ					○	○	○	
15	11501	MAREGA	RJ					○			○
16	11601	SADUWA	RJ	○	○	○			○		
17	11701	EVERADUS	RJ	○	○	○					
18	11801	WOWOGO	RJ								
19	11901	PIGARA	NR	○	○	○					
20	12001	GAMANIA	RJ	○	○	○	○	○			
25	12501	SEBI	RJ	○	○	○	○	○	○		○
		合計		20	20	20	13	15	14	8	15

IDNO は個人識別番号．個人情報については付表1ルアル住民リストを参照．
* 結婚していないのでケワルだが身体的には成人（RJ）．

猟参加者

10/9	10/12	10/15	10/16	10/23	10/28	10/29	11/2	11/3	11/6	11/7	11/12	合計
○	○	○		○								11
○	○				○	○	○		○	○		16
○	○											6
○		○	○		○	○			○	○		14
○		○		○	○	○	○		○			15
○	○				○		○		○			9
○		○	○	○		○						13
○	○			○		○				○		11
○		○	○					○	○			10
○		○	○	○	○							11
○			○			○		○		○		13
○		○	○				○					11
												0
○	○	○	○	○								11
○	○	○								○		12
		○		○	○	○			○			11
○	○	○		○		○			○			14
○	○						○	○				7
○	○			○	○	○		○			○	15
○	○	○		○	○			○				14
		○		○								2
									○			4
	○	○	○	○		○		○	○	○		15
	○			○								9
18	14	15	13	9	10	9	9	5	7	11	9	254

表 4.3 集団猟に

世帯	IDNO	名前	年齢階梯	9/25	9/28	9/29	10/1	10/2	10/5	10/7	10/8
1	10101	AREA	NR		a1	a1			a1	a1	
1	10105	TINTA	KB								a1
2	10201	ALOKA	RJ					a1			
3	10301	NABEA	RJ			a2		a1	a1		
3	10407	SONEA	KB								
4	10401	MIDI	RJ						a1		a1+b1
5	10501	DAMI	RJ			a2					a1
6	10601	KODI	RJ			a1	a1				a1
7	10701	WASARI	RJ								b1
8	10801	TARUA	RJ								
8	10804	WARAWIA	KB		a1						
9	10901	BUAGO	RJ		a1	a1			a2		a1
10	11001	SANAGA	NR								
11	11101	SIYORO	RJ								
12	11201	GAIDERE	RJ					a1			
13	11301	JON	KB*			a1					a1
14	11401	KERO	RJ		a1	a1	a1				
15	11501	MAREGA	RJ								
16	11601	SADUWA	RJ								
17	11701	EVERADUS	RJ								
18	11801	WOWOGO	RJ								
19	11901	PIGARA	NR								
20	12001	GAMANIA	RJ								
25	12501	SEBI	RJ	a1							
		獲物獲得者合計		1	5	6	3	2	4	1	7

a：ワラビー　b：バンディクート　c：シカ　d：鳥．記号の次の数字は捕獲数．
* 結婚していないのでケワルだが，身体的には成人（RJ）．

よる狩猟獣獲得数

10/9	10/12	10/15	10/16	10/23	10/28	10/29	11/2	11/3	11/6	11/7	11/12	獲物獲得日数
												4
												1
a1												2
			a1		b1							5
a1						a1+d1						2
a1						a2	a1					5
a1						a2		b1				5
												3
a1			a1									3
												0
a1	b1		a1									4
			a1									5
												0
a2			a1	a1								3
			a1									2
			c1									3
a1			a1									5
												0
						a1						1
												0
												0
												0
												0
												1
8	1	0	8	1	1	4	1	1	0	0	0	20

多数が集団猟に積極的に参加した．日常生活では他の活動も必要となるけれども，ほとんどの成人男性が最優先で集団猟に参加すると判断してよい．ただし，高齢のナニュルガ（NR）の参加は低調である．

集団猟の成果をまとめたのが表4.3である．ワラビー（a）がもっとも多く捕獲され，次がバンディクート（b），さらに大型獣のシカ（c）をとるのに成功した者もいた．ワラビーは同じ日に2匹とれることもある．稀だが，鳥（d）をとることもあった．

狩猟日ごとに見ると，まったくとれなかった日が4回あり，1匹だけのときも7回あった．集団猟を行えば必ず成果が得られるわけではない．一方，大きな成果をあげた集団猟もあり，10/9は，ワラビーが9匹とれた．10/16はワラビー7匹に加えて，シカを1頭仕留めた．10/8はワラビー6匹に，バンディクート2匹であった．このように，狩猟の成果は変動が大きい．

個人ごとに獲物の獲得回数を見ると，まったくとれなかった者は7名である．ただし，獲得した獲物は参加者全員に分配されるので，肉は得ることができる．ワラビーの捕獲が1匹だけの者および2匹の者がそれぞれ3名で，ほぼ半数の者はあまり成果をあげていない．一方，成果が多い者では，ワラビーを5匹以上とった者が5名である．とはいえ，最高でもワラビー6匹（10501，10901）であり，特定の優れたハンターだけが大量にとるというわけではない．狩猟技術に多少の巧拙はあるものの，獲物を射止めるチャンスはほとんどの者にあると考えてよい．

（2） 狩猟獣獲得数量

1981年9月2日から11月11日までの期間に，集団猟と個人猟のすべてについて捕獲動物を集計したのが表4.4である．時間帯については，日中行われる集団猟（G）と，個人猟については朝（M），昼（D），夕（E），夜（N）に分類した．狩猟具については，弓矢（B），ショットガン（G），手（H），棒（S），犬（D）に分けて集計した．捕獲した獲物が村に運ばれてきたときは，重量を測定した．

対象期間は71日間で，そのうち何らかの捕獲があった日は32日であった．

ほぼ半分の日に肉を得ていることになる．非常に動物に恵まれていることがわかる．

　105回の捕獲があり，そのうち半数を超える58が集団猟による成果である．この時期の狩猟は集団猟中心であることが，捕獲数からも明らかになった．そのため，個人猟は制限された．集団猟の行われていない時間帯の夜間の猟による捕獲が19回であった．また，集団猟のない日に昼間個人猟を行ったのも19回である．集団猟の優先度が高いとはいえ，個人猟の成果も見逃すことはできない．

　狩猟獣はワラビーが69回で，3分の2を占める．次が15回のバンディクートとなったが，小型獣なので肉の量としては多くない．大型獣では，カソワリが2頭，イノシシが7頭，シカが7頭と大きな成果をあげている．これらの大型獣に対してはショットガンが使われた．ショットガンの散弾が入手されたため，20回と多くなった．たまたま，ダルーの町で散弾を購入できたので，数多くの散弾が使用されたが，このようにショットガンが多く使われることはきわめて稀である．

　狩猟具の主役は弓矢であることに変わりなく，74回が弓矢猟の捕獲であった．なお，棒を使ったり，手づかみすることもあり，興味深い．犬は獲物を追い立てる役目を果たすが，犬だけで獲物に噛みついて殺すことも8回あった．

　この結果を，個人ごとにまとめたのが，表4.5である．全体の捕獲状況を見ると，個人差の小さいことがわかる．大型獣のカソワリとイノシシについては，1人が最多で1頭，シカでも2頭止まりと，分散している．ワラビーも最多で7匹なので，それほどの差はでていない．ケワルはまだ十分にはとれる段階に達していない傾向が認められる．成人男性で体格も優れているにもかかわらず，11701は大トカゲしかとれなかったが，彼は他部族の出身者で弓矢猟の経験が乏しいことに起因していると推測される．

表 4.4 ルアル村捕獲動物（1981 年 9 月 2 日 -11 月 11 日）

日付	時間帯	IDNO	名前	狩猟具	カソワリ	イノシシ	シカ	ワラビー	ブッシュワラビー	バンディクート	ネズミ	大トカゲ	鳥	重量(g)
9/2	N	10201	ALOKA	G			1	1						
9/3	D	11601	SADUWA	B	1	1								
9/3	N	11401	KERO	B			1							
9/10	E	10301	NABEA	G	1									
9/12	D	11101	SIYORO	G				1						
9/16	D	10901	BUAGO	G									1	
9/19	M	11201	GAIDERE	G				1						
9/20	D	10401	MIDI	G			1							
9/20	D	11201	GAIDERE	B		1			1					
9/20	D	10407	SONEA	S					1					
9/25	N	10201	ALOKA	G				1						
9/28	G	11401	KERO	B				1						
9/28	G	10301	NABEA	B				1						
9/28	G	10301	NABEA	B				1						
9/28	G	10901	BUAGO	G				1						
9/28	G	10804	WARAWIA	B				1						
9/28	G	10101	AREA	B				1						
9/29	G	11301	JON	B				1						
9/29	G	10501	DAMI	B				1						
9/29	G	10501	DAMI	B				1						
9/29	G	11401	KERO	B				1						
9/29	G	10601	KODI	B				1						
9/29	G	10901	BUAGO	B				1						
9/29	G	10101	AREA	B				1						
10/1	G	11401	KERO	B				1						
10/1	G	10601	KODI	B				1						
10/1	G	11201	GAIDERE	B				1						
10/1	G		犬	D		1								
10/2	G	10201	ALOKA	B				1						
10/2	G	10301	NABEA	B				1						
10/5	G	10901	BUAGO	B				1						4,700
10/5	G	10901	BUAGO	B				1						2,350
10/5	G	10401	MIDI	B				1						5,150
10/5	G	10301	NABEA	B						1				550
10/5	G	10101	AREA	H						1				1,600
10/5	D	11101	SIYORO	B					1					
10/5	D	11101	SIYORO	B						4				
10/6	D	10901	BUAGO	H								1		490
10/7	N	10401	MIDI	G				1						10,800
10/7	D	10101	AREA	B				1						11,900
10/8	D	12001	GAMANIA	B				1						4,000
10/8	G	10105	TINTA	B				1						3,200
10/8	G	10701	WASARI	B						1				1,250
10/8	G	10401	MIDI	B						1				1,050
10/8	G	10901	BUAGO	B				1						4,650
10/8	G	10601	KODI	B				1						11,900
10/8	G	10501	DAMI	B				1						7,400
10/8	G	11301	JON	B				1						3,700
10/9	D	11405	RERI	D						1				770

日付	時間帯	IDNO	名前	狩猟具	カソワリ	イノシシ	シカ	ワラビー	ブッシュワラビー	バンディクート	ネズミ	大トカゲ	鳥	重量(g)
10/9	G	10804	WARAWIA	B				1						2,050
10/9	G	10407	SONEA	B				1						9,250
10/9	G	11401	KERO	B				1						10,000
10/9	G	10701	WASARI	B				1						5,850
10/9	G	10201	ALOKA	B				1						10,200
10/9	G	10501	DAMI	B				1						8,400
10/9	G	10401	MIDI	B				1						7,400
10/9	G	11101	SIYORO	B				1						7,100
10/9	G	11101	SIYORO	B				1						9,700
10/11	M	10101	AREA	D							1			142
10/12	G	10804	WARAWIA	B						1				1,300
10/12	N	10101	AREA	B				1						5,700
10/16	M	11201	GAIDERE	B				1						5,400
10/16	G	11301	JON	B			1							13,000
10/16	G	11401	KERO	B				1						10,450
10/16	G	11201	GAIDERE	B										14,000
10/16	G	10301	NABEA	B				1						
10/16	G	11101	SIYORO	B				1						
10/16	G	10804	WARAWIA	B				1						9,800
10/16	D	10504	ENES	D					1					600
10/16	G	10901	BUAGO	B				1						
10/16	G	10701	WASARI	B				1						2,700
10/23	D	11101	SIYORO	G				1						4,200
10/23	M	10301	NABEA	B		1								12,900
10/23	N	12501	SEBI	G				1						8,000
10/23	N	12501	SEBI	G				1						19,200
10/23	N	11401	KERO	B							1			570
10/24	N	12501	SEBI	G			1							69,900
10/24	N	12501	SEBI	G				1						
10/25	N	12501	SEBI	G			1							30,650
10/25	N	12501	SEBI	G		1								35,690
10/25	N	11401	KERO	B				1						6,800
10/27	D	11701	EVERADUS	B								1		2,500
10/28	G	10301	NABEA	B							1			860
10/29	G	10407	SONEA	G									1	60
10/29	G	11601	SADUWA	B				1						4,300
10/29	G	10401	MIDI	D				1						3,000
10/29	G	10401	MIDI	D				1						1,450
10/29	G	10501	DAMI	B				1						4,500
10/29	G	10501	DAMI	B				1						12,100
10/29	G	10407	SONEA	B				1						9,400
11/2	D	10401	MIDI	D				1						1,100
11/2	N	10501	DAMI	B				1						
11/2	M	10901	BUAGO	G				1						15,400
11/2	D	10901	BUAGO	G								1		
11/2	N	11201	GAIDERE	G			1							
11/3	G	10501	DAMI	B						1				700
11/3	E	10901	BUAGO	B						1				1,050
11/4	N	10101	AREA	B						1				1,800
11/6	E	11801	WOWOGO	G			1							

日付	時間帯	IDNO	名前	狩猟具	カソワリ	イノシシ	シカ	ワラビー	ブッシュワラビー	バンディクート	ネズミ	大トカゲ	鳥	重量(g)
11/8	E	10303	PARAM	D				1						3,400
11/8	N	10101	AREA	B				1						3,150
11/8	N	10401	MIDI	B				1						3,500
11/8	N	10101	AREA	B				1						3,500
11/11	D	10901	BUAGO							1				
11/11	D	10901	BUAGO	B					1					
合計		105			2	7	7	69	4	15	3	1	3	468,182

集団猟（G）合計 =58　　弓矢（B）合計 = 　74
朝（M）合計 = 　5　　ショットガン（G）合計 = 　20
昼（D）合計 = 　19　　手（H）合計 = 　2
夕（E）合計 = 　4　　棒（S）合計 = 　1
夜（N）合計 = 　19　　犬（D）合計 = 　8

表4.5　個人別捕獲集計（1981年9月2日-11月11日）

ID	名前	カソワリ	イノシシ	シカ	ワラビー	ブッシュワラビー	バンディクート	ネズミ	大トカゲ	鳥	捕獲数
10101	AREA	0	0	0	6	0	2	1	0	0	9
10105	TINTA	0	0	0	1	0	0	0	0	0	1
10201	ALOKA	0	1	0	4	0	0	0	0	0	5
10301	NABEA	1	1	0	4	0	2	0	0	0	8
10303	PARAM	0	0	0	1	0	0	0	0	0	1
10401	MIDI	0	0	1	7	0	1	0	0	0	9
10407	SONEA	0	0	0	2	1	0	0	0	1	4
10501	DAMI	0	0	0	7	0	1	0	0	0	8
10504	ENES	0	0	0	0	1	0	0	0	0	1
10601	KODI	0	0	0	3	0	0	0	0	0	3
10701	WASARI	0	0	0	2	0	1	0	0	0	3
10804	WARAWIA	0	0	0	3	0	1	0	0	0	4
10901	BUAGO	0	0	0	7	1	2	1	0	2	13
11101	SIYORO	0	0	1	5	0	4	0	0	0	10
11201	GAIDERE	0	1	0	4	1	0	1	0	0	7
11301	JON	0	0	1	2	0	0	0	0	0	3
11401	KERO	0	1	0	6	0	1	0	0	0	8
11405	RERI	0	0	0	0	0	1	0	0	0	1
11601	SADUWA	1	1	0	1	0	0	0	0	0	3
11701	EVERADUS	0	0	0	0	0	0	0	1	0	1
11801	WOWOGO	0	0	0	0	0	0	0	0	1	1
12001	GAMANIA	0	0	0	1	0	0	0	0	0	1
12501	SEBI	0	1	2	3	0	0	0	0	0	6
総計		23	2	6	7	69	4	15	3	1	3	110

4.3 狩猟技術の発達

(1) 男子の狩猟技術の発達

　成長とともに狩猟技術を身につけていく様子を概観すると以下のようになる．

　狩猟も遊びから始まる．しっかり歩けるようになると，おもちゃ代わりに小型の弓矢をつくってもらい，弓矢ごっこをして遊び，村の中で小さなトカゲ（写真4.11（上））などを射止めるようになる．弓矢の使い方は，写真4.11（中）で見られるように，大人の仕草をしっかりまねて，一人前である．家族とともにクリークに出かけたときは小魚を目がけて矢を射る．

　やがて子どもたちは集まって一緒に遊ぶようになると，村の中だけではなく，村の周辺に出始める（写真4.11（下））．年齢階梯がソビジョグブガからヤンブガに成長して，自立してくる頃には，より強い弓を引くことができるようになり，命中力も高まる．小鳥やネズミ，川では魚やカメなど，種々の小動物を射止めるようになる．この段階では食用になるような獲物はほとんどとれないが，ときには，鳥やバンディクートをとることがある．

　やがて，乾季に活発に行われる集団猟に参加し始める．最初の頃，集団猟では見習いとして，犬を追う役や仕留めた獲物を担いで運んだりするが，やがて弓矢を使う役割になる（写真4.12（上））．すると，集団猟の主要な対象動物であるワラビーを射止めることに成功するようになる（写真4.12（中））．ケワルになると，親元を離れて生活し，狩猟技術は体力面でも知力面でも発達し，食用の肉をとるハンターとしての生活に進んでいく．集団猟だけではなく個人猟も行うようになり，シカやイノシシのように大型の獲物も射止めることに成功する（写真4.12（下））．

　ただし，ブアに棲息するカソワリ（ヒクイドリ）をとるのは非常に難しい．大小の木が生い茂り，蔓草なども垂れ下がって，歩くのも困難な森林の中を疾走するカソワリをとるには，水場近くあるいは糞や食べ残しの木の実を見つけて出没する場所を見定めることが重要である．そして出没場所の近くに

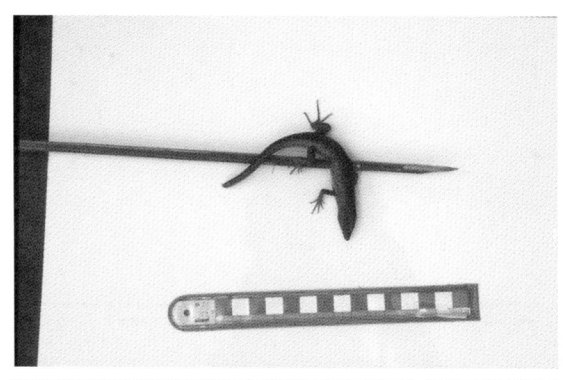

写真 4.11 （上）ピングピングブガで射止めた小トカゲ．（中）小型の弓矢で大人の仕草をしっかりまねて，弓矢を使っている．（下）村の周辺で仲間と一緒に遊ぶ子どもたち．

写真 4.12 （上）乾季に活発に行われる集団猟に参加し始めると，見習い役となり，犬を追う役割や仕留めた獲物を担いで運んだりするが，やがて弓矢を使う射手になる．（中）ケワルになると，親元を離れて生活し，狩猟技術は体力面でも知力面でも発達し，食用の肉をとるハンターとしての生活に進んでいく．（下）ケワルたちは集団猟の中心メンバーに成長し，個人猟も行うようになり，シカやイノシシのように大型の獲物も射止めることに成功する．

写真 4.13 ブアに棲息するカソワリ（ヒクイドリ）をとるのは非常に難しい．シェルターをつくって身を隠し，長時間静かに待ち伏せを続け，カソワリが射程距離まで近づくと放矢する．

ヤシの葉などを使ってシェルターをつくり，外部から中の様子が見えないように身を隠し，長時間待つのである．静かに待ち伏せを続け，カソワリが射程距離まで近づくと放矢する．カソワリをとれるようになれば，一人前ということになる（写真 4.13）．

　狩猟技術には，弓矢を巧みに操り，獲物に正確にすばやく命中させるのに必要な操作技術だけではなく，狩猟動物の生態に関する知識（生息場所や行動）や狩猟獣への近づき方，あるいは獲物のおびき寄せ方なども含まれる．走り逃げる動物を弓矢で射止めるのはきわめて困難なので，数メートルの至近距離まで動物に近づく技術が重要である．このような技術は，成長とともに日々の活動の中で経験を通して高められていくが，集団猟に参加しながら獲得するものの重要性が高い．さらに，個人猟の場合は（夜間に行われることが多い），父親などに同行して高度な技術を体得する．

(2) 狩猟技術発達の調査

(a) ルアル男子の狩猟技術調査

1981年9月27日にルアルの男子14名に対して集団面接の方法で狩猟技術に関する聞き取り調査を行った (Kawabe, 1983). 内訳は, 年齢階梯別に, ソビジョグブガ1名, ヤンブガ10名, ケワル3名である. ギデラでは生年月日などの年齢に関する情報が少ないので, 年齢階梯を基本とし, 出生順位を使って分析した.

調査対象者の中で, 5名はウピアラ村の小学校の生徒である. ウピアラはギデラではなく, パスワム語族の村なので言語は異なるが, ルアルからはもっとも通いやすい場所にある. それでも, カヌーで8時間半, さらに徒歩で1時間半かかる. 当時, ギデラの小学校としては, もっとも近いのがウィピム村であったが, カヌーが使えないため, 生徒が1日では行けない遠さにあった. ウピアラ小学校では寄宿生活で, だいたい, 月に1回程度の割合で村に戻ってくる. 調査は生徒が村に戻ってきたときに行った. なお, その後, 隣村のカパルに小学校が設立され, ルアルの子どもたちはこちらに通うようになった.

ルアル男子の狩猟技術の発達を調べるために, 狩猟経験を思い出し法によって調査した. 数人の子どもたちが集まったところで, 各々がこれまでにとったことのある動物とその数を答えてもらった. ギデラ語では数を表すとき, 1が iepa, 2が nomog, 3が noa, 4が nundanunda で, それ以上の数については表現可能であっても日常的に使わないので信頼性は低い. それで, 調査では5以上の捕獲数については, 日常的に使用される「たくさん」を意味する jogjog としてまとめた.

調査法は, それぞれの男子に, 狩猟動物の現地語を使って順に, これまでにとったことがあるかを訊ね, ある場合は捕獲数を確認する. 初めて獲物がとれたときは非常に感動するものであり, その経験は鮮明に記憶している. 多くの場合, とったときの様子を, 身振り手振りを交えて, 目を輝かせながら楽しそうに説明する. ときにはすぐに思い出せない場合もあるが, 周りの

子どもの中に知っている者がいると，捕獲の様子が思い出されてきて，会話が盛り上がる．子どもの記憶に頼る調査は信頼性が低いとされているが，狩猟成功の記憶は鮮明で確実なものであり，子どもたちによるチェックがなされることを考慮すると，データの信頼性はきわめて高いと考えてよい．

なお，トカゲ，ヘビ，鳥，魚については，詳細なギデラ語の名前で調査したが，結果はまとめて表にし，詳細は省略した．

1) 捕獲に使用した狩猟具

狩猟に使用される道具を表4.6に示した．もっとも重要な道具は弓矢であり，弓（ピングまたはピングジョグ）も矢も竹でつくられ，矢は対象動物によって使い分けられる．弓の長さは，使用者の身長よりわずかに長い程度であり，男子の身長に応じて長さはかなり違う．

鉄製の矢尻のパコスがもっともよく利用される．カソワリ，ワニ，シカ，イノシシなどの大型の動物，そして主要対象のワラビーにも使用される．殺傷力に優れ，実用性が高いので，多様な対象に使われる．ヤシの幹からつくられるヌムセピは，先端が鋭くとがっており，主にバンディクートや小型動物を射るのに使われる．ときには，ヌムセピでワラビーや大トカゲなどをとることもある．先端が丸くなっているドゥパは，主として鳥を射るための矢であるが，ヘビやトカゲのように堅くて細い胴部の動物は突き刺すのが難しいので，ドゥパが有効である．針金を束ねてつくったテテは，魚やカメをとるのに使われるが，矢先が広がっているので，小型で動きの速い動物にも効果的である．命中率が上がり，刺さると抜けないためである．

1m程度の長さの小型の弓はピングピングブガで，矢はマシボを使用する．サゴヤシの葉柄を尖らせただけの単純なつくりであるマシボは，短時間に大量につくることができ，使い捨ての矢である（写真4.14）．ドゥパのように頭上に射上げて回収する必要がなく，水平方向にも矢を放てるため，カヌーで移動中に鳥を狙うのに最適である．殺傷力は低いが手軽であるため，小動物に使われることも多い．

弓矢を使ってとるだけではない．大トカゲ，ネズミ（*Muridae*），ヘビの

表 4.6 ルアル男子が狩猟・漁撈に使用した道具

捕獲動物	使用した狩猟具							
	弓（ピング）				小弓（ピングピングブガ）	棒	ギリ	釣り糸・針
	パコス	ヌムセピ	ドゥパ	テテ	マシボ			
カソワリ	◎							
ワニ	◎							
シカ	◎							
イノシシ	◎							
ワラビー	◎	○						
大トカゲ	○	○		○	○	◎		
カメ	◎			◎				◎
バンディクート	◎	◎			○	○		
ネズミ	○	○	○	○	◎	◎	○	
鳥	○	○	◎	○	◎			
ヘビ	○	○			○	◎		
大型魚		○		◎				◎
小型魚				◎	◎			◎
トカゲ			○	○	◎	○		

◎使用頻度の高い道具，○使用されることのある道具.

ように動きの速くない動物は，即席でつくった棒を使って叩き殺す．また，ネズミをギリで切り殺すこともある．さらに，道具がなければ，手づかみすることもあれば，堅い土塊を投げることもある（写真 4.15）．魚釣りには，州都ダルーの店で購入した釣り針と釣り糸を使用する．

2) ルアル男子の狩猟動物数

　ルアルの男子の各々について，狩猟により獲得した動物の種類と捕獲数をまとめ，生体計測結果の中から身長と体重を加えたのが表 4.7 である．ルアルの子どもたちの生年月日は不明なので，年齢階梯を示し，出生順に並べた．つまり，R1 が最年少で，R14 が最年長である．捕獲動物は捕獲数の少ないもの，つまり狩猟が難しいものから順に並べた．つまり，最下行のトカゲはすべての子どもで捕獲され，もっともとるのが簡単であり，次が鳥で，バン

写真4.14 1m程度の長さの小型の弓はピングピングブガで，矢はマシボを使用する．

写真4.15 堅い土塊を投げて遊んでいる子ども．

表 4.7 ルアル男子の狩猟動物数 (1981年)

男子番号	R1	R2	R3	R4	R5	R6	R7	R8	R9	R10	R11	R12	R13	R14	捕獲者数合計
年齢階梯	SB	YB	YB	YB	YB	YB	YB	YB	YB	YB	YB	KB	KB	KB	
学年							1	3	3	5	5				
身長 (cm)	111.1	113.2	117.4	123.3	122.2	123.7	121.9	133.6	133.7	145.5	143.3	149.6	159.4	161.8	
体重 (kg)	17.5	17.5	18.5	22.5	22.0	20.5	20.5	24.5	28.5	34.0	32.5	43.0	49.0	48.0	
カソワリ															0
ワニ												1	1		2
シカ												1		1	2
イノシシ												2		3	2
ワラビー										2		3	2		3
大トカゲ												M	1	2	3
カメ					1			1			3	2	M	M	6
バンディクート						M			1	2	2	3	3	3	7
ネズミ			1		3			1	M	2	4	3	M	M	9
鳥	1		1	1			1			1	1	3	M	M	9
ヘビ			1	2	1		3	1	3	2	3	4	2	3	11
大型魚	1	3	M	3	M	M	M	M	M	M	M	M	M	M	14
小型魚	M	M	M	M	M	M	M	M	M	M	M	M	M	M	14
トカゲ	M	M	M	M	M	M	M	M	M	M	M	M	M	M	14
捕獲種類合計 *	4	3	6	5	7	3	5	5	7	8	8	12	11	12	14

M：5匹以上捕獲.
* スペアマン順位相関係数 =0.84 ($p<0.001$).
ギデラ語の数 1=iepa, 2=nomog, 3=noa, 4=nundanunda, M=jogjog.

ディクートや大トカゲが続き，最上位のカソワリの狩猟がもっとも難しい．なお，表中の捕獲数で5匹以上は，Mとしてまとめた．

　調査を行ったすべての男子が，すでにトカゲと小型魚や大型魚を射止めていた．トカゲは村の中や周辺に出没し，弓矢による狩猟の最初の対象動物となる．幼少のソビジョグブガ (SB) は，親兄弟に連れられて村近くの小川に行くと，弓矢 (ピンピンブガとマシボ) で小型魚を狙う．表全体を見ると，多少の個人差はあるものの，最年少のR1から年齢が高くなるに従い捕獲した動物が増える傾向があるのがわかる．そこで，出生順位と捕獲動物

数の関連を調べるために，スペアマンの順位相関係数を計算したところ，0.84となり，有意に（$p<0.001$）高い関連が認められた．つまり，年齢が高くなり成長が進むほど，難易度の高い獲物をとれるようになる．ただし，鳥については，R1が1羽捕獲しているのに対して，R2，R5，R6，R8，R9の5人がとれていない．これは，鳥に命中するのは偶然性に左右され，狩猟技術の高さとは関連が低いことを示している．

捕獲動物の種類や数には個人差が認められる．R5は5匹以上のバンディクートやカメ，ネズミ，ヘビを捕獲したのに対して，より年長のR6はこれらがとれていない．ケワルたちは，まだカソワリをとることができていなかったが，他の大型動物の狩猟に成功しているものの，R12はワニ，R13はシカ，R14はワラビーがとれていない．

3）　隣村カパルでの調査結果

同様の調査を隣村のカパルで実施し，村による差があるかどうかを調べた（Kawabe, 1983）．9人のカパル男子の調査結果でも，ルアルとほぼ同様の結果となり，スペアマンの順位相関係数が0.67（$p<0.05$）で，ルアルよりも低い数値ではあるが，高い関連のあることが確認された．ルアルの結果と比較すると，イノシシのとり方に違いがあり，ルアルよりも年少者の4名が捕獲に成功していた．ただし，イノシシの捕獲をケワルだけで比較すると，ルアルで3人のケワルのうち2名が成功したのに対して，カパルでは3名中1名だけが捕獲なので，カパルの方がイノシシとりに長けているわけではない．カパルの方が個人差が大きいと考えられる．これは，カソワリについても当てはまり，カパルではヤンブガ（YB）の成功者がいた．このケースは居住地に違いがあり，カパルから15 km南西に離れた分村の在住で，そこはカソワリの棲息地であるブアに近いことが影響していると考えられる．

4）　学校教育の影響

ウピアラ小学校に通っている5人は，ルアルを離れてウピアラで寄宿舎生活をしているため，狩猟技術の低下が危惧される．しかし，結果から判断し

て大きな影響は認められなかった．ウピアラへ向かう途中，カヌーでピングピングブガとマシボで狩猟したり，放課後に弓矢で遊ぶことが多いためと考えられる．また，ルアルに戻ったときには，集団猟が頻繁に行われることにより，学校教育の影響は小さくなっていると推測される．

ルアル村からダルーの高校で寄宿生活している生徒が，休暇になると村に戻ってきたので，同様の調査を3人の高校生に実施した．結果を見ると，他のルアルの男子と比べて差はなく，こちらも学校教育の影響は認められなかった．

(b) 狩猟技術の発達における16年の変化

1997年7-8月にパプアニューギニア国西州のギデラを対象に人類生態学調査を実施し，子どもの狩猟技術の発達についても再び調査を行った．1981年と1997年の調査結果を比較して，子どもの狩猟技術の発達における16年の変化を検討した．

ギデラの居住地は熱帯低湿地帯であり，雨季の増水時にクリークからあふれた水のために橋や道路が損壊し，交通の発達が著しく遅れていた．河川沿いの地域ではカヌーを使っている．しかし，この16年間でパプアニューギニアはさまざまに変化し，ギデラ地域においても，数台の小型トラックが使われるようになっていた．ただし，維持管理のレベルは低く，調査中に実際に稼働していたのは1，2台にすぎないし，道路は整備されてはきたものの，まだ舗装されていない状態である．

1997年の調査を実施した村落は1981年と同様にルアルであるが，1989年にルアルは場所を移動したため，村落の位置や環境条件はまったく同じではない．また隣村のカパルには小学校とセスナ機用の空港ができたため，ルアルも影響を受けており，子どもたちの生活もカパル小学校で学ぶようになって大きく変化したと推測される．ギデラの伝統的生存様式の根幹をなす，弓矢による狩猟技術の低下が危惧される．

1981年では生年月日は不明だったが，1997年には多くの子どもの両親が母子手帳を持っていたので生年月日が明らかであった．生年月日が不明の場

合は，出生順位から出生年を推定した．

1) 調査結果

ルアルの26名の男子について，捕獲した動物と捕獲数をまとめ，生体計測結果の中から身長と体重を加えたのが表4.8である．表4.7と同様にルアル男子は出生順に並べ，捕獲動物は捕獲数の少ないもの，つまり捕獲が難しいものの順に並べた．多少の個人差はあるが，最若年のNo.1から年齢が高くなるにしたがい捕獲した動物が増えているのがわかる．捕獲動物を見ると，最下行のトカゲはすべての子どもが捕獲していた．次が鳥でバンディクートや大トカゲが続く．

狩猟動物として重要なワラビーは10歳のNo.8がとっており，それより年長の者は，No.9とNo.14を除いて全員が捕獲している．集団猟に参加しているうちにチャンスに恵まれて，成果を上げ始めるのである．13.7歳のNo.17以上の年齢の者はイノシシかシカを捕獲しており，狩猟民として順調に成長している．ただし，No.21はどちらも捕獲できておらず，ワラビーも1匹だけと少ない結果であった．高度な技術の必要なカソワリの狩猟においてはNo.15，No.23，No.26が成功し，狩猟技術の伝統が継承されていると考えられる．

No.3からNo.6，No.8からNo.18，No.21の子どもたちは小学校の生徒であり，多くは隣村にあるカパル小学校で学んでいる．就学年齢期間中も年齢が高くなるにしたがって捕獲動物は増加しており，学校教育が狩猟技術の発達に強い影響は与えていないようである．

次に，1997年（表4.8）と1981年に行った調査の結果（表4.7）とを比較する．1981年は生年月日が不明なので年齢での比較はできないが，身長に基づいて1997年の結果と比べて見ることができる．1981年の結果も，多少の個人差はあるものの，年齢が高くなるにしたがって狩猟動物が増加するパターンは同じである．ワラビーをとったのは身長が145.5 cmのR10，149.6 cmのR12，159.4 cmのR13の3人である．1997年ではNo.8（10歳）の身長が135.8 cmなので，1981年よりも1997年の方がむしろ早い（年齢が低く，

表4.8 ルアル男子の狩猟動物数（1997年）

男子番号	1	2	3	4	5	6	7	8	9	10	11	12	13	14
出生年	1991	1991	1989	1989	1988	1988	1987	1987	1987	1987	1985	1985	1984	1984
出生月日	5/6	4/1	12/30	8/28	10/30	9/8	9/14	6/15	5/15	3/23	10/11		9/21	8/6
年齢	6.1	6.2	7.5	7.8	8.6	8.7	9.7	10	10	10.2	11.6	12	12.7	12.8
学年				1	1	1	2	3	3	3	3	3	4	5
身長 (cm)	120.6		122.8	126.4	127	131	132.3	135.8	138.5	145.4	129	141	143.6	149.9
体重 (kg)	20.9		23.1	22.7	28.7	25.5	24.5	29.5	28.9	34.9	26.3	29.9	32.7	37.1
ワニ														
カソワリ														
シカ														
イノシシ														
ポッサム														
ブッシュワラビー												1		
ワラビー							1		1	2	1	3		
大トカゲ				1		1	1	1		3	1	1	1	M
バンディクート				1			1	5		M	1			1
鳥			M	M	4	3	5	M	3	M	M	M	M	M
トカゲ	M	M	M	M	M	M	M	M	M	M	M	M	M	M
捕獲種類合計	1	1	2	4	2	3	4	5	2	5	5	4	5	4

男子番号	15	16	17	18	19	20	21	22	23	24	25	26	合計
出生年	1984	1984	1983	1983	1982	1981	1981	1981	1979	1979	1978	1976	
出生月日		1/11	9/17	4/6	8/1	7/7	2/28		1/11				
年齢	13	13.3	13.7	14.1	14.8	15.7	15.8	16.2	18	18.3	19	21	
学年	4	5	5	5		5							
身長 (cm)	166.4	150	154.7	155.9		171.4	155.8			166.3			
体重 (kg)	49.7	36.7	43.1	44.7		53.1	38.5			59.8			
ワニ	1												1
カソワリ	2								1		3		3
シカ	M		1	3	4	2		M	M	M	3	M	10
イノシシ	2			2		2		3		1	2	M	7
ポッサム	M			2	2	2	1	1			2	2	9
ブッシュワラビー	M			2	1	M		1	M	M	2	M	10
ワラビー	M	3	M	M	M	M	1	M	M	M	M	M	17
大トカゲ	M		M	3	2	3		M	M	M	2	M	19
バンディクート	M	3	M	M	M	M		M	M	M	M	M	18
鳥	M	M	M	M	M	M	M	M	M	M	M	M	24
トカゲ	M	M	M	M	M	M	M	M	M	M	M	M	26
捕獲種類合計	11	4	6	9	8	9	5	9	7	8	9	10	26

M：5匹以上捕獲.
ギデラ語の数　1=iepa, 2=nomog, 3=noa, 4=nundanunda, M=jogjog.
No. 12, 15, 23, 25, 26 の年齢は推定値.

身長が低い）段階でワラビーを捕獲したと考えられる．

2） 16 年間の変化と学校教育の影響

　16 年間の間に，パプアニューギニアの中では比較的変化は小さいものの，ギデラにおいてもさまざまな変化が生じた．村落間の移動は徒歩に頼らざるを得なかった状況から，小型トラックの利用が可能になり，セスナ機用空港も増えた．それにより，米，小麦粉，缶詰などの入手が容易になり，外来食品の消費も増えた．しかし，ギデラ地域は，一部に木材生産のために開発が進んだところもあるが，全体に環境はあまり変化していない．動物相は豊かで，シカのように個体数が増加し続けている種もある．ギデラは狩猟・採集・耕作民として，自然とのバランスのとれた状態を保っている．村落ごとにショットガンのライセンス数の上限が規制されていることもあり，弓矢猟は男性の生業活動の中心であり続けている．

　世代は交代し，1981 年に調査したときの子どもたちは成人して，その多くは現在ルアルの狩猟活動の中心として働いている．1997 年と 1981 年の調査結果を比較して，大きな差は認められなかった．身体成長とともに子どもの狩猟技術は順調に発達し，弓矢猟の伝統は受け継がれている．

　学校教育は普及してきており，小学校はほぼ全員が就学し，中・高校に通う生徒も増加している．調査を行ったルアルの子どもたちの多くはカパル小学校の生徒であり，金曜日の午後にルアルに戻り，日曜日の午後にはカパル小学校に行くという生活を送っており，平日はルアルにはいない．狩猟活動の時間が制約されている．しかし，集団猟は生徒たちがルアルに戻っている土曜日に集中させるなどの対応がとられており，結果から弓矢猟の技術は学校教育によって大きな影響は受けていないと判断できる．

　地球環境の変化と関連すると思われるが，1997 年の赤道周辺での降水量は著しく少なかった．ギデラ地域でも乾季が早く始まり，長く続いて大きな被害を被った．とくに焼畑作物への打撃は大きかったので，サゴヤシ利用中心の生活になってしまった．草の枯れるのが早かったことは，狩猟活動には条件がよく，草原動物がとりやすくなった．1981 年よりも 1997 年の子ども

の方が捕獲動物が多くなったのは，これが原因かもしれない．

　ギデラは，森林，疎林，草原，河川が複雑に入り組んだ熱帯低湿地帯において，狩猟・採集・耕作の比重を変化させることで，大きな気候変動を乗り越えてきたのであろう．とくに，焼畑作物に被害がでるような場合は，弓矢猟が重要性を発揮する．ギデラでは，世代から世代に受け継がれてきた狩猟技術が，成長期間を通じてじっくりと習熟され，男性の生業活動の根幹をなしているのである．

4.4　クリークにおける漁撈

　ルアルは，ビトゥリ川の支流に近くてクリーク（プシン）も多いので，漁撈活動も盛んである．

(1)　水棲動物

　クリークにはナマズ（*Tachysuridae*）（写真4.16（左上））などの大型魚（写真4.16（右上））や20-30種類の小魚（写真4.16（左下）），カメ（写真4.16（右下））が棲息している．両生類では数種のカエルが見られる．先にも述べたように，プシンにはワニが棲息しており，危険性は高いが捕獲に成功すると多額の収入を得られる．

(2)　漁撈活動

　漁撈はプシンで行われ，乾季に水かさが減って流れの止まったときは，ナマズなどが多く捕れる．男は魚捕りにも弓矢を使用し，女は円錐形の魚捕り網を使って小魚を捕るが（写真4.17（左上）），ヤスを使って大型の魚を捕ることもある．

　弓矢で魚を射る漁法は，ケワルとヤンブガの男子が行い，成人のルガジョグやナニュルガは行わない．写真4.17（右上）に示したように，乾季になってクリークの水かさが減少すると，水は濁っているものの凝視すると，ナマズなどの大型の魚類を岸辺から見つけることができる．狩猟対象魚が動くこ

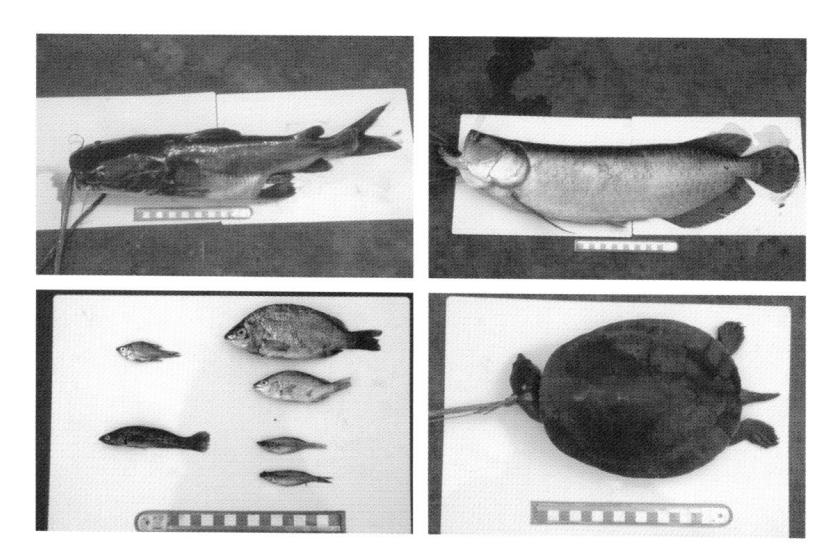

写真 4.16 （左上）クリークにはナマズなどが棲息し，乾季に水量が減少すると捕獲しやすくなる．（右上）体長が数十センチの大型魚がとれることもある．（左下）子どもや女性たちは網を使って小魚（20-30 種類）をとる．（右下）カメをとるときは，手づかみしたり針金を束ねてつくったテテの矢じりが使われる．テテは，矢先が広がっているので，カメの頭に刺さると抜けない．

とはほとんどないので，じっくりと狙いを定めて命中させる（写真 4.17（左中））．命中すると川中に飛び込み，逃げないように手づかみして，水上に持ち上げる（写真 4.17（右中））．写真 4.17（下）のように，矢は，針金を束ねてつくったテテを使用していた．

（3） 魚毒による漁

　魚毒を使うこともある．デリス属の小木は焼畑に植え付けているが，ブタと呼ばれる野生の樹木の樹皮を使用することもある．魚毒を含んだ根や樹皮は，叩いて砕く．これを手編みした袋に入れて，流れの止まっているクリークの水中で揉む（写真 4.18（左上））．魚毒を揉み出して，しばらく待つと，毒に酔った魚が緩やかに水面近くに泳ぎあがってくる．これを素早くヤスでつく．写真 4.18（右上）のように，倒木の上に立つと浮き上がる魚を見つけ

写真 4.17 （左上）ガムガイブガと子どもたちが魚捕りに行くところ．（右上）乾季になると，ナマズなどの大型の魚類を岸辺から見つけることができる．（左中）ナマズなどの魚の動きは少ないので，じっくりと狙いを定めて命中させる．（右中）命中すると川中に飛び込み，水上に持ち上げる．（下）矢は針金を束ねてつくったテテを使用する．矢先が広がっているので，ナマズに突き刺さっている．

やすく，ヤスで突くのにも力を入れやすい（写真 4.18（左中））．大型の魚（ヨルクマなど）を突いたときは，水中に飛び込んで逃がさないように手づかみする（写真 4.18（右中））．写真 4.18（下）は，かなり大きなナマズを捕った様子である．

写真 4.18 （左上）魚毒を含んだ根や樹皮は，手編みした袋に入れて，クリークの水中で揉む．（右上）しばらく待つと，毒に酔った魚が水面近くに泳ぎあがってくる．倒木の上に立つと浮き上がる魚を見つけやすい．（左中）水面近くに泳ぎあがってくる魚を素早くヤスで突く．（右中）大型の魚を突いたときは，水中に飛び込んで手づかみする．（下）かなり大きなナマズを捕ったので，取り逃がさないように岸まで運ぶ．

第5章

ルアルの植物相

採集活動と焼畑耕作

5.1　ブアからのめぐみ——採集活動

(1)　植物採集

　ブアの中では果実やヤシの髄，木の葉が採集される．熱帯林は種数がきわめて多いのが特徴で，食用のものも多種類におよぶが，それぞれの量は多くない．主要な果実はグネツム（*Gnetum gnemon*）とカンラン（*Canarium vitiense*），葉はグネツムとハマセンナ属の一種（*Ormocarpum orientale*）である．ヤップではソテツ（*Cycas circinalis*）の実（写真 5.1（上））の摂取量が多い．ソテツの実は有毒なので，毒抜きが行われる．採集したソテツの実を，クリーク近くで雨季になると冠水するような場所の土中に埋め（写真 5.1（下）），およそ1年後に取り出して食用とするのである．

　プシンではハスの実が採集される．ハスが群生している場所では，特定の季節に，川面に大量のハスが実をつける（写真 5.2（左上））．カヌーを利用するので，採集も運搬も容易であり，大量に村に運んで食用とされる（写真 5.2（右上））．

　キノコは，多数の種類が採集されて食用とされる（写真 5.2（左中））．集めたキノコは葉でくるんで（写真 5.2（右中）），たき火の上にのせて焼く（写真 5.2（下））．

写真 5.1 (上) ヤップではソテツの実を採集する．(下) 採集したソテツの実を，クリーク近くで雨季になると冠水するような場所の土中に約 1 年埋める．

(2) 動物採集

　動物もツムギアリ (*Oecophylla smaragdina*) の卵 (写真 5.3 (左上)) やカミキリムシ (*Cerambycidae*) の幼虫などは，木を切り倒して捕集し，珍重される．写真 5.3 (右上) のように，蜂蜜も採集される．自然から得られ

写真 5.2 (左上) ブシンでハスが群生している場所では，特定の季節に，川面に大量のハスが実をつける．(右上) ハスの種の部分が食用とされる．(左中) キノコは，多数の種類が採集されて食用とされる．(右中) 集めたキノコは葉でくるんで，たき火の上にのせて焼く．(下) 主食のサゴデンプンなどと同じ調理法で，塩などの調味料は使わない．

る食物は淡泊な味のものが多いので，蜂蜜の強い甘さは貴重である．さらに，カミキリムシの幼虫は，写真 5.3 (左下) のように，木を切り倒して採取する．また，サゴヤシからも幼虫を採取することができる (写真 5.3 (右下))．

写真 5.3 （左上）ツムギアリの卵は，木を切り倒して捕集し食用にされる．ツムギアリは蟻酸のため酸味がある．（右上）蜂蜜の採集は，巣の部分を切り開いて蜜をとる．この蜂は刺さない．（左下）カミキリムシの幼虫なども，木を切り倒して捕集され，珍重される．草に包んで焼き上げると香ばしく美味である．（右下）サゴヤシから採取された幼虫．

5.2 重要な食糧源——サゴヤシとココヤシ

(1) サゴヤシ利用

　サゴヤシは，淡水性の湿地に自生するヤシ科の植物で，原産地はインドネシアあるいはニューギニアと考えられ，東南アジア島嶼部からオセアニアに広く分布している．サゴヤシの髄に蓄積したデンプンが重要な食糧源となる．サゴヤシは 10-15 年で高さが 15 m，幹の直径が 50-75 cm に生長し，成熟すると一度だけ開花し結実して，枯れ死する．開花するまで幹の中にデンプンを蓄積し続け，その後デンプンは変成して食用に適さなくなるため，開花する直前に利用するのが，多くのデンプンを得るのによいタイミングとなる．しかし，開花の時期は予測が難しいので，幹の大きさなどから切る時期を判

断することになる．この予測が外れると，ほとんどデンプンがとれないことになる．

　開花時期のサゴヤシ（樹幹にデンプンを蓄積）を切り倒して，中の髄を特製の手斧で叩き削る．削り取った髄は袋に入れて，水を加え，袋を手で持ちながら足でデンプンを絞り出す．多くの場合，1本の幹から50-100 kgのデンプンが収穫される．サゴヤシが村の近くにあれば，日帰りで作業を行うが，遠く離れているときはサゴづくりの場所で寝泊まりする．収穫作業の様子は写真5.4に示す．

　つくりたてのサゴデンプンを，その場で焼いて食べるときは，サゴヤシの小葉に500 g程度のデンプンをのせて包み，紐で巻いてしめる．たき火をし，火から少し上になるように，この葉巻きサゴを横木の上に並べて焼く（写真5.4（右下））．包んでいたサゴヤシの小葉が焼け焦げる頃ができあがりとなる．

　サゴデンプンづくりにかかる時間は，斧で幹を切り倒し外皮を剝がすまでで，だいたい1時間かかる．その後の，手斧で髄を叩き，デンプンを絞り出す作業は，およそ20時間かかる．サゴデンプンづくりを単一の世帯だけで行うと数日かかるが，数人で協力すれば1日で終えることも可能である．

　サゴヤシは自生しており，側枝が生長することによって繁殖する．実際には，この側枝を根元から切り取り，サゴヤシの生育に適した場所に移植されることが多い．近くのサゴヤシ林の隙間や，ときには遠くはなれたクリーク沿いに移植される．移植されたサゴヤシは移植した者の所有となる．

　サゴデンプンづくりはかなりの重労働であるが，移植後から収穫までの作業はほとんどない．開花の時期を見逃さないように，定期的に観察することと，ときおり，絡みついた雑草を取り除く程度で十分である．野生のサゴを利用するのではなく，移植して収穫するので採集ではないが，畑作のような耕作のレベルには至っていないので，半栽培と考えてよい．

　サゴヤシは所有権がはっきりしており，移植した者が所有権を持つ．移植ではなく側枝から自然に生育した場合も，元の幹の所有者が自動的に所有権を得る．サゴヤシの移植に適したサゴヤシ林はクランの土地所有の規則にしたがって所有されている．サゴヤシは，成熟するまでに10-15年の長い時間

写真 5.4　(左上) 開花時期のサゴヤシ (樹幹にデンプンを蓄積) を切り倒して, 中の髄を特製の手斧で叩き削る. 収穫作業は, 男性が斧で幹を切り倒し外皮を剥がすが, 稀に女性が切ることもある. (右上) 切り倒したサゴヤシの髄を, 女性が特製の手斧で叩き削る. (左中) 削り取った髄は袋に入れる. 加える水や, 竹の踏み台, デンプンをためる容器などを準備する. (右中) 砕いた髄を入れた袋を手で持ち, 水を加え, 足で揉みながらデンプンを絞り出す. 絞りかすをすて, また削り取った髄を袋に入れて, 繰り返す. 1本の幹から 50-100 kg のデンプンが収穫される. (左下) 絞り出したデンプンは, 木の皮でつくった容器にためる. デンプンは底部に沈むので, 上水を捨てると, 白色のデンプンが得られる. つくりたてのサゴデンプンは水分を多く含んでいるが, 時間の経過により乾燥して粉末状に変わる. できあがったサゴデンプンは, 20 kg ほどに分けて, 葉で包む. (右下) サゴデンプンを食べるときは, サゴの小葉に 500 g 程度のデンプンをのせて包み, 紐で巻いてしめる. 葉巻きサゴを横木の上に並べて焼く.

がかかるため，移植した者が収穫し終えないことも多い．サゴヤシの所有権は相続される．

(2) サゴヤシの所有

ルアル村民のサゴ所有を個人別に表5.1にまとめた．サゴヤシ林はクランの土地所有によって決まるので，場所（地名）の数は多くない．所有本数は個人による差異が大きい．有力なクランに属して低湿地のサゴ生育に適した土地にあるサゴヤシ林の所有者は，多数のサゴを所有する．ギデラの伝統の基本原則にしたがえばサゴヤシは男性所有であるが，ルアルでは女性の所有が少なくない．なお，世帯によってはサゴヤシの所有がゼロの場合もある．

主食であり，日々の食事に欠かせないサゴヤシではあるが，このように，サゴの所有に関しては，大きな偏りがある．ただし，食物のサゴデンプンの収得から見ると，世帯間の差は小さい．サゴヤシの所有権は明確であるが，所有者の世帯だけが単独でサゴデンプンづくりをして独占するのではない．サゴ削り用の特別な手斧で髄を叩き，デンプンを絞り出す女性の作業は，複数の女性が関与することが多い．2カ所以上で同時に削ることもあれば，交代で削ることもある．絞り出したサゴデンプンはそれぞれの世帯に持ち帰って消費する．作業をともにする女性は，姉妹などのように緊密な関係であることが多い．

(3) ココヤシ利用

ココヤシは村落をつくるときに植え始め，数を増やしていく．新しくつくられた村では，ココヤシは未成熟で利用できるものがまだ少ない．旧村のあった場所には多くのココヤシが生育しているので，数多くのココナツを収穫できる．ココナツは緑色をした未熟な果実の果汁を飲み，柔らかい果肉を食べることができるが，多くの場合は完熟させて，堅い果肉を薄く削って料理に使う．味付けには塩を使うが，塩は購入しなければならず，不足しがちである．これに対して，ココナツはつねに入手可能で，重要性が高い．

ココヤシの所有について，表5.1にまとめた．男女の区別なく所有し，成

コラム f　サゴづくりの道具

　女性のサゴづくりの様子は写真5.4に示しているが，サゴづくりに使われる道具をフィールドノートのスケッチ（スケッチ f.1）を元に説明する．髄を叩き削るには，サナ・ブカと呼ばれる特別な道具が使われる．手で握る60-70cmの棒の部分は，ペイと呼ばれ（材料はムレナ，ミスル，ロヤなどの木），その先端にほぼ直角になるようにアボル（材料の木は，ラゲ，ミスル，ロヤなど）を結び付ける．アボルの先端は，円筒形の鉄製の削り蓋（アイナボルと呼ばれる）をかぶせる．このアイナボルの中央はやや凹み，円形の外周はとがっている．この円筒の外周がサゴに強くあたり，サゴを削る．アボルとペイが直角を保つように，アボルの先とペイの中央部分を蔓（ウラクと呼ぶ）でつなぐ．

　削り出したサゴはスケッチの中央の図に示したアマルと呼ばれる袋に入れて，足で踏みながらデンプンを絞り出す．半球状のココナッツの殻（キウェカクと呼ぶ）で，水をすくってアマルに入れ，何度も踏み絞る．サゴ削り用の手斧で，叩いて砕いた髄を袋に入れて（写真5.4（左中）），足で揉みながらデンプンを絞り出す（写真5.4（右中））．絞り出すときの踏み台は，スケッチの上の図に示したように配置する．サゴの茎を使用して，ブスに直角に数十センチの間隔をあけて2本のブをのせる．この2本のブの上に，2本のゴレンダをおき，その上にのって，サゴ入りのアマルを踏む．

　水を加えながら絞り出したデンプンは，ブラックパームの樹皮（コパあるいはドッグコパと呼ぶ）でつくった容器にためる．デンプンは底部に沈むので，上水を捨てると，白色のデンプンが得られる．

　アボルで髄を叩き削り，アマルでデンプンを絞り出す作業は，およそ20時間かかる．サゴデンプンづくりを1人の女性だけで行うと数日かかる．

スケッチ f.1 サゴづくりの道具

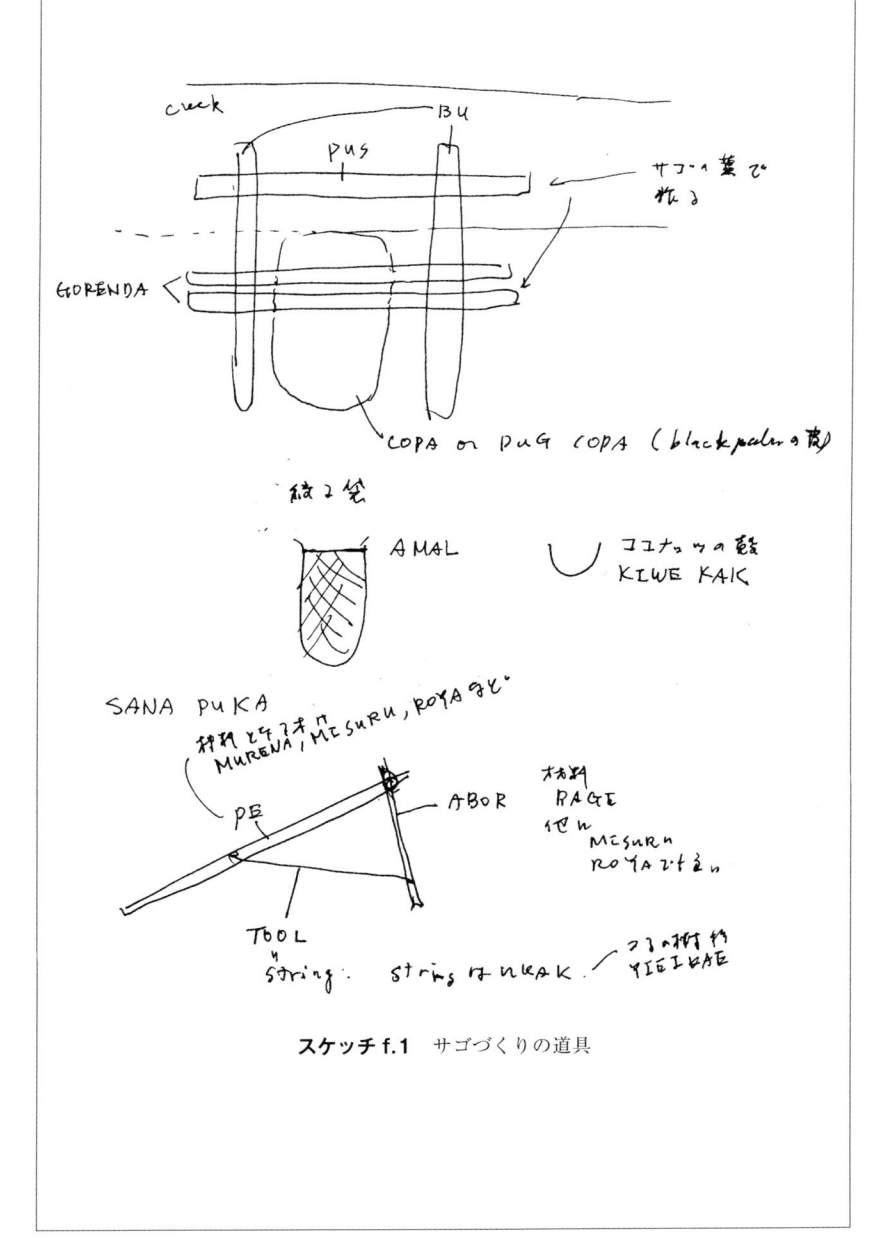

5.2 重要な食糧源——サゴヤシとココヤシ

表 5.1 サゴヤシとココヤシの所有

世帯番号	IDNO	名前	性別	年齢階梯	サゴヤシ場所	サゴヤシ本数	ココヤシ場所	ココヤシ本数
1	10101	AREA	男	NR	7	37	9	15
1	10102	AUSA	女	KJ	7	10	7	19
1	10103	BAMA	男	KB	6	9	4	6
1	10104	DODORO	女	NB			3	8
1	10105	TINTA	男	KB	1	1	2	3
2	10201	ALOKA	男	RJ	4	10	4	25
2	10202	ANANI	女	KJ	2	3	1	1
3	10301	NABEA	男	RJ	5	376	4	36
3	10302	SAGERU	女	KJ	4	15	4	11
3	10303	PARAM	女	NB	4	11	4	10
3	10307	WANATO	女	SN			2	5
3	10407	SONEA	男	KB	2	7		
4	10401	MIDI	男	RJ	7	51	7	42
4	10402	SIRIBI	女	KJ	3	10	3	9
5	10501	DAMI	男	RJ	6	15	7	19
5	10502	AWE	女	KJ	2	4	5	10
5	10506	DUWO	女	NK	3	5	4	8
5	11905	NAGUI	女	NB			3	14
6	10601	KODI	男	RJ	9	24	7	22
6	10602	MAGENA	女	KJ	5	12	6	27
8	10801	TARUA	男	RJ	17	50	7	16
8	10802	WAIKO	女	KJ	12	15	6	13
8	10804	WARAWIA	男	KB	4	6	2	6
9	10901	BUAGO	男	RJ	6	17	6	19
9	10902	ANAI	女	KJ	6	7	4	4
10	11001	SANAGA	男	NR	5	16	5	15
11	11101	SIYORO	男	RJ	7	140	4	18
11	11102	GIBIBI	女	KJ			3	7
11	11103	MURSINI	女	KJ	2	28	4	18
12	11201	GAIDERE	男	RJ			14	47
12	11202	GERI	女	KJ			11	21
13	11301	JON	男	OK	3	8	3	9
14	11401	KERO	男	RJ	5	11	6	12
14	11402	WAUBI	女	KJ	2	7	4	12
14	11403	SAMORE	女	NK	4	7	5	10
15	11501	MAREGA	男	RJ	4	34	4	11
15	11502	WODE	女	KJ	5	7	4	9
16	11601	SADUWA	男	RJ	2	11	5	16
16	11602	KEPI	女	KJ	3	9	4	9
16	11603	SANKIR	女	NB	4	5	3	7
16	11604	MURA	女	NB	2	2	3	9
16	11804	DABUWA	女	NK	3	7	4	10
17	11701	EVERADUS	男	RJ	2	5		
17	11702	PADI	女	KJ	2	4	2	7
18	11801	WOWOGO	男	RJ	3	10	3	17
18	11802	MERI	女	KJ	3	5	4	18
18	11803	OGOBA	女	KJ	3	9	2	6
19	11901	PIGARA	男	NR	2	40	4	13
19	11902	SOI	女	NK	3	5	5	8
20	12001	GAMANIA	男	RJ	1	20	4	13
20	12002	UWA	女	KJ	5	7	5	8
21	11703	SINAP	女	KJ	4	4	4	8
21	11910	SEBOD	女	KJ	3	5	4	8

写真 5.5　（左）男性（ケワルやルガジョグ）が幹に登りココヤシの実を落とす．（右）参加した女性が外皮を剝ぎ，自分のものとして消費できる．写真のように，男性が外皮を剝がすこともある．

人だけではなく，子どもが所有することもある．サゴヤシとは異なり，個人差は大きくない．

　ココヤシの果実の収穫は，サゴデンプンづくりに類似したメンバー構成によって行われる．ヤシを所有する世帯に他の世帯の成員が加わる．男性（ケワルやルガジョグ）が幹に登り実を落とし（写真 5.5（左）），女性が外皮を剝ぐ．参加した女性は，外皮を剝がした果実を自分のものとして消費できる．なお，写真 5.5（右）では男性が外皮を剝がしている．

　ココヤシの果実で，若く果皮が緑色のものについては，一部に穴をあけて，果汁を飲み，殻を割って，内部のゼリー状の果肉を食べる．殻の一部を切り取り，スプーンのように使用して，柔らかい果肉をすくいながら口に入れる．

　十分に乾燥し果皮が褐色になったココヤシが好んで利用される．殻の内部には果汁がなく，1 cm くらいの厚さとなる脂質に富んだ果肉が，堅くついている．これは，味付けの食物としての価値が高い．ナタデココの味でありほのかな甘味がある．ココヤシは，サゴヤシ同様，成熟に 10 年程度かかり，相続されることもある．ココヤシも，側枝を移植した後に果実を収穫するま

5.2　重要な食糧源——サゴヤシとココヤシ　　151

で，必要な作業はほとんどないので半栽培と考えてよい．

5.3　村人による共同作業——焼畑耕作

(1)　焼畑でとれる作物

　焼畑の主要作物（表 5.2）はタロイモ（写真 5.6（左上）），ヤムイモ（写真 5.6（右上）），バナナであり，パパイア，パイナップル，キャッサバ，などが混在して植え付けられる．焼畑作物は成熟期間が短く，バナナやパパイアなどの多年生作物でも数年間しか利用されない．乾季と雨季の気候のため，植え付けや収穫の時期が決まるので，焼畑耕作の作業は 1 年の周期で行われる．

　栽培されるのは，ヤムイモ，タロイモ，バナナが主作物で，パパイア（写真 5.6（左中）），パイナップル，パンダヌスなどの果実，サツマイモ（写真 5.6（右中）），キャッサバ，コンニャクイモ（*Amorphophallus campanulatus*）（写真 5.6（下））などの根菜，葉や茎としてはアイビカ

表 5.2　栽培作物

栽培作物	ギデラ語	学名
サゴヤシ	sana	*Metroxylon sagu*
ココヤシ	gujo	*Cocos nucifera*
タロイモ	wor, kerema	*Colocasia esculenta, Alocasia mocrorrhiza*
ヤムイモ	sia	*Dioscorea* spp.
サツマイモ	nger	*Ipomea batatas*
バナナ	kenba	*Musa* spp.
パパイア	lameap	*Carica papaya*
パイナップル	paniap	*Ananas comosus*
パンダヌス	gagul	*Pandanus conoideus*
キャッサバ	poani	*Manihot esculenta*
コンニャクイモ	geb	*Amorphophallus campanulatus*
アイビカ	beag	*Hibiscus manihot*
サトウキビ	gau	*Saccharum officinarum*
カボチャ	ponke	*Cucubita* spp.
トウモロコシ	kunu	*Zea mays*

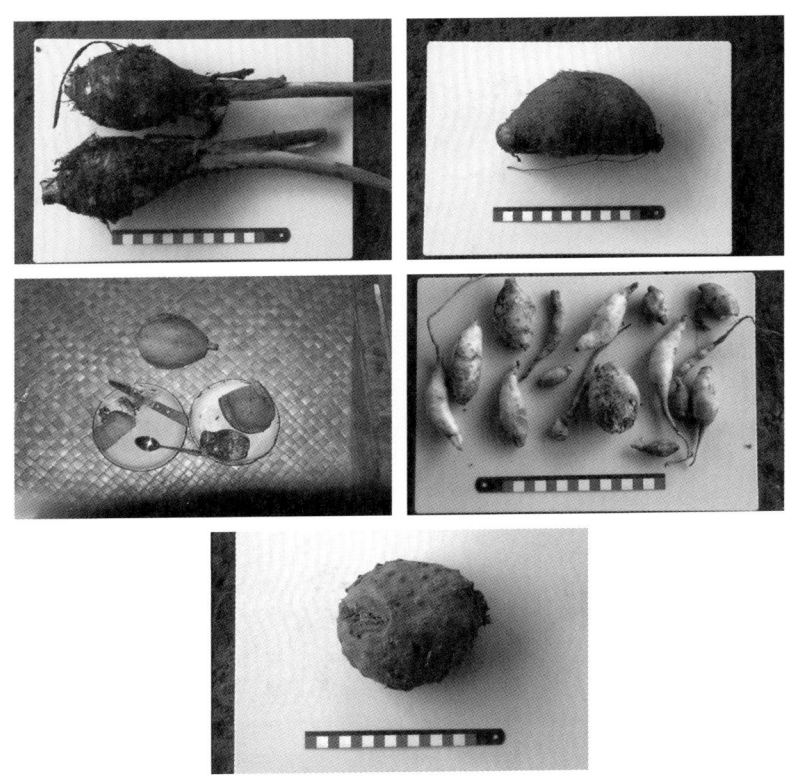

写真 5.6 （左上）焼畑の主要作物のタロイモ．（右上）ヤムイモはねばりのあるイモ．ヤム小屋で保存することができる．（左中）パパイアは焼畑や村内で栽培される．（右中）サツマイモは，小型のものが多い．（下）コンニャクイモ．

(*Hibiscus manihot*) やサトウキビ，そして新しい作物であるカボチャ (*Cucubita* spp.) やトウモロコシ (*Zea mays*) などである．

(2) ルアル村での焼畑づくり

　樹木が生い茂った森林（ブア）を切り開いて，焼畑がつくられる．乾季から雨季に変わる頃植え付けし，乾期が始まる頃に収穫可能となる．ルアル村での焼畑は，ギデラで一般的な世帯ごとの所有だけではなく，多数の村人が共同で大きな畑をつくることが多い．イノシシの害を防ぐためにフェンスで

写真 5.7 （左上）焼畑関連の作業は，フェンスづくりのように，グループの成員による共同作業もあれば，収穫のように各世帯単位で行われるものもある．作業内容は男女分業だが，厳密ではない．新しい畑をつくるための伐木やフェンスづくりは男性の作業である．（右上）小木や草の切り払いや植え付け，除草，収穫は主として女性によって行われる．個人ごとに決められた耕作区画の中で，掘棒を使って植え付けの穴を掘っている．（左下）掘った穴の中にヤムイモを植え付けている．（右下）収穫期に達した焼畑の内部は，バナナ，ヤムイモ，サツマイモ，タロイモ，キャッサバ，パパイアなどが混在して植えられている．ミニチュア・ジャングルと表現されるほど雑然とした状態である．

囲み，内部は個人ごとに耕作する場所を決める．

　焼畑関連の作業は，フェンスづくりのように，グループの成員による共同作業もあれば，収穫のように各世帯単位で行われるものもある．作業内容は男女によって分担されるが，男女分業は厳密ではない．新しい畑をつくるための伐木やフェンスづくりは男性の作業であり（写真5.7（左上）），小木や草の切り払いや植え付け，除草，収穫は主として女性によって行われる．焼畑づくりの様子を写真5.7に示す．

　ルアルの焼畑の地名や位置は図2.2の地図上に示した．村からの方向やだいたいの距離を知ることができる．焼畑はブアにつくられるが，ヤップとの境界に近い場所を選んでいるようである．日帰りできる近い距離の焼畑もあ

れば，小舎（メット）をつくって泊まりがけで出かける遠い場所のものもある．

　13の焼畑の大きさや形状は図5.1に表したように，多様である．大きな焼畑は多数の者が協同で利用し，小さいものは1家族だけで耕作している．主要な焼畑（図5.1）について，その利用者をまとめたのが表5.3である．もっとも多くの住民が利用している焼畑が，KUMBRARの場所にある焼畑で，56人中31人と半数以上の者が利用していた．この他に，10人以上が使用している焼畑が4つあり，数家族が共同で利用する焼畑が多い．逆に，高齢者が1人だけで利用している焼畑もある．なお，1家族だけで利用されている小規模の焼畑は表5.3には含まれていない．また，フェンスがまだ完成していないGEMGEMの焼畑（図5.1）は，利用者がまだ決まっていなかった．

　個人ごとに利用している焼畑の数を見ると，1-4と多くはない．多くの焼畑を利用すると負担が増えるので，それぞれが好ましい焼畑を選んで利用していると考えられる．

表 5.3 焼畑の利用

世帯	IDNO	名前	性別	年齢階梯	YORMAS	KUMBRAR	BORAR	NANGABUP	NGAIDUR	DIBIRKOPO	WəT	SOMNYU	DEWEA	YAMARA	KUROGMOP	IU	合計
1	10101	AREA	男	NR	1			1									2
1	10102	AUSA	女	KJ				1									1
1	10104	DODORO	女	NB				1									1
2	10201	ALOKA	男	RJ	1			1									2
2	10202	ANANI	女	KJ				1									1
3	10301	NABEA	男	RJ							1	1			1		3
3	10302	SAGERU	女	KJ											1		1
4	10401	MIDI	男	RJ	1										1		2
4	10402	SIRIBI	女	KJ											1		1
5	10501	DAMI	男	RJ							1	1					2
5	10502	AWE	女	KJ		1	1				1	1					4
5	10504	ENES	男	YB								1					1
5	10506	DUWO	女	NK		1	1				1	1					4
5	11905	NAGUI	女	NB			1				1	1					3
6	10601	KODI	男	RJ		1					1						2
6	10602	MAGENA	女	KJ		1					1						2
6	10605	PURA	女	NB		1											1
7	10701	WASARI	男	RJ	1			1			1	1					4
7	10702	KAMARA	女	KJ							1						1
8	10801	TARUA	男	RJ		1	1										2
8	10802	WAIKO	女	KJ		1	1	1									3
8	10803	WADAK	女	NK		1	1										2
9	10901	BUAGO	男	RJ		1											1
10	11001	SANAGA	男	NR			1							1			2
11	11101	SIYORO	男	RJ		1		1	1								3
11	11102	GIBIBI	女	KJ		1		1	1								3
11	11103	MURSINI	女	KJ		1		1									2
12	11201	GAIDERE	男	RJ		1	1		1								3
12	11202	GERI	女	KJ		1	1		1								3
12	11203	GORODI	女	NK					1								1
13	11301	JON	男	NB*		1		1			1	1					4
14	11401	KERO	男	RJ	1					1	1	1					4
14	11402	WAUBI	女	KJ				1				1					2
14	11403	SAMORE	女	NK				1			1	1					3
14	11404	EDAMA	女	NB		1			1								2
14	11405	RERI	女	NB		1		1	1								3
15	11501	MAREGA	男	RJ		1											1
15	11502	WODE	女	KJ		1											1
15	11551	PASAK	女	NB*		1											1
16	11601	SADUWA	男	RJ		1				1		1					3
16	11602	KEPI	女	KJ		1						1					2
16	11603	SANKIR	女	NB		1			1			1					3
16	11604	MURA	女	NB		1			1								2
16	11804	DABUWA	女	NK		1								1			2
17	11701	EVERADUS	男	RJ	1					1							2

世帯	IDNO	名前	性別	年齢階梯	YORMAS	KUMBRAR	BORAR	NANGABUP	NGAIDUR	DIBIRKOPO	WəT	SOMNYU	DEWEA	YAMARA	KUROGMOP	IU	合計
18	11801	WOWOGO	男	RJ		1											1
18	11802	MERI	女	KJ		1				1							2
18	11803	OGOBA	女	KJ		1											1
19	11901	PIGARA	男	NR	1									1			2
19	11902	SOI	女	NK		1								1			2
19	11903	GERES	女	KJ	1												1
20	12001	GAMANIA	男	RJ	1			1		1							3
21	11703	SINAP	女	KJ	1					1							2
21	11910	SEBOD	女	KJ	1					1							2
25	12501	SEBI	男	RJ		1			1								2
25	12502	AMONA	女	KJ		1			1								2
		合計			11	31	8	10	15	9	9	16	1	3	1	4	118

* 未婚のためガムガイブガだが年齢はKJ. 重度の知的障害者.

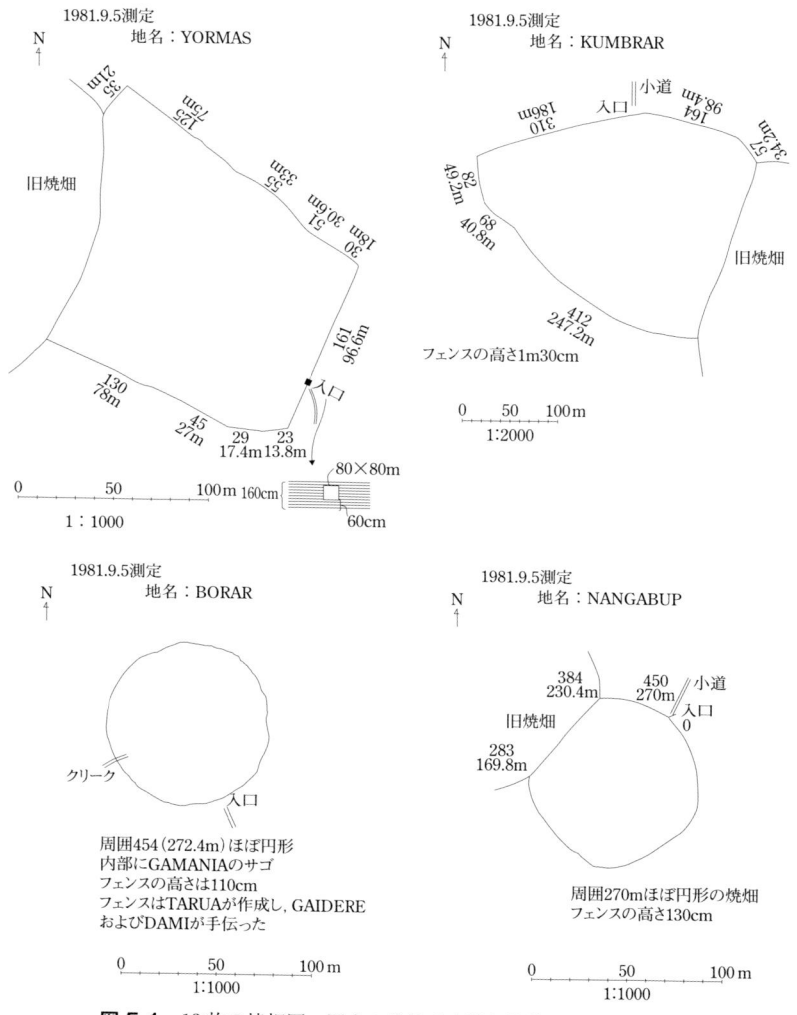

図 5.1 13枚の焼畑図．図中の数値は歩数と換算した長さ（m）．
(a)（左上）YORMAS,（右上）KUMBRAR,（左下）BORAR,（右下）NANGABUP.

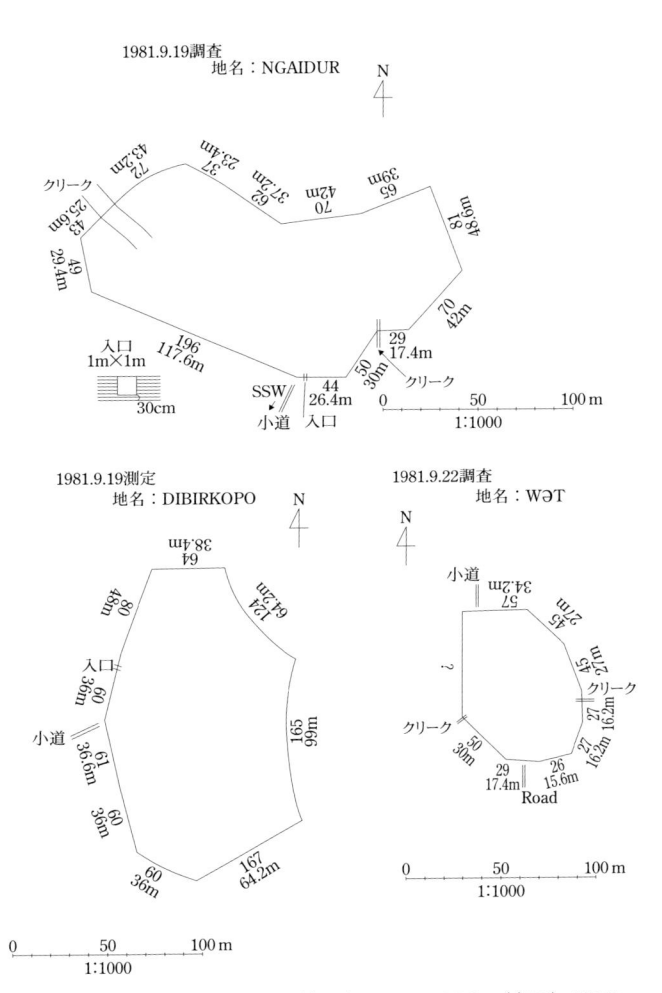

図 5.1 (b) （上）NGAIDUR，（左下）DIBIRKOPO，（右下）WəT．

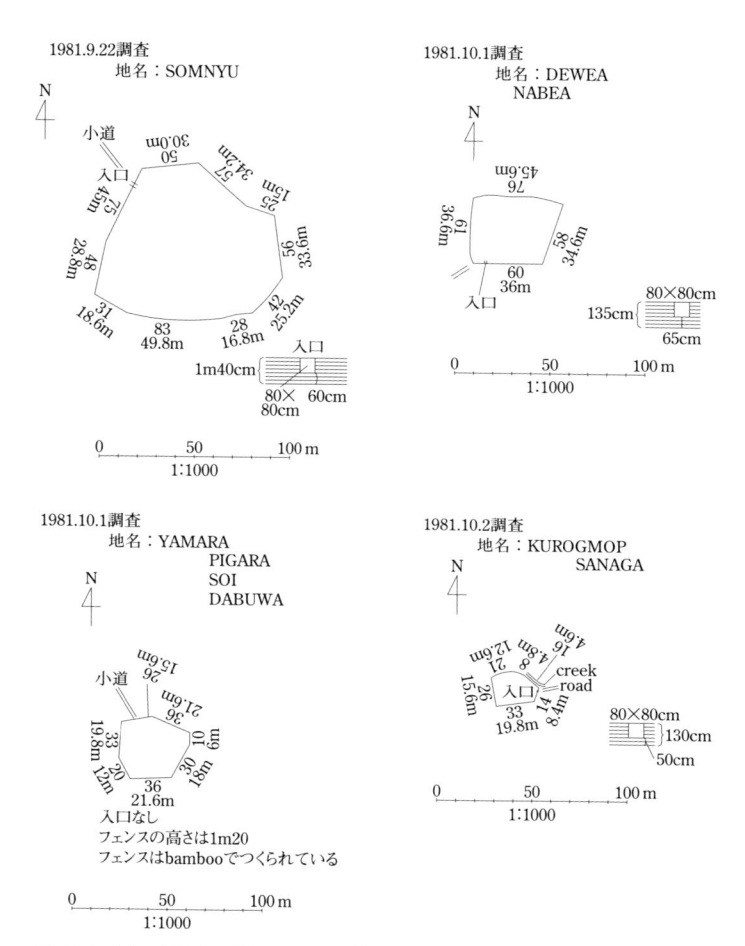

図 5.1（c）（左上）SOMNYU,（右上）DEWEA,（左下）YAMARA,（右下）KUROGMOP.

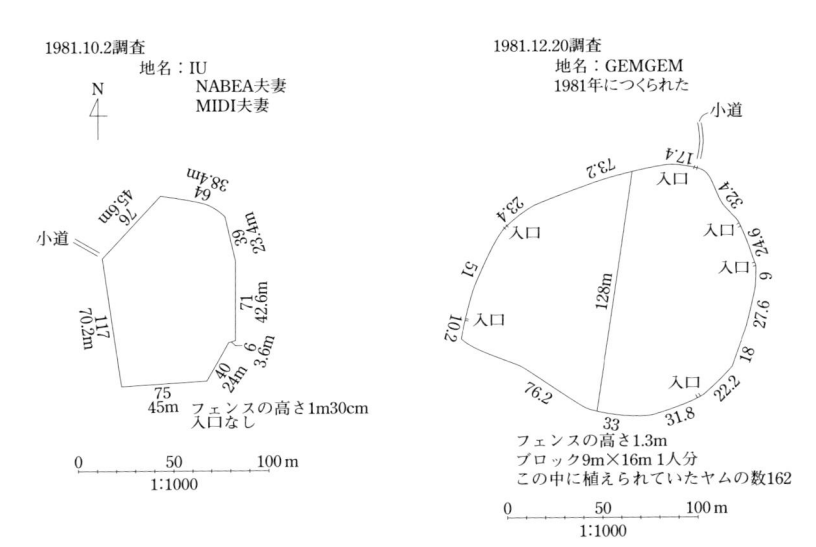

図 5.1（d）（左）IU，（右）GEMGEM．

5.3　村人による共同作業——焼畑耕作

第6章

生業活動時間

時間に余裕のある生活

6.1 生業活動調査

　生業活動調査は，1981年10月4-17日の連続する14日間，ルアル村の全成人男女を対象とし1日の活動をルアル村の出入時刻として記録したものである．朝6時から夜8時までの14時間が観察対象時間である（Ohtsuka and Suzuki, 1990）．

　成人男女の活動時間を，1日の平均値として示したのが表6.1である．この値は村落と活動の場との往復時間を含んでいる．

　成人男女全員（58人）の平均値は188分となった．約3時間という活動時間は，狩猟採集民のブッシュマンやオーストラリア原住民，また原初的な農耕民（焼畑耕作民）では，北ローデシアのペンバ，アマゾン流域のマチゲンガ，フィリピンのハヌヌーなどについて，4時間程度以下という報告と比較しても，同程度以下という短い時間であった．

表6.1　1日の生業活動時間の平均値（分）

	人数	狩猟	漁撈	採集	サゴづくり	焼畑	ココナツ採集	合計
男性	22	138	11	16		13	45	0	223
女性	36	0	43	17	19	87	0	166
男女	58	52	31	17	17	71	0	188

163

6.2 活動パターン

　1981年10月4-17日の調査期間中，村全体の活動を決める要因については，まず，キリスト教の影響があり，日曜日は休息日として，村外に出る活動は制限される．ルアルに教会はないが，キリスト教の影響は強くなっている．10月4日および11日が日曜日で，村外に出るのは沐浴のときだけ，ほとんどのルアル住民は村内で静かに1日を過ごした．ただし，ウピアラ小学校の生徒やその家族は，4日の日曜日にルアルからウピアラ村に移動した．生徒たちは月に1回程度の割合でウピアラ小学校の寄宿舎からルアル村に帰ってきて，月曜日の授業に備えるために，日曜日にウピアラに戻るのである．

　表6.2に示したように，10月4日（日）は，在村者数が41名で，狩猟や焼畑などの主要な生業活動は行わず，6名だけの活動が記録された．ウピアラ小学校の往復（表中では運搬として分類）が4名であり，サゴづくりの1名はサゴヤシの生育状態を調べに出かけたものである．採集の1名はソテツの実を土中から掘り出し，夕食に食べたもので，食糧の不足を補うためのわずかな活動であった．なお，前日まで近隣村に出かけていた者の多くが，この日に戻ってきた．11日（日）は，活動者は5名で，1名は薪取り，1名は隣村のカパル往復を行った．3名が漁撈活動を行ったが，日曜日に生業活動をした例はこれに限られる．このように，日曜日には村で休息し，月曜日から活動を開始するという週サイクルの生活がルアルの暮らしである．

　この期間は乾季であり，集団猟や漁撈活動が活発に行われた．集団猟は村人の男性の多くが参加するので，共通の活動となる．ただし，各人は集団猟のすべてに参加するわけではなく，参加時間も全員同じではない．10人以上が参加した集団猟は，14日中6日あり，2人や5人参加の小規模なものを加えると半分以上の8日に集団猟が行われたことになる．集団猟がこの時期にきわめて活発に行われたことが明らかになった．

　これに対して，個人猟はこの季節は低調で，活動日数こそ9日あったが，いずれも2名以下と少なく，数人の成人男性が個別に行ったにすぎない．集団猟との関連があり，集団猟でとり逃がした獲物を狙うものや，集団猟の下

表 6.2 村外活動内容別活動者数（1981 年）

日付	曜日	在村者数	活動者数	集団猟	個人猟	漁撈	採集	サゴづくり	焼畑	家づくり	弓矢づくり	カヌーづくり	薪・ンガヤ	運搬
10/4	日	41	6	0	0	0	1	1	0	0	0	0	0	4
10/5	月	41	32	11	1	1	0	5	5	7	0	0	2	0
10/6	火	42	39	0	1	0	3	0	26	5	0	0	4	0
10/7	水	48	42	5	1	6	2	0	19	3	0	1	4	1
10/8	木	53	50	11	0	4	0	2	23	3	2	0	5	0
10/9	金	50	44	15	1	14	1	3	6	1	1	0	1	1
10/10	土	53	12	2	2	0	0	0	1	0	0	0	2	5
10/11	日	50	5	0	0	3	0	0	0	0	0	0	1	1
10/12	月	46	41	12	1	16	0	6	0	0	2	0	4	1
10/13	火	46	32	0	1	6	1	4	17	3	0	0	0	0
10/14	水	45	28	0	1	2	1	0	6	4	0	0	9	5
10/15	木	43	33	11	0	3	0	0	11	0	0	0	0	5
10/16	金	33	22	10	2	0	0	0	10	0	0	0	0	0
10/17	土	28	18	0	0	0	0	3	13	1	0	0	0	1
合計		619	404	77	12	55	9	24	137	27	5	1	34	23

調べを兼ねて狩猟を行うもの，あるいは家づくりのために森の中で柱などの建材を見つけておくのと同時に個人猟をする者などがある．いずれも，集団猟や焼畑の時間をはずして，空いた時間を利用して行われた．

　漁撈活動は，成人男女に子どもも加わって，多くの世帯が共同して行うことが多い．大がかりな魚毒漁では多数の世帯が参加する．10月9日は14名，12日は16名が参加した大規模な漁撈活動が行われた．また，世帯単位の小規模なものや未婚の女性が中心の漁撈も見られた．

　採集は，ソテツの実の掘り出しが主要なものであった．第5章でも述べたように，ソテツは毒抜きのためにおよそ1年間土中に埋め，この時期に掘り出して食べる．6日行われたが，1名だけのことが多く，補助食物として利用された．

　サゴづくりは世帯単位で行われるが，複数の女性が参加することもある．14日中半数の7日行われたが，活動者数は多くない．焼畑作物の収穫の多

表 6.3　1981年10月4-17日の活動回数

世帯	ID	名前	性別	年齢階梯	在村日数	村外活動数	集団猟	個人猟	漁撈	採集	サゴづくり	焼畑	家づくり	弓矢づくり	カヌーづくり	薪・シンガヤ	運搬	村外泊
1	10101	AREA	男	NR	14	11	5	2	1	0	0	2	1	0	0	0	0	0
1	10102	AUSA	女	NK	14	10	0	0	2	0	0	7	0	0	0	1	0	0
1	10104	DODORO	女	NB	12	9	0	0	2	0	0	4	0	0	0	2	1	2
2	10201	ALOKA	男	RJ	6	2	1	1	0	0	0	0	0	0	0	0	0	8
2	10202	ANANI	女	KJ	6	3	0	0	2	0	0	1	0	0	0	0	0	8
3	10301	NABEA	男	RJ	11	11	4	0	0	0	0	3	3	1	0	0	0	3
3	10302	SAGERU	女	KJ	11	8	0	0	1	0	0	5	2	0	0	0	0	3
3	10303	PARAM	女	NB	12	8	0	0	3	0	0	2	0	0	0	3	0	2
4	10401	MIDI	男	RJ	10	11	5	2	0	0	0	2	1	1	0	0	0	4
4	10402	SIRIBI	女	KJ	10	6	0	0	2	1	0	2	0	0	0	1	0	4
5	10501	DAMI	男	RJ	8	5	5	0	0	0	0	0	0	0	0	0	0	6
5	10502	AWE	女	KJ	8	4	0	0	1	0	0	2	0	0	0	1	0	6
5	10506	DUWO	女	NK	14	10	0	0	2	0	0	6	0	0	0	2	0	0
6	10601	KODI	男	RJ	10	7	4	0	0	0	1	2	0	0	0	0	0	4
6	10602	MAGENA	女	KJ	10	5	0	0	2	0	0	0	0	0	0	0	0	4
7	10701	WASARI	男	RJ	11	10	5	0	1	0	0	0	3	2	0	1	1	3
7	10702	KAMARA	女	KJ	12	7	0	0	2	0	0	4	1	0	0	1	0	2
8	10801	TARUA	男	RJ	13	10	4	0	0	0	0	2	3	0	0	0	1	1
8	10802	WAIKO	女	KJ	14	7	0	0	0	0	0	6	1	0	0	0	0	0
8	10803	WADAK	女	KJ	14	7	0	0	0	0	0	7	0	0	0	0	0	0
9	10901	BUAGO	男	RJ	8	8	6	0	0	0	0	1	1	0	0	2	0	6
9	10902	ANAI	女	KJ	11	6	0	0	2	0	0	1	0	0	0	1	0	3
10	11001	SANAGA	男	NR	14	4	0	3	0	0	1	1	0	0	0	0	1	0
11	11101	SIYORO	男	RJ	12	12	5	0	0	0	0	3	1	0	0	1	0	2
11	11102	GIBIBI	女	KJ	11	7	0	0	0	0	2	4	0	0	0	1	0	3
11	11103	MORSIGI	女	KJ	12	8	0	0	2	1	0	4	0	0	0	0	1	2

学年	ID	Name	性	Code													
12	11201	GAIDERE	男	RJ	13	17	6	2	1	0	0	0	5	1	0	2	1
12	11202	GERI	女	KJ	10	6	0	0	2	0	1	2	0	0	2	0	4
12	11203	GORODI	女	NK	11	9	0	0	3	0	1	5	0	0	0	1	3
12	11207	SORAN	女	NB	14	5	0	1	2	1	1	1	1	0	0	0	0
14	11401	KERO	男	RJ	14	13	6	1	1	0	2	2	0	0	1	2	0
14	11402	WAUBI	女	KJ	14	5	0	0	0	1	1	2	0	0	2	0	0
14	11403	SAMORE	女	NK	14	7	0	0	0	2	1	3	1	0	2	0	2
14	11404	EDAMA	女	NB	12	6	0	0	0	1	0	1	0	0	1	1	2
14	11405	RERI	女	NB	12	10	0	0	2	1	0	3	0	0	0	1	2
15	11501	MAREGA	男	RJ	13	8	4	0	0	1	2	2	1	0	0	0	1
15	11502	WODE	女	KJ	12	4	0	0	1	0	0	0	0	0	0	0	2
16	11601	SADUWA	男	RJ	13	13	4	0	0	0	1	1	5	0	2	0	1
16	11602	KEPI	女	KJ	13	11	0	0	1	1	1	6	1	0	1	1	1
16	11603	SANKIR	女	NB	9	5	0	0	1	0	0	3	0	0	0	0	5
16	11804	DABUWA	女	NK	13	8	0	0	0	0	1	4	0	0	1	2	1
17	11701	EVERADUS	男	RJ	14	11	6	1	2	0	1	1	1	0	0	0	0
17	11702	PADI	女	KJ	14	6	0	0	4	0	0	0	0	0	1	0	0
18	11802	MERI	女	KJ	10	4	0	0	1	0	0	3	0	0	0	0	4
19	11901	PIGARA	男	NR	12	6	0	0	0	0	1	4	0	0	0	1	2
19	11902	SOI	女	NK	12	11	0	0	1	0	0	6	0	0	3	0	2
20	12001	GAMANIA	男	RJ	13	10	4	0	0	1	1	5	0	0	0	0	1
20	12002	UWA	女	KJ	13	5	0	0	0	0	0	3	0	0	0	0	0
20	12003	ARARI	女	NB	9	5	0	0	0	0	0	1	0	0	3	1	5
21	11703	SINAP	女	KJ	14	8	0	0	3	0	1	3	0	0	1	0	0
21	11910	SEBOD	女	RJ	10	3	0	0	1	0	0	0	0	0	0	1	4
22	12501	SEBI	男	RJ	11	8	3	0	3	0	1	1	1	0	1	1	3
22	12502	AMONA	女	KJ	12	4	0	0	3	0	1	1	0	0	0	1	2
男女合計			53		619	404	77	12	55	9	24	137	27	5	34	23	123
男性			19		220	177	77	12	9	1	8	28	22	5	3	11	46
女性			34		399	227	0	0	46	8	16	109	5	0	31	12	77

い時期なので，サゴづくりはその補完として行われており，畑作物が十分に得られなかった世帯が食糧不足を補うために小規模に行った．サゴづくりのために村外泊することはなく，すべて日帰りであった．

　焼畑は世帯単位で行うが，いくつかの世帯がまとまって作業することもあった．焼畑が行われた日数は多く，11日に達した．活動者数も10名を超えた日が7日あり，10月6日の26名，8日の23名と53人の村民の半数以上が焼畑活動に参加した．

　家づくりのために柱などの建材を森から調達する作業や薪取りなどは，世帯ごとに行う．住民は村外に出て宿泊することが多く，調査期間中の全日をルアルにとどまったのはわずかである．親族や婚姻関係，ウピアラ小学校の生徒の有無などにより，近隣村のカパル，テワラ，タピラ，ウピアラに外泊することが多かった．焼畑では，遠方の畑では日帰りが困難なので，畑に小屋をつくって宿泊する．なお，サゴづくりも数日間泊まりがけで行うことがあるが，今回の調査期間中はすべて日帰りであった．集団猟で1名がけがをしたため村に戻れず野宿し，翌日数名がけが人を村に運んだ．調査の終わりには，州都ダルーへ行く計画が実現し，物資の運搬や移動のために共通の行動が多くなった．

　活動内容ごとに活動日数をまとめたのが表6.3である．まず在村日数を見ると，14日間すべて在村したのは53名中13名にすぎなかった．他村への往来が頻繁に行われているのがわかる．

　狩猟については，集団猟が活発に行われており，参加の多い者は6日におよび，これは2日に1回の割合になっており非常に多い．そのため，個人猟の頻度は低く，最大で3回であった．まったく行わなかった者が11名で，年齢階梯がナニュルガ（NR）の高齢者では集団猟の参加も少なく，狩猟活動に対する意欲が低くなっている．女性は狩猟を行わないので，集団猟，個人猟の回数は0である．

　これに対して，女性は漁撈活動の参加が多かった．集団猟が行われる日は世帯別の活動は行いにくいので，漁撈活動には参加しやすい2-3回の参加数が多い．採集活動は少なく，主にソテツの実の収穫と毒抜きのために土中に

埋める作業である．合計で9名の参加であった．

　狩猟や漁撈が活発なため，肉や魚が多く獲得されたとはいえ，主食を得る活動も必要である．この時期は焼畑作物の収穫が良好なので，サゴづくりよりも焼畑が多く行われた．サゴの男女合計が24回であるのに対して，焼畑は137回であった．男女別では28と109で，女性の参加が多かった．

　食物獲得ではない活動については，家づくりが重要であった．家の建築を必要とする世帯は限られていたが，狩猟活動の前後に柱になる木を森から運んだりする活動が目立った．やはり，活発な狩猟活動と関連して，弓矢の消耗が激しいため，弓矢づくりも行われた．材料の竹は森から調達する．弓矢づくりは村内で行われていた．この活動調査では，村内活動の時間は調査対象に入っていない．カヌーをつくる者は少なく，1名だけが行った．薪や夜道の明かりに使うンガヤの採集を合わせると，34回であった．運搬は23回あり，その内容は，ウピアラ小学校の生徒の食糧，カヌーの移動，ダルー行きのための物資の運搬などである．

6.3　活動時間

　1981年10月4-17日の活動ごとに各人の活動時間の平均値を求めて，表6.4に示した．村の中では，夜明けとともに生活が始まるが，村外に出る時刻はすべてが早いわけではない．遠くの焼畑に出かけるときや個人猟は早朝に出発することが多い．集団猟は猟場やメンバーの役割などの打合せが必要なため，開始時刻は遅れる．全体の平均出発時刻は9:21となった．薪取りは午後遅くになってから，出かけることがあり，平均値を遅くしている．帰村時刻の平均は15:15となった．活動によっては，午前中に終了するものもあれば，調査終了時刻の19時以後にまでおよぶこともあった．村に戻ってからの作業もかなりあるので，暗くなるまでに食事の準備を終えるために，早めの帰村となっていると考えられる．

　活動時間が長いものとしては，まず集団猟があげられ，平均時間が329分で5時間以上におよぶ．途中，走ったり，大声を上げたり，精神を集中して

表 **6.4** 1981年10月4-17日の活動時間の平均

世帯	ID	名前	性別	年齢	出発時刻	帰村時刻	集団猟	個人猟	漁労	採集	サゴづくり	焼畑	家づくり	弓矢づくり	カヌーづくり	薪・ンガヤ	運搬
1	10101	AREA	男	NR	9:31	14:19	254	178	275			329	225				
1	10102	AUSA	女	NK	8:36	13:52			341			349				95	
1	10104	DODORO	女	NB	9:49	15:31			411			331				115	452
2	10201	ALOKA	男	RJ	9:03	13:50	221		384			484					
2	10202	ANANI	女	KJ	9:08	15:51		94									
3	10301	NABEA	男	RJ	8:23	15:46	319					361	185	45			
3	10302	SAGERU	女	KJ	9:17	15:21			458			336	280				
3	10303	PARAM	女	NB	10:29	15:42			374			411				94	
4	10401	MIDI	男	RJ	9:24	15:49	285	215				311	245	223			
4	10402	SIRIBI	女	KJ	10:37	15:31				66		316				115	
5	10501	DAMI	男	RJ	8:29	14:49	391		408								
5	10502	AWE	女	KJ	8:39	16:10			432			351				236	
5	10506	DUWO	女	NK	9:26	14:55			269			317				174	
6	10601	KODI	男	RJ	8:53	16:02	384		406		685	303					
6	10602	MAGENA	女	KJ	8:48	16:19					685	303					
7	10701	WASARI	男	RJ	8:26	15:05	379		316					93		37	401
7	10702	KAMARA	女	KJ	10:10	15:12			340			181				84	
8	10801	TARUA	男	RJ	9:24	14:29	435					289	244				
8	10802	WAIKO	女	KJ	9:23	13:14						275	253				93
8	10803	WADAK	女	KJ	9:06	13:48						265					
9	10901	BUAGO	男	RJ	9:14	14:17	343					556	178		240	77	
9	10902	ANAI	女	KJ	9:47	14:46			452			295	85				
10	11001	SANAGA	男	NR	11:38	14:58	325	206			97						
11	11101	SIYORO	男	RJ	10:46	16:23						319	122			93	317
11	11102	GIBIBI	女	KJ	8:20	15:00			317		193	412				60	
11	11103	MORSIGI	女	KJ	8:31	15:30	319			540		378		173			566
12	11201	GAIDERE	男	RJ	8:26	15:14		205	356				117				255

12	11202	GERI	女	KJ	9:37	14:33			380		315		14
12	11203	GORODI	女	NK	9:55	16:01			388		374		82
12	11207	SORAN	女	NB	9:46	13:40			271	97	214		
14	11401	KERO	男	RJ	9:03	14:59	333	176	307		407		67	312
14	11402	WAUBI	女	KJ	10:15	15:49				493	685	407		26
14	11403	SAMORE	女	NK	9:12	13:47				315	84	393		87
14	11404	EDAMA	女	NB	9:02	15:22			406	532	327	487		80	452
14	11405	RERI	女	NB	9:10	15:07				266	328	331		80	452
15	11501	MAREGA	男	RJ	10:24	16:46	372		539		620	295	64	
15	11502	WODE	女	KJ	8:59	15:37								
16	11601	SADUWA	男	RJ	9:17	16:17	306		370		157	398	316	43	270
16	11602	KEPI	男	KJ	9:12	15:07			379		415	271	385		518
16	11603	SANKIR	女	NB	9:09	16:19						357			452
16	11804	DABUWA	女	NK	9:38	14:43					403	276		37	282
17	11701	EVERADUS	男	RJ	9:16	16:30	305	240	457		153	463			
17	11702	PADI	女	KJ	10:02	15:46			411			509		78	
18	11802	MERI	女	KJ	10:05	15:59			370			298			
19	11901	PIGARA	男	NR	9:09	13:09			425		82	400	186	62	419
19	11902	SOI	女	NK	10:47	14:24	264				82	333			
20	12001	GAMANIA	男	RJ	9:24	15:31				305		422		109	452
20	12002	UWA	女	KJ	9:33	15:16					357	425			
20	12003	ARARI	女	NB	7:54	15:09						490			518
21	11703	SINAP	女	KJ	9:24	15:54			471			391		18	
21	11910	SEBOD	女	KJ	9:02	16:15			552			509		58	
22	12501	SEBI	男	RJ	8:49	15:29	274		323		627	495			204
22	12502	AMONA	女	KJ	8:21	16:32			199		628				571
全体の平均					9:21	15:15	329	194	381	325	356	343	213	81	356
												240	125		

6.3 活動時間

逃げてくる獲物を狙ったりと，厳しい活動である．この時期の個人猟は他の活動に重点が置かれていることもあり，平均3時間程度（194分）であった．漁撈活動の平均時間がもっとも長く6時間以上（381分）におよんだ．採集活動も5時間を超えている（325分）．サゴづくりや焼畑も1日かかる活動で，それぞれ356分と343分で6時間近い時間を要している．

　家づくりや弓矢づくり，カヌーづくりの作業は，空いた時間を利用して行う活動なので，それぞれが213分，125分，240分と比較的短い．薪取りやンガヤの採集は，短時間で終わる（81分）．

第7章

熱帯環境の食事

食生活

7.1 食生活の特徴

　狩猟・漁撈・採集生活では，熱帯環境の特徴である多様性の高さと自然の変化に対応して，チャンスがあれば即座にとって食べるのが基本であり，非常に多くの動植物を食べる．自然の糧は，種類は多いが多くの量を得るのは難しい．栄養的に重要な食物は農耕から得られるものである．主食となっているのは，半栽培によるサゴデンプン，そして焼畑作物のヤムイモとタロイモであり，エネルギーの大部分はこれらによって摂取される．タンパク質は，狩猟により獲得される大型動物や小動物の肉，そして漁撈による魚介類から摂取される．

　高温多湿のため，食物の長期保存は難しい．サゴデンプンは3週間ぐらい保存可能であるが，時間とともに水分が減少し変質するので，せいぜい1週間程度で食べ終える．畑作物も，収穫するとどんどん消費し，1週間以上保存することはほとんどない．ただし，ヤムイモだけは例外で，多くの家族は村内にヤム小屋をつくっており，ヤムイモを貯蔵する（写真2.5）．3カ月程度の保存が可能で，食用だけではなく，植え付けのための種芋も保存しておく．

　小動物の肉は即座に消費されるのが普通で，稀に翌日に食べることがある．大型動物の肉は分配・消費され，食べ終わるのに数日かかることがある．腐敗しやすいので，肉は十分に焼いて一部を切って食べ，残った肉片は軽く焼

写真 7.1 食事の一例．ホーローの皿やボールに料理が入っている．イノシシの肉，焼いたタロイモやヤムイモ，ソテツの実など．

いて表面を堅くしておく．暑い環境で生きる動物の肉は，そもそも脂肪が少なく堅いが，焼いて保存するので，日に日に石のように堅くなっていく．

1日の食事回数は3回程度で，食事の時間は規則的ではない．夕食が質量ともに充実しており，主食のサゴヤシ・ヤムイモ・タロイモ，そして肉や魚を焼いて食べる．イモや肉・魚は鍋で水煮にすることがあり，このときは味付けされ，削ったココナツの絞り汁や塩が使われる．先にも述べたように，調味料や香辛料はなく，素材のままほとんど味付けせず，淡泊な味である．

写真7.1は，食事の一例である．パンダナスの葉を編んでつくったメートの上に，ホーローの皿やボールに入れた料理がならべられている．イノシシの肉があり，焼いたタロイモやヤムイモ，ソテツの実が献立である．食器は使わずに手で食べる．

（1） 食事内容

ルアルの人びとの食事内容を調べるため，6世帯について，1981年11月3日から15日の13日間連続で食物・栄養素摂取調査を行った．調査対象世

帯は，家族数が3-5人だが，日によっては村外に出ている場合もあり，人数は多少変動した．調査は家族全員を対象とし，摂取するすべての食物の量を，調理する直前か摂取する直前にバネバカリで計量した．ただし，食塩については，毎日の測定が困難なので，調査開始時と調査終了時の差を使用した．それぞれの家族は成人や子どもの男女からなるが，調査結果は平均体重が約54 kgの成人男子として換算している．

　世帯別の食物摂取回数を表7.1に示した．13日間に食べた食物の種類は，総数で42種類あり，さまざまな食物を食べているのがわかる．世帯ごとに見ると，1日に食べるものは，平均6.5 (5.0-7.7) 種類で，多くはない．ただし，同じ内容ではなく，世帯によって食べる食物に違いがあり，日によってメニューが変わる．

　すべての世帯で毎日食べていたのは，サゴデンプン（半栽培）である．例外は，世帯6の1日だけにサゴデンプンがなかった．次に摂取頻度が高いのが焼畑作物で，バナナ，タロイモ，ヤムイモが68.8％，54.5％，46.8％と，ほぼ5-7割であった．焼畑作物で次に摂取の多いのがコンニャクイモ（19.5％）で，ニューギニア高地では主食のサツマイモは，低地では生育が悪く，頻度が11.7％と1割程度にとどまる．カボチャ，サトウキビ，スイカなどの焼畑作物は1割以下である．村の中や周辺の菜園で育てたパパイアやパイナップルは2割程度の頻度で食される．味付けに欠かせないココナッツは14.3％である．採集で得られる食物もルアルでは重要である．この時期，ハスの実が大量に収穫できたので30％を超えている．ソテツの実は採集してから1年間湿地に埋めて毒抜きをしてから食べるが，27.3％とかなりの高頻度である．その他の採集植物は1割以下である．興味深いのは，1.3％と少ないが，ツムギアリ（卵も含む）を食べていることで，蟻酸の酸っぱい味を好む者がいる．狩猟で獲物をとるのは難しいが，ワラビーは16.9％に達している．肉は分配されるので，摂取頻度は高くなり，すべての対象世帯で食べることができた．その他の弓矢猟の成果は，バンディクート，シカ，ブッシュワラビー，イノシシで，頻度は低く，摂取していない世帯が多い．稀に鳥を射落とすことに成功することがあり，2.6％となった．この食物調査の時期は乾季で，

表7.1 ルアルの世帯別食物摂取回数（13日間）

世帯番号	1	2	3	4	5	6	合計	摂取頻度（％）	入手法
調査日数	13	13	13	13	13	12	77		
サゴデンプン	13	13	13	13	13	11	76	98.7	半栽培
バナナ	9	11	8	11	7	7	53	68.8	焼畑
タロイモ	8	7	7	4	7	9	42	54.5	焼畑
ヤムイモ	7	5	6	6	7	5	36	46.8	焼畑
コンニャクイモ	1	5	3	1	2	3	15	19.5	焼畑
サツマイモ	2	2	2	1	2	0	9	11.7	焼畑
カボチャ	1	2	3	1	0	0	7	9.1	焼畑
アイビカ	0	0	0	0	0	4	4	5.2	焼畑
サトウキビ	0	0	0	3	0	0	3	3.9	焼畑
スイカ	0	0	0	0	0	1	1	1.3	焼畑
パパイア	4	4	6	2	0	1	17	22.1	村内
パイナップル	2	2	2	3	2	5	16	20.8	村内
ココナツ	1	5	3	0	0	2	11	14.3	村内
ハスの実	1	5	5	5	3	5	24	31.2	採集
ソテツの実	2	2	1	2	5	9	21	27.3	採集
野生ヤシの茎	1	1	2	1	1	1	7	9.1	採集
ガイビリ	1	1	0	0	2	1	5	6.5	採集
ベドゥム	0	0	1	1	0	0	2	2.6	採集
メサ	0	0	2	0	0	0	2	2.6	採集
ウガロム	0	0	0	1	0	0	1	1.3	採集
ツムギアリ（卵も含む）	1	0	0	0	0	0	1	1.3	採集
ワラビー	3	2	2	1	2	3	13	16.9	狩猟
バンディクート	1	0	0	3	0	1	5	6.5	狩猟
シカ	0	0	0	0	1	1	2	2.6	狩猟
ブッシュワラビー	0	0	0	0	0	1	1	1.3	狩猟
イノシシ	0	0	0	0	0	1	1	1.3	狩猟
鳥	1	1	0	0	0	0	2	2.6	狩猟
ウラス	3	2	2	2	0	0	9	11.7	漁撈
グラルクマ	0	2	2	1	2	2	9	11.7	漁撈
デュアル	1	3	0	0	0	0	4	5.2	漁撈
カメ	0	1	0	3	0	0	4	5.2	漁撈
アバム	0	0	0	0	0	1	1	1.3	漁撈
川ヘビ	0	0	0	1	0	0	1	1.3	漁撈
ザリガニ	0	0	0	1	0	0	1	1.3	漁撈
他の魚	2	2	0	1	0	2	7	9.1	漁撈
小麦粉	4	2	0	1	1	7	15	19.5	購入
米	1	2	3	0	3	2	11	14.3	購入
砂糖	1	0	1	0	2	0	4	5.2	購入
紅茶	0	0	0	0	2	0	2	2.6	購入
食用油	2	0	0	0	0	0	2	2.6	購入
サバ缶	0	0	0	0	1	0	1	1.3	購入
食塩	13	13	13	0	0	12	51	66.2	購入
平均摂取数	6.7	7.7	6.6	5.3	5.0	7.1	6.5		

ウラス，グラルクマ，デュアル，アバムはナマズ科（*Tachysuridae*）の魚．
ウガロム，ベドゥム，メサは野生植物（*Gnetum gnemon, Abelmoschus manihot, Ormocarpum orientate*）の葉．
ガイビリは野生植物（*Gnetum gnemon*）の実．
ただし，世帯6のみ調査日数1＋12日間．

クリークの水が止まり，ちょうど魚毒を使った漁撈に適していた．魚種ごとに見れば，ウラスやグラルクマが1割程度であるが，漁撈活動で獲得したものをすべて（魚，カメ，ザリガニ，川ヘビ）を合計すれば，5割近くに達する．ダルーの町で購入する食品は多くはないが，小麦粉や米は，それぞれ19.5％，14.3％であった．サバ缶は1.3％にとどまった．紅茶，砂糖，食用油もわずかであった．毎日の測定が困難な食塩は，調査期間中の総使用量について，毎日使用したと仮定して算出しているので，注意する必要がある．

(2) 食物・栄養摂取量

6世帯の平均食物摂取量（g）を表7.2に示した．もっとも多いのはサゴデンプンで摂取量の平均値は2,600 g，37.1％を占めている．バナナやタロイモは10％以上摂取された．

(3) 他村との比較

1981年の同時期に，ギデラの他の3村でもルアルと同様の食物摂取調査が実施されたので，その結果を比較する（大塚，1984b）．表7.3には4村のエネルギーとタンパク質について（成人男性1人1日あたりに換算），摂取量が示されている．4村の中，ルアルは北方の川沿いに位置しており，ウォニエは乾季にクリークの水も干上がる内陸村落，ウメは南方のビナトゥリ川（海に近づくほど塩分濃度が高くなる）に沿った村落であり，州都ダルーの対岸の海岸に面しているのがドロゴリである．4村の食物摂取パターンの差異は，自然環境などの村の立地条件の違いだけではなく，生活の変化（いわゆる近代化）も影響している．自給自足の生活から，現金収入の増加と購買力の向上によって，現金経済の方向へと生活が変化していく．ギデラランドでの近代化のセンターは州都ダルーである．ギデラの人びとは，村から焼畑作物，ココヤシの果実，サゴデンプン，動物の肉や魚介類をダルーに運び，ローカルマーケットで売って現金を得る．その収益で，食品や生活用品を州都ダルーのスーパーマーケットで購入する．スーパーマーケットで購入する食品は，米や小麦粉，魚の缶詰，食塩，砂糖，食用油などである．したがっ

表 7.2 世帯別平均食物摂取量（g）

世帯番号	1	2	3	4	5	6	平均	%
世帯人数	4.8	5.0	4.2	4.2	2.7	3.0	4.0	
サゴデンプン	2,020.80	4,072.30	3,030.00	3,328.50	2,040.80	1,200.80	2,615.50	37.1
バナナ	1,258.50	1,192.30	324.6	1,145.40	371.5	677.5	828.3	11.7
タロイモ	1,202.30	326.9	543.8	341.5	716.2	1,187.50	719.7	10.2
ヤムイモ	684.6	320	515.4	1,080.80	373.8	356.7	555.2	7.9
コンニャクイモ	153.8	449.2	266.2	215.4	306.2	271.7	277.1	3.9
サツマイモ	190	57.7	66.9	104.6	59.2	0	79.7	1.1
カボチャ	38.5	381.5	276.9	53.8	0	0	125.1	1.8
アイビカ	1.1	95.4	0	0	0	0	16.1	0.2
サトウキビ	0	0	0	338.5	0	0	56.4	0.8
スイカ	0	0	0	0	0	363.3	60.6	0.9
パパイア	576.9	410	656.2	296.2	0	150	348.2	4.9
パイナップル	210.8	123.8	50.8	309.2	67.7	235	166.2	2.4
ココナツ	25.4	177.7	126.9	0	0	55	64.2	0.9
ハスの実	11.5	330.8	392.3	481.5	76.9	383.3	279.4	4
ソテツの実	16.9	78.5	3.8	92.3	309.2	482.5	163.9	2.3
野生ヤシの茎	76.9	105.4	90	15.4	23.1	70	63.5	0.9
ガイビリ	4.6	9.2	0	0	35.4	16.7	11	0.2
ベドゥム	0	0	3.8	7.7	0	0	1.9	0
メサ	0	0	48.5	0	0	0	8.1	0.1
ウガロム	0	0	0	23.8	0	0	4	0.1
ツムギアリ（卵も含む）	6.2	0	0	0	0	0	1	0
ワラビー	289.2	186.2	116.2	57.7	61.5	348.3	176.5	2.5
バンディクート	83.1	0	0	64.6	0	16.7	27.4	0.4
シカ	0	0	0	0	15.4	141.7	26.2	0.4
ブッシュワラビー	0	0	0	0	0	50	8.3	0.1
イノシシ	0	15.4	0	0	0	0	2.6	0
鳥	4.6	4.6	0	0	0	0	1.5	0
ウラス	208.5	86.2	75.4	27.7	0	0	66.3	0.9
グラルクマ	0	7.7	80	15.4	43.1	44.2	31.7	0.4
デュアル	46.2	164.6	0	0	0	0	35.1	0.5
カメ	0	17.7	0	27.7	0	0	7.6	0.1
アバム	0	0	0	0	8.3	0	1.4	0
川ヘビ	0	0	0	26.2	0	0	4.4	0.1
ザリガニ	0	0	0	17.7	0	0	2.9	0
他の魚	18.1	22.3	0	17.7	0	33.3	15.2	0.2
小麦粉	74.6	63.1	0	26.9	15.4	420.8	100.1	1.4
米	11.5	83.1	120.8	0	130.8	100	74.4	1.1
砂糖	0.8	56.9	0	0	3.1	0	10.1	0.1
紅茶	0	0	0	0	30.8	0	5.1	0.1
食用油	8.5	0	0	0	0	0	1.4	0
サバ缶	0	0	0	0	15.4	0	2.6	0
食塩	10.8	6.9	10.8	0	0	14.2	7.1	0.1
合計	7,234.5	8,845.4	6,799.2	8,116.2	4,695.4	6,627.5	7,053.0	100.0

ウラス，グラルクマ，デュアル，アバムはナマズ科（*Tachysuridae*）の魚。
ウガロム，ベドゥム，メサは野生植物（*Gnetum gnemon*，*Abelmoschus manihot*，*Ormocarpum orientate*）の葉。
ガイビリは野生植物（*Gnetum gnemon*）の実。

表 7.3 4村落のエネルギー・タンパク質摂取量（大塚，1984）

村落	野生植物	サゴデンプン	ココヤシ	焼畑作物	購入植物	陸棲動物	水棲動物	購入動物
エネルギー（kcal）								
ルアル	227	1912	101	975	205	82	45	6
ウォニエ	2	1551	10	1591	216	179	0	0
ウメ	27	588	417	1237	537	76	95	2
ドロゴリ	2	209	194	1216	1326	27	118	130
タンパク質（g）								
ルアル	9.3	3.4	0.9	11.6	4.6	16.8	7.5	0.2
ウォニエ	0.0	2.8	0.1	22.6	6.2	36.2	0.0	0.0
ウメ	1.4	1.0	4.1	16.6	12.9	16.4	15.1	0.1
ドロゴリ	0.0	0.4	2.4	16.5	22.2	4.0	21.3	6.4

て，ダルーに帆船で簡単に行けるドロゴリ村でもっとも食生活が変容し，船外機付大型カヌーで行けるウメ村がそれに続き，内陸のウォニエ村，さらに北方に離れたルアル村では変容の程度が低い．

　植物性食物の摂取パターンを比較すると，在来の植物性食物の摂取量では，ルアルとウォニエでサゴデンプンの摂取量が多いのに対し，ウメ，ドロゴリの順で少なくなる．ウメとドロゴリでサゴデンプンの摂取量が少ないのは，これらの村落の土地では水中の塩分濃度が高く，サゴヤシの生育数が少ないためである．とくに，ドロゴリ村民は遠く離れたところまでサゴデンプンづくりに行くか，あるいはダルーのローカルマーケットで購入する．サゴデンプンの不足をおぎなうように彼らは焼畑作物を多く栽培し摂取している．また，ドロゴリ村では購入食品（とくに米と小麦粉）が占める割合が高いのも特徴である．動物性食物の摂取パターンについては，ドロゴリで購入食品（主として魚の缶詰）が多く摂取されていたことを除けば，村落の自然環境を強く反映している．

　野生の動物性食物の摂取量では，海沿いと川沿い，とくに海沿いの村人は魚・エビ・カニなどの水棲動物を多く摂取している．陸棲動物を入手する狩猟はほとんどが伝統的な弓矢を用いて行われ，村にはいくつかのショットガンがあるものの使用頻度は低い．ショットガンはライセンスで規制され，現

7.1　食生活の特徴　　179

金収入が少ないルアルなどではライセンス料の負担が大きい．ショットガンを用いると弓矢に比べ3倍近く効率が向上すると推測されるが，散弾はダルーで現金により購入しなければならないので，散弾の入手は困難である．

7.2 屋外のキッチン小屋——料理

(1) 日常の料理

　日常の料理は居住用の家の近くにつくったキシニ（キッチン小屋）（図2.1参照），高床の家の床下や屋内の炉で行われる．伝統的には，土器をつくる文化はないので，料理は直火で焼くか蒸焼きにするかのどちらかである．鍋を購入するようになって，煮る料理も日常的に行われている．塩やココナツの絞り汁で味付けすることもあるが，水煮も多い．

　もっとも多く食べられるサゴデンプンは，煮て食べることはなく，サゴの葉にサゴデンプンの粉をのせ，巻き包んで弱火で焼く．このサゴの包み焼きは，じっくりと焼いて火がとおれば，デンプンなので粘りが出て柔らかくなり，さらには少し焦げて芳ばしい味になる．ごく稀ではあるが，削りココナツを混ぜてつくることがあり，これは水分を含むため餅のような柔らかさになり，全体の色が白ではなく焦げ茶になる．ナタデココのような上品な味となる．逆に，十分に時間をかけないときは，熱くなったデンプンの粉の状態で食べることになり，のどに詰まりやすい．

　タロイモやヤムイモは灰の中で焼くことが多いが，水煮にすることもある．皮をむいて，適当な大きさに切って鍋に入れ，塩があれば入れる．バナナは，料理バナナが多く食され，イモと同様の料理法で食べる．そのまま食べるタイプのバナナもある．

　大型動物は毛を焼いた後解体し，内臓などの一部はすぐに食し，大きな肉塊は火にあぶって村に持ち帰る．村の近くでとれたときは，村に運んでから毛焼き・解体を行う．大型獣の肉は分配され，さらに再分配されることもある．3日くらいかけて少しずつ食べることが多く，肉が腐らないように，食

べた残りの肉片はていねいに焼いておく．日がたつにつれ，肉の塊はまわりが炭のように焦げた状態になる．魚は村で料理する．

　朝食はサゴデンプンの包み焼きか，ヤムイモやタロイモだけのことが多い．イノシシやワラビーの肉の残りがあれば，あぶって食べる．昼食は，その日の活動の種類によって，さまざまである．狩猟でバンディクートのような小動物や鳥がとれれば，即座に焼いて食べる．焼畑の畑で収穫したばかりのイモを焼いて食べることもある．夕食は，サゴデンプンまたは焼畑作物のイモ類に，持ち帰った肉や魚を加えて，家族団らんで食事する．なお，別の世帯の者が，料理をしているところをじっと見ていたり，食事が始まるときに同席していれば，食べたいという意思表示になり，食事がふるまわれることになる．世帯の一員のように食べ，謝辞を述べたりはしない．

(2)　蒸焼き料理（ムームー料理）

　オセアニア地域全体の伝統料理である，蒸焼き料理（ムームー料理）が行われている．鍋釜などの調理道具を使わない単純な料理法で，起源は非常に古い．蒸焼き料理の手順は以下の通りである．

　大きな火を使うので，家などの燃えやすい場所を避け，キシニの近くなどの空き地を利用する．薪を用意して積み重ね，大きな火をおこす（写真7.2（左上））．火勢が強くなったところで，薪の上にアリ塚の破片をのせる．オセアニア地域の一般例では石を使うが，オリオモ台地には石がほとんどないので，高さが1m以上にもなる巨大な白アリのアリ塚を壊して使う（写真7.2（右上））．アリ塚の破片の形や大きさはさまざまで，握りこぶし程度からその数倍の大きさのものがある．アリ塚の色は茶色だが，何度も利用するので，黒く焦げた破片も多い．

　火の勢いが落ちる頃には，アリ塚の破片は赤くなるほどに加熱されている．燃え残りの木片や炭を外にかきだした後（写真7.2（左中）），肉や魚，イモなどのさまざまな食材を葉で巻いたものをアリ塚の上にのせる（写真7.2（右中））．肉の塊は直接のせるが，小さな肉片，内臓や血は，野生ヤシの葉を折り曲げてつくった容器に入れる．その中にバナナやサゴデンプンを加え

写真7.2 (左上) 蒸焼き料理は，薪を用意して積み重ね，大きな火をおこす．(右上) 高さが1m以上にもなる巨大なアリ塚．蒸焼き料理にこのアリ塚を壊して使う．(左中) 燃え残りの木片や炭を外にかきだしている．(右中) さまざまな食材を葉で巻いたものをアリ塚の上にのせる．(左下) 肉や葉巻イモなどをならべ終えると，バナナの葉でおおい，さらに湿らせたメラレウカの樹皮をおおいかぶせる．(右下) 数時間で蒸焼き料理は完成する．

て水を混ぜる．ヤムイモやキャッサバなどのイモは，崩れないように数枚のコーディリンの葉を重ねて包み，その外周を樹皮でつくった紐で巻く．味付けには，削りココナツやパンダナスの真っ赤な実を使う．

　肉や葉巻イモなどをならべ終えると，バナナの葉でおおい，さらに湿らせ

たメラレウカの樹皮をおおいかぶせる．幾重にも重ねた樹皮の隙間から湯気が上がる（写真 7.2（左下））．その後，2 時間から数時間で蒸焼き料理は完成する．樹皮やバナナの葉を取り除き，料理済の肉や葉巻イモ（葉は熱で緑から茶色に変色）などを取り出し，分配して手づかみで食べる（写真 7.2（右下））．

コラム g　食物サンプリング

　ルアルの人びとの食事内容を調べるとき，家族全員が摂取するすべての食物の量を，調理する直前か摂取する直前にバネバカリで計量した．栄養摂取量を算出するには，この食物ごとの摂取重量のデータとともに，食物ごとの栄養素の情報が必要である．栄養素とは糖質（炭水化物），タンパク質，脂質，ビタミン，ミネラルである．日本人のデータならば，日本食品標準成分表を使って算出することができるが，ギデラの場合は使えない．ギデラの食物サンプルを日本に持ち帰り分析することになったが，現地で凍結保存することができない．それで，天日乾燥させて日本に持ち帰り，栄養成分の分析を行った．1980 年の予備調査の段階で，食物ごとの廃棄量（食べない部分）や水分量を調べた．
　スケッチ g.1 はイノシシについて部位ごとの調査をしたときのフィールドノートである．イノシシの解体を克明に記録し，部位ごとの重量を測定した．そして，サンプルとして切り出した肉塊は，重量測定の後，薄くスライスして天日乾燥させた．写真 g.1 は，食物乾燥をしている様子である．犬に食べられないように，またハエを寄せ付けないようにと，根気のいる作業である．ギデラの主要な食物については，このような調査を実施した．

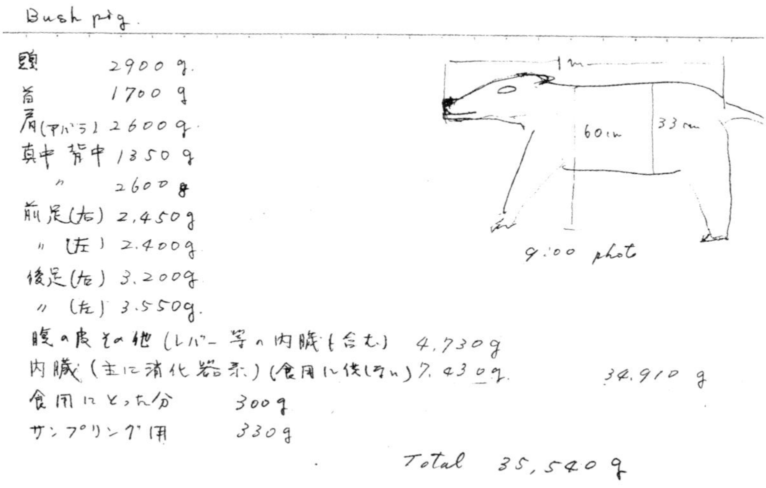

Bush pig.

頭　　　　　　2900 g.
首　　　　　　1700 g
肩(アバラ) 2600 g.
真中 背中 1350 g
　〃　　　　2600 g
前足(右) 2,450 g
　〃 (左) 2,400 g
後足(右) 3,200 g
　〃 (左) 3,550 g.
腹の皮その他(レバー等の内臓を含む) 4,730 g
内臓(主に消化器系)(食用に供しない) 7,430 g.　　　34,910 g
食用にとった分　　300 g
サンプリング用　　330 g
　　　　　　　Total　35,540 g

9:00 phot

スケッチ g.1

写真 g.1

III
これからのルアル
熱帯林と地球環境問題

第8章

ルアルの変化

出生・結婚・死亡

8.1 ギデラ再訪——5年後のルアル

　1981 年の調査から 5 年後にルアル村を訪れたときの記録「5 年後のギデラ再訪（人類動態学会会報第 54 号 1987 年 9 月 1 日）」を再掲する．熱帯林について，その自然力の強さを示すとともに，前章までの内容をまとめたものになっている．

　自然の力，その中でも熱帯森林の回復力は驚くべきものである．5 年前には，木や草を切り払って，5〜6 m 幅で整地されていた道が，未だ鬱蒼と繁った高木には覆われていないものの，曲がりくねった小道と化している．1981 年に 4 ヶ月間を過ごしたルアル村に近づいた．
　村落の位置は変っていないが，ココヤシが大きく育って雰囲気をずいぶん違ったものにしている．かつての私の家を含めて多くの家が消え，別の家に建て替わっている．ギデラの家の寿命は長くはない．大体 10 年程すれば壊れてくるので，新しい家を建て始める．この時に村落全体が別の場所に移されることも多い．ギデラの家は床を背丈よりも高くし，サゴヤシの葉で屋根を葺く．釘や蝶番を除いて，建築材料は近くの森林などで集められたものを使う．各家族で家を建てるが，互いに助け合うことも多い．ギデラは部族社会の段階にあり，大工のような職業は分化していない．

5年の間にルアルの人々にも変化があり，戸惑いを覚えた．かつて村の中で遊びまわっていた可愛い子ども達の多くが小学校に入学し，村を離れて寄宿生活を送っている．代わって私を迎えてくれた子ども達のほとんどは，この5年間に生まれた者である．これら，今の村の主役達は，もちろん初めて見る顔ではあるけれども，どことなく両親の面影を漂わせている．やがて懐かしい大人達の顔が現れた．「セボレ！」と言葉を交えながら握手をかわして行く．再会の喜びをかみしめる．そして，すでに自然の中に還ってしまった亡き人についての話へと移っていった．

　パプアニューギニアは1975年9月に独立，国土は日本の1.25倍，人口は300万人の小国である．日本からは南方に太平洋を越えて，約5,500 km離れている．ギデラが生活する熱帯低地は，森林，サバンナ，草原がモザイク状に広がり，その中を小河川が網状に流れている．動物相は豊かで，大型の陸棲動物として，ワラビーやバンディクート等の有袋類，イノシシ，シカ，ヒクイドリ（大型の走鳥），種々のヘビやトカゲが棲息している．水鳥を含めて多様な鳥類，海岸や河川にはバラマンディーや大ナマズ等の魚類，貝類，エビやザリガニ，カメ等々が棲息し，動物の宝庫である．これらの大部分が食用に供される．さらに量は少ないが，ツムギアリの卵やカミキリムシの幼虫も食べられる．ギデラは石器時代さながらの生活を営む人びとと言ってよい．ショットガンも使用されるが今なお狩猟には弓矢が多く使われている．漁撈活動，サゴヤシ栽培，焼畑耕作，採集活動等，様々な生業活動が営まれており，その一つ一つに興味はつきない．

　このようなギデラの人々と共に暮らすのは，あたかもタイムトラベルをして，超近代国家の日本から歴史を一気に遡って石器時代に入り込んだようで，わくわくする体験である．一方，パプアニューギニアの部族民においては，西洋文明と接触してから後，急速な変化を経験することになった．古代，中世，近世，近代というような歴史を経過せずに，現代と対時しているのである．ギデラの伝統的生活の研究に立脚しつつ，急激な変貌を遂げようとするギデラ個体群を継続調査する所以はここにある．

　今回の調査の主な目的は，身体的成長を継続的に調べるため子ども達全員

を再計測することと，死亡や出産，婚姻，転出入等の人口動態を調査すること，そして栄養状態の変化を明らかにするために毛髪や食物サンプルを採取することである．ギデラ個体群全体の調査を行うため 1981 年と同様に，ルアル村を含めた 13 村落のほぼ全てを訪ね歩いた．このパトロールには 2 ケ月近くを要した．僅か 1,850 人の人口ではあっても，4,000 km^2（東京都の約 2 倍）の広大な地に散っている．そして頼りとなるのは脚と腕，つまり内陸部では徒歩に頼り，河川地域ではカヌーを使うのである．自動車文明はおろか，車輪を持ったどんな乗物もこの地に侵入するのは難しいようである．その最大の原因は，12 月から 5 月の雨期の期間に降る大雨であろう．州政府の肩入れで，道路作りが行われてきたが，小河川の氾濫によって橋は流れ，道路は水で覆われる．泥に対しては，脚に匹敵できるものはない．ところで乾期になると，逆に水不足に悩まされ，特に内陸部では小河川が干上がり，飲料水は枯渇する．低地帯は雨の多さにおいても，雨の少なさにおいても厳しさを示す．

　5 年間に，13 の村落は様々に変貌していた．徒歩で 1 日かかる程離れた場所に移ってしまった村落，できてから数年経過し安定してきた村落や，逆に分裂状態にある村落，更にまとまりを失って 1 家族〜数家族に別れて住むようになってしまったものがある．ギデラ社会のダイナミックスが村落の空間的配置や構成に投影されているようだ．しかし人間の営みは自然の中ですばやく埋没して行く．放棄された村落の跡は 5 年も経てば，人間の僅かな痕跡すら見いだせない程に変貌を遂げる．最も長く村落の跡をとどめるのは，象徴的に空高く育って行くココヤシだけであろう．

　ギデラ調査の終りは，西部州の州都ダルーへ向けて，オリオモ川を下ることになる．船外機を付けた大型カヌーで静かな水面をはしるのは快適である．しかしカヌーは決して安全な乗物ではない．1982 年 1 月 1 日のカヌー転覆事故は忘れることができない．6 ケ月の調査を終えてダルーへ向かう途中，貴重なデータやサンプルを積んだカヌーが転覆したのだ．夜 8 時頃に出発して 20 分程進んだ時，川面に垂れ下がっていた太い蔓にカヌーのアウトリガー（舷外浮材）を引っかけた．アウトリガーは折れ，バランスがとれなくな

写真 8.1 （上）5年後のルアルの村の様子．家はかなり古くなり，倒壊のおそれが出てきている．ココヤシが増えて成長した．（中）5年後の再会の記録を残すため，村の多くの女たちと記念写真を撮る（筆者も含む）．（下）村の男たちや犬の記念写真（筆者も含む）．

って，全員水中に投げ出された．裏返ったカヌーにしがみつきながら，カヌーの底を叩いて助けを求めた．カヌーの胴部はくり抜いて空洞になっているため良く共鳴する．不安を搔き立てる大きな音が，オリオモ川に響きわたった．ようやく助け上げられても積荷を失った絶望感は増すばかり．だが，やがて捜索の甲斐あって，ノートやサンプルは全部回収された．好運にも，転覆したカヌーはすっかり裏返しにはならなかったらしく，それらはカヌーの空洞の中に残っていたのだった．

今回はその転覆場所を無事通過した．ギデラの低地調査を終え，これから高地の調査に向かう．再びギデラを訪れることを約束して，別れを告げた．「ヤオ！」．

5年後にルアル村を再訪したときの様子を写真8.1に示す．

8.2 ルアル村の分裂

1981年にルアルを去り，1986年の再訪を経て，1997年までの16年半について，もっとも大きな事件はルアル村の分裂である．1986年の再訪時にはビカムの地に村はあり，村人はビカムの家に住んではいたが，新村の準備は始まっていた．ディオルの場所に世帯1と世帯2は新しい家を建て始めていた．また，アウティの地にも家を建て始める者がいて，新村への移行は統一されることなく進んだ．やがて村人の大半がアウティに住み始め，1987年には，ほぼ移動が完了したらしい．ところが，アウティは低湿地帯に位置するため，多くの問題が発生し，とくにゴムの木の生育には適さないことがわかった．そこで，ノタイに再移動することになった．

1997年7月に，ビカムで撮った写真が写真8.2で，廃村となった村の様子を表している．ココヤシが大きく育って，目立つように変化した．右端の家は，屋根は残っているものの，壁面はかなり壊れている．次のやや遠くにある家は，すでに屋根も壁面も壊れてなくなり，土台の柱だけが残っている．やがて，ビカムの地はココヤシの採集地となり，さらに熱帯森林へと遷移し

写真 8.2 1997年7月に，ビカムで撮った写真．廃村となった村の様子を表している．ココヤシが大きく育ち，壁面がかなり壊れたり，屋根も壁面も壊れてなくなり，土台の柱だけの家もある．

ていくことだろう．

1997年におけるノタイの状況は，多くの家が建築途中の状態で生活していた．家の建築が完了していたのは，3軒だけであった．そして，半分程度完成していたのが4軒，半分以下が2軒，屋根のない状態が1軒であった．世帯3はアウティに移動した後，ディオルで生活していた．世帯22は，1997年時点ではビカムにとどまり，やがて夫婦の出身村落である隣村のカパルに戻った．

8.3 16年半の変化

この16年半の間の村人の変化をIDNO順にまとめ，表8.1に示した．ルアル住民の多くは生年月日が不明だが，出生順位を調査したので表8.1に加えた．年齢階梯と併用すればおおまかな年齢を推測することができる．死亡者数は14であり，そのうち高齢で老衰などのため死亡したのが7人であっ

た．この死亡者は出生順位が110人中14までの高齢者であった．事故による死亡は11201（出生順位41）で，首都のポートモレスビーに滞在中，サッカーをしていて大けがをし，病院で治療したが回復せず死亡した．11201は既婚者で，妻（11202）は夫の死後，男児を出産し，その後再婚していない．

　10601の死は唐突なもので，何らかの原因で顔面から出血し，死亡していた．後述するように呪術によるものと思われている．また，11402は漁撈活動中，てんかん発作により溺死した．夫と死別した10602と妻を失った11401は再婚した．ギデラ社会の原則では，子どもを出産できる年齢の女性は結婚して子どもを産むべきであるとされている．10602はこの原則に適合するのに対して，11202は死別後に結婚していない．このように，夫との死別後の対応は分かれ，個人差があった．

　出産に関連した死亡は，10605のケースで，結婚して男児を出産し，その直後に死亡した．若年での出産は，流産や死産を伴うことが多いが，稀に母体の死につながることもある．

　11551は重度の知的障害者で，首に腫瘍ができて死亡したということである．出生順位によると11551は110人中16なので，死亡時の年齢はかなり高かったと考えられる．なお，10103は小児麻痺による重度の身体障害者で，歩行困難であり介護が必要だが，母10102は1989年に死亡し，父10101も1993年に死亡した．娘の10202は結婚して，両親（10101と10102）の家の近くに住み続けながら，兄の10103の介護を手伝い，両親の死後も介護を継続している．10103は小さな家に単身で生活し，食事などは自力で行えるが，棒を使ってかろうじて歩行できる程度なので，介護の負担は小さくない．10103の出生順位は44（付表参照）なので，若年者ではなく比較的年齢は高い．ルアルの聾唖者は3人で，そのうちの2人は同じ家族であり，遺伝的要因によるものと推測される．片目を失明している者は2名であった．ルアルにおける障害者はとくに短命ということはないと推測され，ルアルは障害者などの弱者に優しいコミュニティと考えてよい．

　ルアルの村から出た転出者は，合計19人であった．家族単位で，キアンガの町，隣村のカパル，他言語族の村タピラやバラムラへと転出した．その

表 8.1　ルアル 1981-1997 年の変化

IDNO	世帯	名前	父	母	性別	出生順	年齢階梯 (1981)	出来事	年	月	日
10101	1	AREA	WASIM	ABERE	男	13	NR	死亡：体力衰弱・呼吸困難	93	9	14
10102	1	AUSA	PIDOR	RUNYAM	女	10	KJ	死亡：高熱・魔術	89		
10104	1	DODORO	AREA	AUSA	女	55	NB	結婚：ギデラ外の男性と	93		
10106	1	ABERE	AREA	AUSA	女	66	NB	結婚・転出：ギデラ外の男性と			
10107	1	RAKA	AREA	AUSA	女	73	NB	結婚・転出：ギデラ外の男性と、女児出産	94		
10204	2	MERIATO	ALOKA	ANANI	女	85	SN	結婚：10504	97	1	10
10307	3	WANATO	NABEA	SAGERU	女	79	SN	未婚の母			
10312	3	GUYAM	NABEA	SAGERU	男	100	SB	高校進学・転出	97		
10404	4	PUKAMA	MIDI	SIRIBI	男	82	SB	結婚：10605・死別	93	5	
10407	3	SONEA	NABEA	SAGERU	男	64	KB	結婚：11805	86		
10503	5	BOBE	DAMI	AWE	女	72	NB	結婚：10804、3 人出産	88		
10504	5	ENES	DAMI	AWE	男	83	SB	結婚：10204	97	1	10
10601	6	KODI	APAI	BOBE	男	22	RJ	死亡：顔面出血・呪術	86	12	
10602	6	MAGENA	NABEA	BARAG	女	39	KJ	夫と死別後再婚：11401			
10605	6	PURA	KODI	MAGENA	女	101	SN	結婚：10404・男児出産・死亡	94	4	
10701	7	WASARI	SAMANI	DABON	男	17	RJ	転出：タビラ	82		
10702	7	KAMARA	SANAGA	WATIA	女	51	KJ	転出：タビラ			
10703	7	DABON	WASARI	KAMARA	女	104	SN	転出：タビラ			
10704	7	PALIO	WASARI	KAMARA	女	109	SN	転出：タビラ			
10801	8	TARUJA	SOWASOWA	BUBIAKISA	男	5	RJ	死亡：急死・呪術	84		
10803	8	WADAK	GAMANIA	KOSEL	女	3	NK	死亡：老衰	96		
10804	8	WARAWIA	TARUA	WAIKO	男	63	KB	結婚：10503	88		
11001	10	SANAGA	WANES	PASI	男	14	NR	死亡：老衰	87		
11201	12	GAIDERE	TUPIA	GORODI	男	41	RJ	死亡：サッカー中の足のけが	83		
11202	12	GERI	AMANI	POGO	女	50	KJ	死別：11201	83		
11203	12	GORODI	TOBEA	RINYAM-2	女	3	NK	死亡：老衰	95		
11204	12	AMANI	GAIDERE	GERI	男	93	SB	転出：キアンガ	90		

194　第 8 章　ルアルの変化

11205	12	IGUBU	GAIDERE	GERI	男	94 SB	転出：キアンガ	89	
11206	12	SIA	AMANI	POGO	女	70 NB	転出：キアンガ・結婚・2人出産		
11401	14	KERO	APAI	SAMORI	男	41 RJ	妻と死別後再婚：10602		
11402	14	WAUBI	AWASI	MARO	女	53 KJ	死亡：漁撈活動中てんかん発作により溺死	97	9
11403	14	SAMORE	WANES	PASI	女	2 NK	死亡：老衰	85	
11404	14	EDAMA	AMANI	POGO	女	60 NB	結婚：ルアル出身の男性・5人出産		
11501	14	MAREGA	KINJU	SIA	男	7 RJ	離婚・転出：デウラ		
11502	15	WODE	SEBI	WADAK	女	34 KJ	離婚		
11503	3	GERKAI	NABEA	SAGERU	男	67 YB	結婚：11705		
11504	15	NOR	BUAGO	ANAI	男	86 YB	結婚：カバルの女性		
11551	15	PASAK	RINBA	WADAK	女	16 ON	死亡：首に腫瘍・知的障害者	84	
11606	16	MURA	SADUWA	KEPI	女	57 NB	結婚・離婚・転出：ギテラ外の男性		
11606	16	REBO	SADUWA	KEPI	男	77 YB	結婚・転出：ギテラ外の男性・1人出産		
11705	17	ROSA	EVERADUS	PADI	女	107 SN	結婚：11503	96	
11706	21	BOGERA	SAI	GERES	男	92 SB	転出：バラムラ		
11805	18	ANISA	WOWOGO	MERI	女	75 NB	結婚：10407・5人出産		
11901	19	PIGARA	PUNDU	PUR	男	1 NR	死亡：老衰	94	
11902	19	SOI	KASYU	DARUSE	女	10 NK	死亡：高熱・呪術	84	
11903	21	GERES	WOGU	SINAP	女	52 KJ	転出：バラムラ		
11905	5	NAGUI	PIGARA	SOI	女	56 NB	結婚・離婚・転出：ギテラ外の男性	90	
11906	19	IBUNA	PIGARA	SOI	女	71 NB	結婚・転出：ルアル出身の男性		
11907	19	RITO	PIGARA	SOI	女	90 SN	未婚の母		
11909	21	SINAP	SAI	GERES	女	102 SN	転出：バラムラ		
12001	20	GAMANIA	KINJU	SIA	男	6 RJ	死亡：老衰	96	9 13
12004	20	APAI	KERO	WAUBI	男	84 SB	結婚：ルアル出身の女性		
12005	20	SAINA	SANAGA	WATIA	女	69 NB	結婚：ルアル出身の男性		
12150	21	DAWAGE	SAID	MAIBU	女	65 NB	結婚：ルアル出身の男性		
12501	25	SEBI	IOGAI	EDAMA	男	30 RJ	結婚：ルアルの母		
12502	25	AMONA	IEBARK	TAPURI	女	49 KJ	転出：カバル		
12503	25	JEPRI	SEBI	AMONA	男	81 SB	転出：カバル		
12504	25	TAPRI	SEBI	AMONA	女	91 SN	転出：カバル		

8.3 16年半の変化　　195

コラム h　婚姻規制と結婚

　クランは2つのグループに分かれ，半族の関係にある．ギデラの婚姻はクラン外婚制にしたがっており，半族の重要な機能は結婚に関する規制である．婚姻は異なる半族の男女間でしか認められず，同一の半族のクランに属する者同士の婚姻は禁じられている．姉妹交換婚が婚姻の基本であり，2組の夫婦が同時に成立するのが理想とされる．つまり，あるクランの男性と別の半族に属するあるクランの男性が，互いの妹（あるいは姉）と結婚するのである．通婚圏は所属する村を中心とした近隣の数村落の範囲に限られ，村内婚の割合が高い．

　ルアルにおいて，1982-1999年の結婚をまとめたのが表h.1である．結婚の多くは，村内出身者同士で行われており，ほぼ村内婚である．すべての婚姻は異なる半族の男女間で行われていたので，半族の原則は守られていると判断してよい．しかし，婚姻規制の理想型である姉妹交換婚は，実際には1例もなかった．2組の夫婦が同時に成立する交換婚は1例認められたが，一方だけがキョウダイであり，姉妹交換婚としては不完全である．男に結婚適齢期の妹（または姉）のいない場合には，同じ系統のクランの男から女を借り，その女を交換に出すことになる．

　姉妹交換できない場合は，自分のクランの別の女性によって交換することが原則である．自分のクランに，交換に適した女性がいないときには，同一の半

表 h.1　婚姻リスト

結婚番号	結婚年	夫ID	夫名前	夫の父	夫クラン
1	1986	10407	SONEA	10301	グヤム
2	1988	10804	WARAWIA	10801	ルニアム
3	1989	(11105)	DOKEAM	YAMBA	ダムラム
4	1990	10404	PUKAMA	10401	ボゲアム
5	1993	10404	PUKAMA	10401	ボゲアム
6	1993	12004	APAI	11401	ドレム
7	1995	10504	ENES	10501	ドレム
8	1996	11606	REBO	11601	ダラム
9	1997	11503	GERKAI	10301	グヤム
10	1998	10604	DUARU	10601	ドレム
11	1999	11605	YAGESYU	11601	ダラム
12	1999	(13601)	SEBI	10901	ボゲアム
13	1999	(13701)	RONI	10901	ボゲアム

族のクランから女性を借りて交換することになる．実際の結婚では，当然本人たちの意思があるので，婚姻規制の原則にはなかなか当てはまらない．さまざまに貸し借りを組み合わせて，婚姻規制に外れないように解釈をすることになる．すぐに解決策がない場合は，結婚後に女子が生まれたら返済するという約束の場合もあり，きわめて長期にわたって解決できないことがある．

　婚姻は同一言語内で行われるが，ルアルのように他言語集団の村落と接している場合は，部族を越えた婚姻が行われるのは珍しいことではない．この場合，クランや半族の関係は曖昧となり，ときには問題がこじれて，結婚を妨げることがある．その実例は，10301（IDNOについては巻末の別表を参照）の妻10302はサングアンソの出身で，結婚後に長女が生まれたら，10302の兄に返す約束をした．やがて，長女として10303が生まれて適齢期となった．10302の兄は他の女性と結婚したが，第2夫人として10303との結婚をせまり続け，10303は拒んでいるので，膠着状態となった．10303は他の男性とも結婚できず，未婚の状態が続いている．10302の兄の息子が適齢期になれば，10303と結婚するというような解決策が出てくる可能性はある．

　未婚の男性の例は11301で親族がなく，ゴクサムというクランの者はルアルでは彼だけである．人格の問題の可能性も考えられるが，婚姻規制やクランの影響が大きいと推測される．11301の年齢階梯は，未婚のためケワルのままにとどまり，成人男性のルガジョグには入らない．

　ルアルにおける一夫多妻婚は2例あり，いずれも激しい夫婦げんかなどのトラブルが絶えない．集団猟などの重要な活動への参加にも支障が出ていた．

(1982-1999年)

妻ID	妻名前	妻の父	妻クラン	婚姻規制
11805	ANISA	11801	ボゲアム	半族
10503	BOBE	10501	ドレム	半族
11906	IBUNA	11901	グヤム	半族
10704	PALIO	10701	グレム	半族
10605	PURA	10601	ドレム	半族
(10408)	UJARAB	10401	ボゲアム	半族
10204	MERIATO	10201	ブル	他言語族
KIWAI	RUDI	MAPA	他言語族	他言語族
11705	ROSA	11701	コクイ	半族
10405	WANA	10401	ボゲアム	半族
(12202)	SAPARE	SOBI	ボル	交換婚
11608	SIKO	11601	ダラム	交換婚
(21708)	JENI	NAWARO	グレム	半族

（　）のIDNOは1981年以降に追加したもの．付表にはない番号．

表 8.2 出生数（1981-1997 年）

	1982	1983	1984	1985	1986	1987	1988	1989	1990	1991	1992
男子			2			1	2	1	1	3	2
女子	1			1		1		2	4		2
合計	1	0	2	1	0	2	2	3	5	3	4

	1993	1994	1995	1996	1997	合計	平均
男子	2	2	7	1		24	1.5
女子	1	1	3		2	18	1.1
合計	3	3	10	1	2	42	2.6

他には結婚のために村を移ったり，高校進学のために村を離れた者がいる．逆に転入は，首都のポートモレスビーやダルーに転出していた家族が戻ってきたものが多い．

　出生数は表8.2にまとめた．16年半の間に42人の子どもが生まれた．そのうち男子が24人，女子が18人で，男子の方が多かった．年による変動は大きく，まったく出生のない年が2年あったのに対して，1995年には10人が出生した．平均すると，毎年2.6人が出生したことになる．

8.4　死と呪術

　10102は1989年2月14日に死亡した．2月10日にタピラ（他言語族の村）から戻ってきて，翌日は焼畑に出かけた．12日に食欲がなくなり，13日は何も食べなかった．焼畑からディオルに戻ったが，14日に死亡した．この死の衝撃は大きく，村人の合議によって，ビカムとディオルを結ぶ道路は通行禁止とされた．必ずしも，村人全員が賛成したわけではないが，この道路閉鎖措置は遵守された．10102の住んでいた家は使用をやめて，家族は新たな家を建て始めた．

　死に至る経緯から，特定の病気が原因とは判断しにくく，呪術によって死にいたったという者がいる．呪術に関連した情報は得るのが難しく，信頼性

の高い情報を多く集めるのは困難であり，これは特定の情報提供者のものである．10202の息子の10105によれば，呪術をかけて殺害したのは10901であると考えている．10901は他言語族の村テワラの出身であり，その父とともに，ルアルの人びとに呪術をかけてきた．ルアルにおける不審な死は，すべてこの2人の呪術によるものだと10105は解釈している．

10901が10202に呪術をかけた原因は，10901の息子がハイスクールに進学できなかったのは，10202が邪魔をしたからであると考えていることにある，としている．その報復として，呪術により殺害したというものである．

呪術を使う者は，10901の他に，隣村のカパルに1名とバラムラに1名がいる．呪術は，ギデラ語でミンジと呼ぶ．ミンジの代表はウロムと呼ばれる呪術で，特別な香りのする葉が使われる．そして，カソワリ，ワラビー，イノシシ，シカなどの動物の骨が使用される．7-8 cmの長さの骨を葉の上に置き，こすりながら呪術をかけ，殺害対象者の名を呼ぶ．やがて骨は葉の上から消え，殺害対象者の体につきささり，徐々に深く体内に入り，死に至らしめる．なお，呪術者に呪術を依頼する場合は，金銭が支払われるらしい．

ミンジの1つであるメディは，ウコクという木の幹を特別な液体に混ぜて飲ませるものである．ウオブ呪術では，ブトポアの木を使ってワニの模型をつくり，これを川の中に入れておく．殺害対象者をその近くに誘いこむと，本物のワニが現れてかみ殺すというものである．マワムは，カンジュと呼ぶ黒い鳥を使う呪術である．殺害対象の名前をこの鳥に告げるだけでよいらしい．カンジュは手に斧を持っているということである．

8.5 別れとその後

ルアルを去るときは，村人全員が見送ってくれる．道沿いに列をなして並び，順に握手をしたり，花を髪の毛や帽子に付けてくれる．ヤオと声を掛け合いながら，別れていく．思わず悲しみがこみ上げてくる．写真8.3はこの様子を撮影したものである．姿が見えなくなるまで，ヤオの声が続く．別れはまだ終わらず，村人の中には，しばらく一緒に歩いた後に別れる者もいる．

写真 8.3 ルアを去るとき，村人全員が見送ってくれる様子．

　ルアルの人びとは，この長い別れ方だけではなく，思い出も長く保っている．再訪したときのこと，隣村カパルとルアルの間で休息した場所で，木の幹にギリで削った印があった．これは筆者がかつて道路の調査をしていたとき，ここで立ち止まって距離を記録した場所の印だという．そして距離を測るとき，筆者がカウンターで歩数を数えていたこと，さらにカチャカチャとカウンターの音まで説明してくれた．この思い出を語るのは，当時一緒に調査した者たちではなく，次の世代の子どもたちであった．つまりは，筆者と関わる出来事が，あたかも神話のように語り継がれてきたのである．過去の出来事を具体的に明瞭に表現するのは，獲物がとれたときの様子を語るときの彼らに共通するものである．文字のない世界では，出来事が語り継がれながら，神話になっていくのだろう．

　さらに，長く保たれていることに驚かされたのは，筆者に食べるように持ってきた，ソテツの実を入れた容器である．それは，筆者が1981年にルアルを去るとき，ほとんどの持ち物を村人に分配したが，その中の1つのコッヘルを使い続けていたのである．それを持ってきた母子は，筆者からもらったコッヘルであることを説明したが，語っているのは，もらった本人ではな

く，その娘と子どもであった．別の家族は，元は洋食器のナイフをヤスリで削りながら使い続けて，すっかり小さくなったものを見せてくれた．

　ルアルの人びとは，生活に必要なものの大部分は，豊かな自然から得ることができる．自然から得られないわずかなものは，大切に使い続けている．世代を超えて，自然とともに生き続けるためのライフスタイルは，ここにあった．

コラム i　呪術

　ルアルの人びとは，呪術（黒呪術）によって，人は死ぬと信じているようである．事故や病気が原因で死亡したとしても，その事故や病気が起こった理由は，邪術をかけられたためと信じているように推測される．呪術はギデラ語でミンジと呼び，特定の者が呪術を使う能力を持っている．

　けがや病気に関する筆者の経験では，日常的に忌避されるものはとくになかった．夕方，筆者が村に戻ると，けがや化膿，歯痛，頭痛，咳，腹痛，腰痛，下痢，便秘などのため，薬をもらいに村人がくる．日本から持ってきた，赤チン，正露丸，風邪薬，サロンパス，胃腸薬などはよく効くというので，重宝された．しかし，薬で簡単に改善しないとき，とくに精神的な問題が原因のときは，呪術を使って治療することがあった．

　呪術に関連した秘儀について，わずかながら情報を得た．ヌブヌブと呼ぶ秘密の楽器で，女性にはけっして見せないものである．ヌブヌブはルアルだけで使われる特殊なものではなく，カパルやポダレ，そして他言語族のウピアラ，テワラ，タピラの村の男たちも持っている．

　ヌブヌブは，死者を悼むときに使用する．呪術による殺害とは逆の白呪術の役割を果たすと推測できる．

　ヌブヌブはロボクというブラックパームを材料にしてつくる．このロボクは，矢じりのヌムセピをつくる材料でもある．写真 i.1 は，ヌブヌブとリンジュを示している．3 m ほどの長さの竹に，リンジュと呼ぶひもをつないで，ヌブヌ

ブに結び付け，振り回して音を出す．写真 i.2 は，ヌブヌブを回転させて音を出しているところである．日常生活にはない，独特の音を発する．ワーグ，ワーグ，ワーグと，30 秒ほどならすと，最後はウーンという音で終わる．ヌブヌブを回転させるにはかなりの力が必要で，鳴らし終えた男は，かなりの汗をかいていた．

写真 i.1

写真 i.2

第9章

ルアル開発と環境
地球環境問題から考える

9.1　熱帯林の重要性

　地球環境問題はきわめて重要であり，解決すべき最優先課題として，世界中の人びとが取り組んでいる．しかし，解決への道は遠く，解決不可能と判断せざるを得ない問題も存在する．科学技術的な進歩がどれほど進もうとも，人口増加と貧困に由来する問題はきわめて解決困難な課題である．熱帯林の減少はこのような解決の難しい地球環境問題の1つであり，数十年後には熱帯林は消滅すると予測されている．

　熱帯林の減少（消滅）が，地球環境問題の重要課題としてとくに注目され，関心が高まっている理由は，熱帯林というバイオームが持つ3つの特徴に関連している．第1の特徴は，熱帯林のバイオマスが大きいことで，表面積は地球全体の11％にすぎないが，バイオマスはおよそ半分の46％に達している．大気中の二酸化炭素は光合成によって植物に吸収され，動植物体の有機物として，膨大な量の熱帯林を形成する．私たちが大量に使用する化石燃料から放出された二酸化炭素は，熱帯林によって吸収され，温室効果ガスである二酸化炭素の濃度上昇を緩和している．第2の特徴は，熱帯林には多様な生物が生息していることで，種数は全生物種の90％に達する．熱帯林の減少は野生生物種の減少につながり，生物の多様性が失われてしまう．生物多様性（biodiversity）を保つべき理由は，多様な野生生物種が遺伝子資源と

して重要なためである．作物の品種改良や新しい医薬品開発にはDNAの多様性を確保することが不可欠である．また，多様な生物種で成り立っている熱帯林は複雑な生態系であり，データの不足している複雑な生態系の保存自体が価値を持つと考えられる．第3の特徴は，熱帯林の減少の速度が速いことである．商業伐採に加えて，住民の過耕作や過放牧のため，1年間に日本の国土の半分の面積が消失している．

（1） 熱帯林の減少

　熱帯林の減少の根底にある問題は，焼畑農耕も含めた農業用地の過剰な拡大，増加する家畜のための過剰放牧や牧草地の拡大，薪や炭を得るための樹木の過剰伐採である．これらの問題の根底には，地域住民の人口増加と生存，生活の向上のための開発がある．先進国の消費者のための大規模商業伐採に対する規制は可能であるとしても，途上国の住民が生活のために熱帯林を伐採して開発するのをとどめることは非常に難しい．

　近い将来，熱帯林は消滅すると予測され，熱帯林の中で自然と調和を保ちながら生きる人の数も減少している．ただし，いまなお豊かな自然に恵まれて，伝統的生活を続けている人びとが，世界のあちこちに点在していることも事実である．そのような希少な存在の1つが，本書でとりあげたルアル村を含むギデラである．

（2） 熱帯林利用の暮らし

　熱帯林の重要性は理解されてきたにもかかわらず，複雑な生態系の熱帯林とともに生きている人びとの存在については，意識されることはほとんどない．森林についてだけが問題にされ，熱帯林の住人について語られることはほとんどない．熱帯林そのものが複雑な生態系として保存する価値を持つことが理解されるなら，その熱帯林における生活の厳しさとすばらしさを知ることの意義も明らかであろう．

　また，地球環境は変動するものであり，そのような環境変化の中で自然に強く依存して生活する人びとがどのように危機を乗り越えたかを知ることは

重要である．エルニーニョが発生すると，世界各地に高温，低温，多雨，少雨などが多発する．1997-1998 年にかけて発生した 20 世紀最大規模のエルニーニョでは，海水温が平年に比べて最大で 5℃ 上昇し，異常な乾燥の影響もあって，インドネシアで大規模な森林火災が発生した．このエルニーニョ現象のとき，ギデラランドでは少雨となり，雨季の降水量が少なく，乾季が早く始まった．焼畑耕作は大被害を受け，イモ類の収穫は激減した．ところが，ルアル村での狩猟はむしろ活発に行われ，獲得した獲物の肉は多かった．湿地帯や川辺のサゴヤシ，そしてブアやヤップの野生動植物には影響が少なく，援助物資に頼らずに，このエルニーニョの危機を乗り越えることができた．まさに，モザイク状の複雑な生態系の中で，狩猟・採集・耕作（半栽培）を柔軟に組み合わせる生活が危機に対して非常に頑健であることを示した．

9.2 ルアルにおける自然利用

　パプアニューギニアの東経 143 度，南緯 9 度に位置するオリオモ台地には熱帯モンスーン林や疎林などの豊かな自然が残っている．さらに草原や蛇行する川，網目状に入りくんだクリークによって複雑な地形をつくり，きわめて豊かな動物相を保っている．そこは「森の民」と呼ばれるギデラの世界であり，森林や草原では伝統的な弓矢猟が行われている．男子は幼少から弓矢で遊び，身近な小動物をとりはじめ，やがては立派なハンターとして成長し，十分な動物の肉を得るようになる．また，多様な自然資源が利用され，サゴヤシの半栽培や焼畑農耕，また河川ではカヌーが使われ，漁撈活動も行われている．

　筆者のギデラの調査は，1980 年からはじまり，断続的に数回行っており，およそ 30 年が経過した．この 30 年の間にはさまざまな変化も生じてきた．村落間の移動は歩くしかなかった状況から，小型トラックが使われるようになった．ルアルの隣村のカパルには新たな小学校がつくられ，それに伴ってセスナ機用の空港ができた．州都ダルーへの交通では，この新たな空路によ

る大きな転換だけではなく，従来どおり森林の中を抜ける道路整備が繰り返され，インフラ整備が続けられている．乾季の間には，州政府が年ごとに工事区間を変えながら，橋や道路の整備を繰り返しており，その労賃は村人の重要な収入源となり，ダルーでの購入に結び付く．このような変化は，生活の面から見れば，米，小麦粉，缶詰などの入手が容易になり，購入食品の消費の増加をもたらした．とはいえ，住民の生活のための開発がどんどんと進んだわけではない．オリオモ台地は熱帯低湿地帯であり，雨季には雨が降り続き，増水時にはクリークから水があふれだす．あふれだした大量の水は道路整備の努力を砕き，整備された橋や道路は数年も経ずに損壊する．圧倒的な自然の力の中では，住民生活向上のための開発は容易ではない．

　しかし，開発が進まないことは，別の角度から見れば，環境が変わらず維持されることを意味する．開発と環境の両立を目指す，持続可能な開発 (sustainable development) は，途上国の貧困対策をすすめながら，住民生活の基盤となる環境を維持するためには，必要であろう．しかし安易な開発が環境破壊を引き起こすことに十分留意する必要があることを強調しておかねばならない．一時的な貧困対策として森林伐採が始まれば，熱帯林の消滅につながる危険性は非常に高い．温帯林は，伐採と植林を繰り返すことで永続的な商業利用が可能であるのに対して，熱帯林は多様な生物種によって維持されるので，単一（または少数）の樹種による植林は適さない．鬱蒼とした熱帯林はバイオマスの大きさを示すが，この豊かさは地上部分に限られ，土壌は貧困であるため，伐採によって土壌流出が起こり，不毛の土地に変貌する．大規模な林業開発や農業開発でなくとも，十分な休耕期間なしに焼畑利用が繰り返されたり，人口増のために薪や炭の利用が増えても熱帯林の減少は進む．

　貧困については，先進国の視点によるステレオタイプのとらえ方は見直す必要がある．確かにルアルの人たちの家財は，第2章で示したように，きわめて少ないことが明らかになった．物質文化からすれば非常に貧しいと見なさざるを得ないだろう．衣食住について見ると，まず衣類は，各自が数枚持っているだけで，しかも日常に見る彼らの衣類は破れが目立ち，裸足である．

住については，手づくりであり，屋根，壁，高床はそろっているものの，冷暖房は言うに及ばず電気水道がない．食は，煮たり焼いたりの料理は可能だが，調味料はほとんどなく，塩のない家庭も少なくなかった．

ところが，彼らは豊かな自然を持っている，という視点に立てば貧困とは対極にあることがわかる．家を建てるための木材は森の中にあり，斧と蛮刀（ギリ）は購入する必要があるが，他の家づくりの材料は村周辺の自然の中から調達すればよい．食料は，多様な環境に応じて，焼畑やサゴヤシの半栽培で食料生産を行うが，狩猟採集からも多くものを得る．弓矢猟によって肉を，漁撈によって魚を，採集によって木の実やハスの実などを手に入れることができる．メニューは多く，環境条件によって日々変化しながらも，その日にどの食料を選ぶかという選択肢は多い．食物獲得のための労働時間は短く，豊富な自由時間を持っている．現金収入が少なく購買力は低いが，どうしても購入しなければならないものもほとんどない．必要なものは自然の中にある．

ただし，それを利用するには，生まれ育ちながら周辺の環境をよく知り，狩猟や漁撈の技術を発達させ，自分で食料を獲得する経験を積み重ねる必要はある．なお，高温多湿の気候では，身にまとうものはわずかしか必要でなく，湿地での活動では裾のない衣類がよい．水中や泥中を歩くには，靴はむしろ邪魔になる．筆者は湿地での歩行対策として地下足袋を持参し，それなりの効果を得たが，現地の人たちの大きくて足裏の硬い足にはとうていかなわなかった．とくに雨で滑りやすくなった丸木橋を渡るときは，裸足にならざるを得ず，自分のひ弱な足底を鍛える必要を痛切に感じた．移動の多い生活では，物がない方が快適である．必要な知恵は頭の中に入れて持ち歩き，手を自由にして，必要になれば自然の恵みをすぐにいただく．

ギデラランドに動物が数多く生息する条件として，気候や地形などの自然環境が重要な基盤となっているが，ギデラ住民の人口が安定していることも大きな条件である．狩猟生活を維持するには広大な土地が必要であり，言い換えれば，人口密度が高くないことが豊かな動物相を保つ重要な要因である．ただし，人口密度の低さは，熱帯低湿地帯の環境条件の厳しさを表しており，

マラリア汚染地域のため感染者が多く，高い死亡率が人口を安定させている．地域住民は，交通や医療を改善し，インフラを整備して，生活を向上させることを望んでいるが，実現は難しい．人口は安定しているのである．もしも人口増加が起これば，過剰な焼畑利用や森林伐採を引き起こし，動物の個体数を減少させるだろう．ギデラの伝統文化もまた急激な開発の進行を抑制している．土地がクラン所有であることは，大規模な林業開発や農業開発の大きな障害となり，それが森林破壊を止める要因となる．この地域には土地台帳などはなく，クラン所有のため，領有権や土地区画があいまいな状態になっている．開発計画が立てられても，土地の権利を巡って対立が絶えない．部族間の戦争やクラン間の戦争に発展することはないが，開発事業は進展しない．クランシステムや婚姻システムなどのギデラ文化の根幹に大きな変化は認められない．

（1） 狩猟技術の発達の変化

「森の民」の生活が保たれている要因としては，豊かな動物相という環境条件が満たされるだけではなく，狩猟生活の根幹をなす弓矢猟の伝統が受け継がれていることも重要である．動物が豊富であるからといって，獲物をとるのが簡単なわけではない．高い狩猟技術が必要である．

ルアルの人びとは乾季になると頻繁に集団猟を行う．枯れ草を燃やして，ワラビーなどの獲物を追い出し，犬を使って吠え声で慌てさせ，犬が獲物を追い立て，弓矢で射る．弓矢で獲物がどんどんとれるかというと，実際には，待ちかまえる射手から放たれる矢は，火から慌てて逃げてくる獲物を外れる．弓矢猟は，走って移動する的を射るのに適さない．ときには，じっと立って写真を写している筆者の2-3 mの近くにまで近寄り，こちらに気づいて転びながら方向転換するほどの慌てようだが，矢が命中することはほとんどなく，射手の間を逃げ去る．獲物の肉を求める側からすると，ごちそうの肉が手に入るという期待は裏切られ続けるが，豊かな動物相を維持するという点からすれば，元気な獲物は逃げ延びて子孫を残すのが好ましい．逃げ去る動物が多いとはいえ，集団猟で得られる獲物は十分な量である．1日集団猟を

繰り返すと，全体では数匹の獲物を獲得することができ，得られる肉は参加者全員に分配される．狩猟が成功する典型例は，犬が獲物を取り囲み，周囲から噛みついて弱ったところに矢を放つ場合である．別の例は逃げ続けてきた獲物の足音に気付き，草むらで潜んでいるところを至近距離まで接近して射止める．弓矢の狩猟技術とは，強い弓を自在に操り，遠くを走る獲物を正確に射ること以上に，動物の行動を注意深く観察し，至近距離まで近づき，確実に命中させることが重要である．

　生活の変化や学校教育の普及によって，弓矢猟の技術が崩れるのではないかと危惧される状況において，子どもの狩猟技術の実態を明らかにすることは重要な研究課題であると判断した．伝統的弓矢猟が引き継がれていくためには，狩猟技術が成長とともに十分に発達することが重要である．ギデラの子どもの狩猟技術の発達について，1981年にルアル村の男の子たちに，狩猟でとった経験のある獲物狩猟技術の発達を思い出し法によって調査した（第4章）．獲物に逃げられる経験を重ねるうち，幸運に恵まれて矢が命中し獲物がとれることがある．このときの感動は確実に記憶されていると判断し，過去の出来事ではあるが，信頼できる情報が得られると考えられる．弓矢猟の技術の衰退を検討するため，16年後に再度同一の調査を行って変化を調べた．

　子どもの狩猟技術の発達のおおまかな流れは，以下のようになる．①村の中をしっかり歩ける程度に成長すると，おもちゃ代わりに小型の弓矢で遊び，村の中で小さなトカゲを射止める．②やがて子どもたちは，子どもたちが集まって村から離れて遊ぶようになると，種々の小動物をとるようになる．③乾季に活発に行われる集団猟に参加できる程度に成長すると，弓矢の操作技術が向上し，ワラビーをとる．④そしてシカやイノシシのように大型の獲物も射止めることに成功する．⑤森に棲息するカソワリをとるには，身を隠して長時間待ち伏せしなければならず，非常に難しい狩猟であり，これができれば一人前ということになる．獲物をとるには，弓矢の操作技術だけではなく，自然環境や動物の生態に関する知識も重要であり，さらに狩猟獣への近づき方や獲物のおびき寄せ方などもおぼえる必要がある．このような技術は，

成長とともに日々の活動の中で経験を通して高められていき，集団猟に参加しながらおぼえる．夜間にも行われる個人猟の場合は，父親などに同行して指導を受け，高度な狩猟技術を修得するのである．

　前述したように，16年間を隔てた2回の調査結果を比較したところ，大きな差は認められなかった．いずれの場合も，成長とともに狩猟技術は順調に発達し，弓矢猟の伝統は受け継がれていると判断できる．広大な自然の中で行われる狩猟は，火を付けたり，獲物を犬とともに追い立てたり，待ち伏せをして矢を放ったり，ときには獲物に忍び寄って射止めたりとさまざまな活動が組み合わさり，移動しながら刻々と変化するので，狩猟の魅力は非常に高い．さらに射止めた獲物は，村人全員の食事となりすばらしいごちそうとなる．獲物がいる限りすたれることのない活動といえるのかもしれない．

9.3　開発と環境保護

　しかしながら，安心してよいわけではない．オリオモ台地にも開発の波が押し寄せてきており，ギデラランドの東部ではすでに熱帯林の伐採による林業開発が進んでいる．切り出した木材はオリオモ川を利用してダルーへ運び出すことができる．雨季に道路が使えないという問題の影響を受けないで，大規模な林業開発が可能となった．ルアルの村人の中にも，このような開発を望む人が増えており，彼らにとっては高額の収入を得る夢を語るのである．村の北方に広がる大森林は，ルアルの主要クランの所有する土地である．また，村人の成人男性の多くが，首都のポートモレスビーへ行った経験があることはすでに述べた（第3章）．村人は，都市生活を経験し，物質的に豊かな生活にあこがれ，開発推進を願うのである．一方では，生活の基盤である，熱帯林が消え，獲物が減ることを危惧する者もいる．環境が激変することなく，持続可能な開発という理想が実現可能であることを祈りたい．

付録

付表 1 ルアル住民リスト（1981 年 IDNO 順）

IDNO	世帯	名前	父	母	性別	出生順	年齢階梯	クラン	出生地	キョウダイ順	キョウダイ数	未既婚	配偶者名
10101	1	AREA	WASIM	ABERE	1	13	NR	ルニアム	ルアル	2	2	2	1
10102	1	AUSA	PIDOR	RUNYAM	2	10	KJ	グヤム	ルアル	2	3	2	1
10103	1	BAMA	AREA	AUSA	1	44	KB	ルニアム	ルアル	1	7	1	
10104	1	DODORO	AREA	AUSA	2	55	NB	ルニアム	ルアル	3	7	1	
10105	1	TINTA	AREA	AUSA	1	62	KB	ルニアム	ルアル	5	7	1	
10106	1	ABERE	AREA	AUSA	2	66	NB	ルニアム	ルアル	6	7	1	
10107	1	RAKA	AREA	AUSA	2	73	NB	ルニアム	ルアル	7	7	1	
10201	2	ALOKA	UKAMA	AWONO	1	24	RJ	ブル	テワラ	6	6	2	1
10202	2	ANANI	AREA	AUSA	2	47	KJ	ルニアム	ルアル	2	7	2	1
10204	2	MERIATO	ALOKA	ANANI	2	85	SN	ブル	ルアル	2	3	1	
10205	2	GIGIRAM	ALOKA	ANANI	1	96	SB	ブル	ルアル	3	3	1	
10206	2	PIDOR	ALOKA	ANANI	1	110	SB	ブル	ルアル	4	4	1	
10301	3	NABEA	PIDOR	RUNYAM	1	21	RJ	グヤム	ルアル	3	3	2	1
10302	3	SAGERU	SAWAWI	PARAM	2	40	KJ	アガラブ	サングアンソ	1	7	2	1
10303	3	PARAM	NABEA	SAGERU	2	59	NB	グヤム	ルアル	1	10	1	
10307	3	WANATO	NABEA	SAGERU	1	79	SN	グヤム	ルアル	5	10	1	
10308	3	GORODI	NABEA	SAGERU	2	80	SN	グヤム	ルアル	6	10	1	
10312	3	GUYAM	NABEA	SAGERU	1	100	SB	グヤム	ルアル	10	10	1	
10401	4	MIDI	NAIKU	MURA	1	27	RJ	ボゲアム	ルアル	3	3	2	1
10402	4	SIRIBI	AWAGE	WARIDU	2	48	KJ	ギロルマン	テワラ	2	3	2	1
10403	4	BAMURA	MIDI	SIRIBI	1	78	SB	ボゲアム	ルアル	1	3	1	
10404	4	PUKAMA	MIDI	SIRIBI	1	82	SB	ボゲアム	ルアル	2	3	1	
10405	4	WANA	MIDI	SIRIBI	2	99	SN	ボゲアム	ルアル	3	3	1	
10406	5	UMO	DAMI	AWE	1	74	YB	ドレム	ルアル	3	3	1	
10407	3	SONEA	NABEA	SAGERU	2	64	KB	グヤム	ルアル	3	10	1	
10501	5	DAMI	APAI	BOBE	1	30	RJ	ドレム	ルアル	2	3	2	1
10502	5	AWE	NAIKU	DUWO	2	38	KJ	ボゲアム	ルアル	1	1	2	1
10503	5	BOBE	DAMI	AWE	2	72	NB	ドレム	ルアル	1	3	1	
10504	5	ENES	DAMI	AWE	2	83	SB	ドレム	ルアル	2	3	1	
10506	5	DUWO	PUNDU	PUR	2	9	NK	グヤム	ルアル	6	6	5	
10601	6	KODI	APAI	BOBE	1	22	RJ	ドレム	ルアル	1	3	2	1
10602	6	MAGENA	NABEA	BARAG	2	39	KJ	ボゲアム	テワラ	1	1	2	1
10604	6	DUARU	KODI	MAGENA	1	87	SB	ドレム	ルアル	5	6	1	
10605	6	PURA	KODI	MAGENA	2	101	SN	ドレム	ルアル	6	6	1	
10701	7	WASARI	SAMANI	DABON	1	17	RJ	グレム	タピラ	4	4	2	1
10702	7	KAMARA	SANAGA	WATIA	2	51	KJ	ボル	ルアル	4	6	2	1
10703	7	DABON	WASARI	KAMARA	2	104	SN	グレム	ルアル	1	1	1	
10704	7	PALIO	WASARI	KAMARA	2	109	SN	グレム	ルアル	2	2	1	
10801	8	TARUA	SOWASOWA	BUBIAKISA	1	5	RJ	ルニアム	カバル	3	3	2	1
10802	8	WAIKO	RINBA	WADAK	2	28	KJ	ダラム	ルアル	1	2	2	1
10803	8	WADAK	GAMANIA	KOSEL	2	3	NK	ダムラム	ルアル	1	2	5	
10804	8	WARAWIA	TARUA	WAIKO	1	63	KB	ルニアム	ルアル	1	1	1	
10901	9	BUAGO	NABEA-2	DAIWA	1	19	RJ	ボゲアム	テワラ	1	1	2	1
10902	9	ANAI	SEBI	WADAK	2	33	KJ	ダラム	ルアル	2	4	2	1
10904	9	ANDIA	BUAGO	ANAI	1	98	SB	ボゲアム	ルアル	8	8	1	
11001	10	SANAGA	WANES	PASI	1	14	NR	ボル	ルアル	3	3	5	
11101	11	SIYORO	KINJU	SIA	1	12	RJ	ダラム	ルアル	7	9	2	1
11102	11	GIBIBI	SEBI	WATIA	2	35	KJ	ダラム	ルアル	4	4	2	1
11103	11	MURSINI	DOKYAN	SAWAIMO	2	20	KJ	ダムラム	ルアル	1	1	5	
11201	12	GAIDERE	TUPIA	GORODI	1	41	RJ	ダラム	ルアル	1	2	2	1
11202	12	GERI	AMANI	POGO	2	50	KJ	ゴベアマン	カバル	1	7	2	1
11203	12	GORODI	TOBEA	RINYAM-2	2	3	NK	ボゲアム	ルアル	2	2	5	
11204	12	AMANI	GAIDERE	GERI	1	93	SB	ダラム	ルアル	1	2	1	

別居	離婚	死別	小学校学年	妊娠授乳	身長(cm)	体重(kg)	胸囲(cm)	上腕囲(cm)	下腿囲(cm)	三頭筋皮脂厚(mm)	肩甲下皮脂厚(mm)	視力右	視力左	視力両眼	収縮期血圧	拡張期血圧	出生年	出生月	出生日	死亡年	死亡月	死亡日	系譜図番号
					163.3	44.0	82.3	24.5	30.7	3.9	4.9	0.1	0.1	0.4	140	70				93	9	14	1
					154.4	38.5		21.5	28.3	6.3	6.4	0.1	0.2	0.2	140	75				89			2
					160.1	53.5	84.6	27.0	33.0	7.6	10.4	0.4	0.8	0.9	130	65							3
					161.6	50.0		22.1	33.2	8.8	16.6	1.5	1.5		140	80							4
					161.8	48.0	77.0	21.6	30.5	7.2	6.7	2.0	1.5		110	50							5
			6		154.7	44.0		22.2	31.1			1.0	2.0										6
			3		129.6	24.0		17.4	24.3			1.5	1.5										7
					173.5	62.0	84.4	28.3	36.4			0.1	0.1	0.1									8
				L	156.6	46.0		22.1	31.9	6.0	12.4	0.8	0.9		115	75							9
					109.2	16.5		14.9	21.2	5.3	4.8												10
																							11
																	81	2	29				12
					172.0	57.5	84.3	25.2	34.1			2.0	2.0										13
					154.6	47.0		25.0	31.0			1.2	1.5										14
					163.1	51.5		23.9	32.0	11.2	26.4	0.9	1.2		120	60							15
					123.0	21.5	59.0	16.7	23.5	6.4	5.2	0.2	0.1	0.2	95	55							16
					119.5	19.0		15.3	21.6			2.0	2.0										17
					89.9	12.5																	18
					164.9	61.5	86.8	28.1	34.0	5.2	9.7	1.5	2.0		130	70							19
				P	158.5	53.0		21.8	30.6	6.7	13.6	0.5	0.4	0.5	125	85							20
					123.7	20.5	58.3	15.3	21.4	6.7	8.0												21
					123.3	22.5	61.1	16.2	23.0	5.2	4.7												22
					82.5	9.5																	23
			3		133.7	28.5	66.2	18.0	26.1			2.0											24
					149.6	43.0	73.0	22.9	29.2	8.5	11.3	1.5	1.5		110	50							25
					161.4	52.0	80.4	25.8	33.0	5.1	7.9	1.2	2.0		125	75							26
					149.6	39.5		22.9	27.8	5.7	11.7	0.6	0.6	0.8	125	85							27
			5		142.2	38.5		20.9	30.3			2.0	1.2										28
					122.2	22.0	58.5	16.5	23.5	6.3	5.1												29
	1				152.8	42.5		22.3	29.1			0.3	0.3										30
					166.0	56.0	84.6	26.4	33.6	4.6	8.5	0.6	1.0		130	85				86	12		31
	1			L	153.1	46.5		25.3	30.6	11.0	13.1	0.8	1.0		115	60							32
					111.0	17.5	55.7	15.2	21.3	7.0	5.8												33
					85.0	10.5														94	4		34
					159.6	43.0	74.7	24.7	33.2	4.3	9.0	1.0	1.0		110	60							35
				L	165.7	56.5		23.8	32.1	15.1	22.3	2.0	2.0		130	75							36
						11.5																	37
																	80	8	6				38
					163.9	49.5	77.5	24.7	33.2	4.1	6.3	0.3	0.2	0.3	120	65				84			39
																							40
			2																	96			41
					159.4	49.0	79.8	23.6	31.5	6.4	9.5	1.2	1.5		125	55							42
					173.8	69.5	89.6	28.8	35.8	6.8	14.0	1.2	1.5		120	70							43
				L	142.9	40.5		22.7	27.9	6.4	14.4	1.0	0.9		120	65							44
						13.5																	45
	1				167.4	56.5	86.8	24.7	34.3	4.9	10.4	9.1	9.1	9.1	115	75				87			46
					160.1	43.5	75.5	21.3	28.0	4.2	7.7	0.4	0.1	0.5	100	65							47
					157.1	64.5		26.6	33.4	12.0	33.9	0.5	0.7	0.8	155	85							48
	1																						49
					166.0	63.0	87.1	27.6	35.3	6.0	12.7	1.5	2.0		140	75				83			50
				L	158.3	49.5		22.9	29.9	6.4	15.2	2.0	2.0		120	65							51
	1																			95			52
					109.5	17.5	56.8	14.9	20.3	5.7	6.1												53

付録 213

11205	12	IGUBU	GAIDERE	GERI	1	94	SB	ダラム	ルアル	2	2	1
11206	12	SIA	AMANI	POGO	2	70	NB	ゴベアマン	ルアル	6	7	1
11207	12	WATIA	AMANI	POGO	2	89	NB	ゴベアマン	ルアル	7	7	1
11208	12	YAMBA	GAIDERE	GERI	1	105	SB	ダラム	ルアル	3	3	1
11301	13	JON	TAIWA	GANU	1	23	OK	ゴクサム	ルアル	1	1	7
11302	14	BURIA	KERO	WAUBI	1	95	SB	ドレム	ルアル	2	2	1
11401	14	KERO	APAI	SAMORI	1	41	RJ	ドレム	ルアル	1	1	2	1
11402	14	WAUBI	AWASI	MARO	2	53	KJ	ラヤイエナ	パラムラ	4	7	2	1
11403	14	SAMORE	WANES	PASI	2	2	NK	ボル	ルアル	1	3	5
11404	14	EDAMA	AMANI	POGO	2	60	NB	ゴベアマン	ルアル	4	7	1
11405	14	RERI	AMANI	POGO	2	61	NB	ゴベアマン	ルアル	5	7	1
11501	15	MAREGA	KINJU	SIA	1	7	RJ	ダムラム	ルアル	5	9	2	1
11502	15	WODE	SEBI	WADAK	2	34	KJ	ダラム	ルアル	1	4	2	1
11503	3	GERKAI	NABEA	SAGERU	1	67	YB	グヤム	ルアル	4	10	1
11504	15	NOR	BUAGO	ANAI	1	86	YB	ボゲアム	ルアル	7	8	1
11551	15	PASAK	RINBA	WADAK	2	16	ON	ダラム	ルアル	2	2	8
11601	16	SADUWA	KUKUS-2	SEKAP	1	15	RJ	ダラム	ルアル	2	4	2	1
11602	16	KEPI	KASYU	DARUSE	2	29	KJ	ボゲアム	ルアル	4	6	2	1
11603	16	SANKIR	SADUWA	KEPI	2	54	NB	ダラム	ルアル	2	8	1
11604	16	MURA	SADUWA	KEPI	2	57	NB	ダラム	ルアル	4	8	1
11605	16	YAGESYU	SADUWA	KEPI	1	68	YB	ダラム	ルアル	5	8	1
11606	16	REBO	SADUWA	KEPI	1	77	YB	ダラム	ルアル	6	8	1
11607	16	BOBEATO	SADUWA	KEPI	2	88	SN	ダラム	ルアル	7	8	1
11608	16	SIKO	SADUWA	KEPI	2	106	SN	ダラム	ルアル	8	8	1
11701	17	EVERADUS	JOSENT	JOSENTA	1	26	RJ	コクイ	ボセ	4	4	2	1
11702	17	PADI	WOGU	SINAP	2	43	KJ	グヤム	ルアル	2	6	2	1
11703	21	SINAP	KUKUS	SEKAP	2	18	KJ	ダラム	ルアル	3	4	5
11704	17	JURENTA	EVERADUS	PADI	2	103	SN	コクイ	ルアル	1	2	1
11705	17	ROSA	EVERADUS	PADI	2	107	SN	コクイ	ルアル	2	2	1
11706	21	BOGERA	SAI	GERES	1	92	SB	ダラム	ルアル	1	2	1
11707	21	SIBUNA	WOGU	SINAP	2	76	NB	グヤム	ルアル	6	6	1
11801	18	WOWOGO	KASYU	DARUSE	1	25	KJ	ボゲアム	ルアル	6	6	2	2
11802	18	MERI	SADUWA	KEPI	2	45	KJ	ダラム	ルアル	1	8	2	1
11803	18	OGOBO	AWAGE	WARIDU	2	37	KJ	ギロルマン	テワラ	1	3	2	1
11804	16	DABUWA	KASYU	DARUSE	2	8	NK	ボゲアム	ルアル	1	6	5
11805	18	ANISA	WOWOGO	MERI	2	75	NB	ボゲアム	ルアル	1	1	1
11901	19	PIGARA	PUNDU	PUR	1	1	NR	グヤム	ルアル	2	6	1
11902	19	SOI	KASYU	DARUSE	2	10	NK	ボゲアム	ルアル	3	6	2	1
11903	21	GERES	WOGU	SINAP	2	52	KJ	グヤム	ルアル	3	6	1
11904	19	BAN	PIGARA	SOI	2	46	KJ	グヤム	ルアル	1	7	3
11905	5	NAGUI	PIGARA	SOI	2	56	NB	グヤム	ルアル	3	7	1
11906	19	IBUNA	PIGARA	SOI	2	71	NB	グヤム	ルアル	6	7	1
11907	19	RITO	PIGARA	SOI	2	90	SN	グヤム	ルアル	7	7	1
11908	19	MAKA	DAUGA	BAN	1	97	SB	他部族の父	ルアル	1	1	1
11909	21	SINAP	SAI	GERES	2	102	SN	ダラム	ルアル	2	2	1
11910	21	SEBOD	WOGU	SINAP	2	36	KJ	グヤム	ルアル	1	6	3
11911	19	KUBOUG	DAUGA	BAN	1	108	SB	他部族の父	ルアル	3	3	1
12001	20	GAMANIA	KINJU	SIA	1	6	RJ	ダムラム	ルアル	4	9	2	1
12002	20	UWA	SEBI	WATIA	2	32	KJ	グヤム	ルアル	1	4	2	1
12003	20	ARARI	PIGARA	SOI	2	58	NB	グヤム	ルアル	5	7	1
12004	20	APAI	KERO	WAUBI	1	84	SB	ドレム	ルアル	1	2	1
12005	20	SAINA	SANAGA	WATIA	2	69	NB	ボル	ルアル	6	6	1
12150	21	DAWAGE	SAID	MAIBU	2	65	NB	ダラム	パラムラ	2	2	1
12501	22	SEBI	IOGAI	EDAMA	1	30	RJ	ブジュジャム	カバル	2	4	2	1
12502	22	AMONA	IEBARK	TAPURI	2	49	KJ	ゴベアマン	カバル	1	3	2	1
12503	22	JEPRI	SEBI	AMONA	1	81	SB	ブジュジャム	カバル	1	2	1
12504	22	TAPRI	SEBI	AMONA	2	91	SN	ブジュジャム	カバル	2	2	1

性別：1＝男，2＝女．

未既婚：1＝未婚，2＝既婚，3＝別居，4＝離婚，5＝死別，7＝未婚成人男性，8＝未婚成人女性．

妊娠授乳：P＝妊娠，L＝授乳．

																					#
				13.5																	54
		5	140.4	31.5		18.8	25.8			2.0	2.0										55
																					56
				8.0												81	1				57
			159.7	52.0	80.8	27.1	33.1	4.8	8.6	1.2	1.0		135	85							58
																					59
			165.1	55.5	83.3	25.8	33.9	5.5	10.3	1.2	1.2		120	70							60
			154.8	44.5		23.9	31.8	6.3	13.5				105	60							61
	2															85					62
			158.6	61.0		26.7	35.5	11.8	25.8	0.6	0.8	0.9	125	65							63
			151.6	43.0		21.5	26.3	6.3	10.5	0.9	1.2		120	60							64
1			158.2	49.5	78.3	23.9	31.8	5.4	9.7	0.9	0.9		110	60							65
			155.7	48.5		23.0	30.3	6.4	13.2	0.7	0.6	0.9	120	70							66
		5	143.3	32.5	68.3	17.8	27.5			2.0	2.0										67
			117.4	18.5	57.0	16.0	20.3	6.3	5.9							84					68
																					69
			159.8	49.5	80.2	22.8	31.4	5.1	10.4	0.4	0.5	0.6	130	75							70
		L	157.4	44.5		23.6	30.4	7.0	15.1	0.2	0.2	0.3	125	80							71
			151.8	41.0		20.6	28.3	7.9	9.0	1.0	0.9		115	75							72
			166.9	57.0		23.1	33.3	9.9	15.5	1.0	1.5		140	85							73
		5	145.5	34.0	70.3	18.6	27.0			1.2	1.2										74
		3	133.6	24.5	63.6	16.2	23.6			2.0	2.0										75
			110.6	17.5	55.7	15.1	21.6	6.7	6.7												76
				11.0																	77
			177.5	65.5	87.7	25.7	34.5	4.9	9.2	2.0	0.2		110	65							78
		L	157.1	46.5		23.9	31.8	4.5	9.4	1.2	2.0		115	70							79
		1	159.5	49.5		23.2	31.2	9.0	15.7	0.5	0.2	0.5	130	75							80
				13.0																	81
				9.5																	82
			107.3	16.5																	83
		3	130.8	25.5		17.3	25.5			1.2	1.2										84
			170.0	60.0	86.0	25.5	35.7	5.1	8.8	2.0	1.5		100	55							85
			159.7	57.5		27.5	35.2	13.4	22.5	0.5	0.3	0.6	135	85							86
			162.0	52.0		26.4	32.7	9.7	13.8	2.0	1.5		135	75							87
	2		160.4	48.0		24.3	31.6	7.3	15.6	0.2	0.3	0.3	125	75							88
		3	135.4	27.0		18.4	26.1			1.2	1.2										89
		1	160.3	44.5	80.3	21.6	28.9	4.3	8.2	0.2	0.2	0.3	140	70		94					90
			156.7	37.0		20.6	28.6	3.1	6.6	0.4	0.3	0.4	125	70		84					91
	5		163.7	54.5		23.0	32.6	9.1	16.2	2.0	2.0		110	55							92
1		L	154.4	49.0		22.1	29.7	7.6	18.2	1.5	1.5		110	75							93
			152.4	50.5		24.1	33.1	11.0	24.9	1.5	1.2		135	80							94
		5	145.9	36.5		20.1	28.0			2.0	2.0										95
			111.2	16.0																	96
				13.5																	97
				13.0																	98
		1	159.9	44.0		23.4	31.7	6.7	19.0	0.9	0.3		120	70							99
																81	6				100
			163.1	46.5	78.3	23.0	32.6	4.3	8.0		2.0		120	60				96	9	13	101
			150.6	39.5		23.4	27.8	6.5	18.6	2.0	1.5		140	80							102
			153.8	46.5		22.1	30.4	7.9	14.6	0.8	0.8		130	75							103
			113.2	17.5	59.4	15.0	20.7	4.5	4.4												104
		5	145.6	37.0		20.3	28.9			2.0	1.5										105
			152.5	42.5		22.5	30.0	7.5	14.7	1.5	1.5		100	55							106
			165.9	62.0	84.3	27.7	36.9	5.3	8.9	2.0	1.5		140	85							107
		P	157.3	56.0		23.2	30.3	7.7	18.0	2.0	2.0		125	65							108
		1	121.9	20.5	60.8	16.4	22.1			1.5	1.5										109
			99.5	14.5																	110

付図 1　クラン別系譜図（1981 年調査時）

凡例
(1)　△は男性，○は女性を示し，下の数字は付表 1 の系譜図番号に対応する．
(2)　▲，●はすでに死亡していることを示す．
(3)　B，D，L はそれぞれ出生地，死亡地，現在地の略．
(4)　1-12 の数字は地名を示す．
　1：ルアル，2：カパル，3：イアメガ，4：ポダレ，5：テワラ，6：タビラ，7：サングアンソ，8：ウピアラ，9：バラムラ，10：ダルー，11：ポートモレスビー，12：その他．
(5)　丸数字は世帯番号を示す（付表 1 参照）．

(1) アガラブ

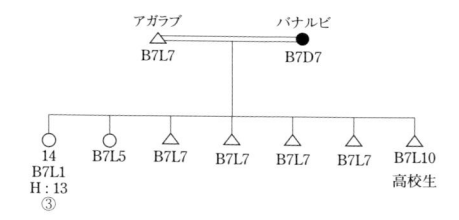

(2) ボゲアム

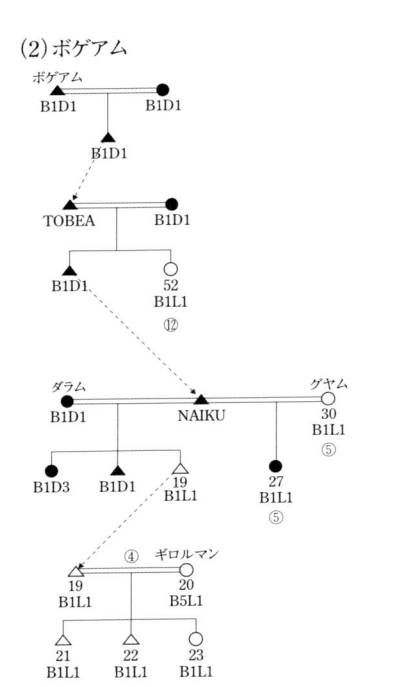

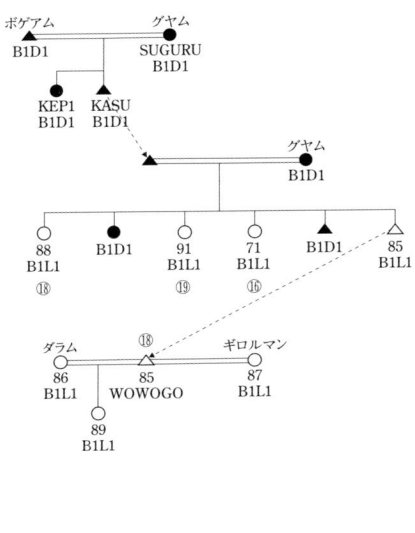

```
ボゲアム
 △━━━━●
B1D1    B1D1
        │
        ▲
       B1D1
        │
TOBEA   B1D1
 ▲━━━━●
 │
 ├──────┐
 ▲      ○
B1D1    52
        B1L1
        ⑫
        │
 ダラム     グヤム
 △━━━△━━━●
B1D1  NAIKU   30
              B1L1
              ⑤
 ┌──┬──┬──┐
 ●  ▲  △  ●
B1D3 B1D1 19  27
          B1L1 B1L1
              ⑤
        │
     ④ ギロルマン
     △━━━○
    19    20
    B1L1  B5L1
   ┌──┼──┐
   △  △  ○
   21 22 23
   B1L1 B1L1 B1L1
```

```
ボゲアム  グヤム
 △━━━━●
B1D1   SUGURU
       B1D1
  ┌──┐
  ●  ▲
 KEP1 KASU
 B1D1 B1D1
              グヤム
         ▲━━━━●
                B1D1
 ┌──┬──┬──┬──┬──┐
 ○  ●  ○  ○  ▲  △
 88 B1D1 91 71 B1D1 85
B1L1     B1L1 B1L1     B1L1
⑱        ⑲   ⑯
 ダラム   ⑱     ギロルマン
  △━━━△━━━△
  86    85    87
 B1L1  WOWOGO  B1L1
        │
        ○
        89
       B1L1
```

(3) ボゲアム

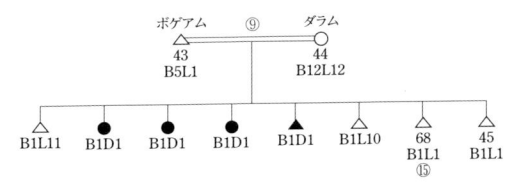

```
ボゲアム  ⑨  ダラム
 △━━━━○
 43       44
B5L1     B12L12
 ┌──┬──┬──┬──┬──┬──┐
 △  ●  ●  ●  ▲  △  △
B1L11 B1D1 B1D1 B1D1 B1D1 B1L10 68  45
                              B1L1 B1L1
                              ⑮
```

(4) ボル

```
         ボル      ゴクサム
          ▲════════●
         B1D1     B1D1
           │
    ┌──────┼──────┐
    ○      ●      △
   62     B1D1    46
  B1L1           BILI
                  ┊
                  ┊         ダラム
                  △════════●
               SANAGA      B1D1
                B1L1
                 ⑩
    ┌──────┬──────┼──────┬──────┬──────┐
    ●      ▲      △      ○      △      ○
   B1D1   B1D1  B1L11   36    B1L1   105
                       B1L1          B1L1
                       H:35           ⑳
                        ⑦
```

(5) ブジュジャム

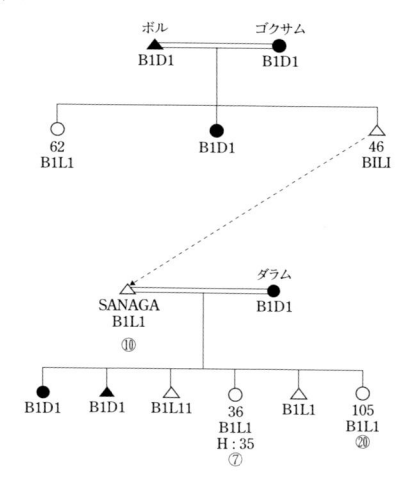

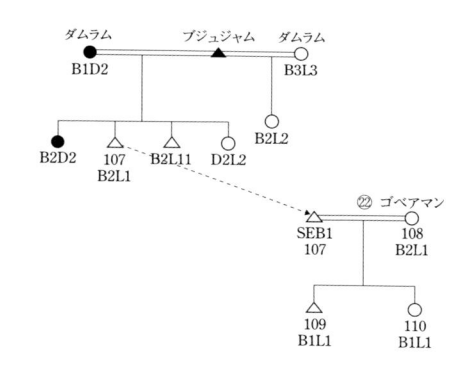

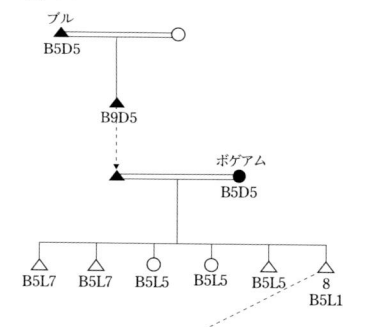

```
   ダムラム  ブジュジャム ダムラム
     ●════════▲════════○
    B1D2              B3L3
     │                 │
 ┌───┼───┬───┐         ○
 ●   △   △   ○       B2L2
B2D2 107 B2L11 D2L2
    B2L1
     ┊
     ┊              ㉒ ゴベアマン
     △════════○
    SEB1     108
    107      B2L1
     │
    ┌┴┐
    △ ○
   109 110
  B1L1 B1L1
```

(6) ブル

```
    ブル
    ●════════○
   B5D5
     │
     ▲
    B9D5
     ┊
     ┊         ボケアム
     ▲════════●
             B5D5
     │
 ┌───┬───┬───┬───┬───┐
 ○   ○   ○   ○   △   ○
B5L7 B5L7 B5L5 B5L5 B5L5 8
                        B5L1
                         ┊
                         ┊     ボケアム
                         △════════○
                         8       9
                                B1L1
                         │
                    ┌────┼────┬────┐
                    ●    ○    △    △
                   B1D1  10   11   12
                        B1L1 B1L1 B1L1
```

(7) ダムラム

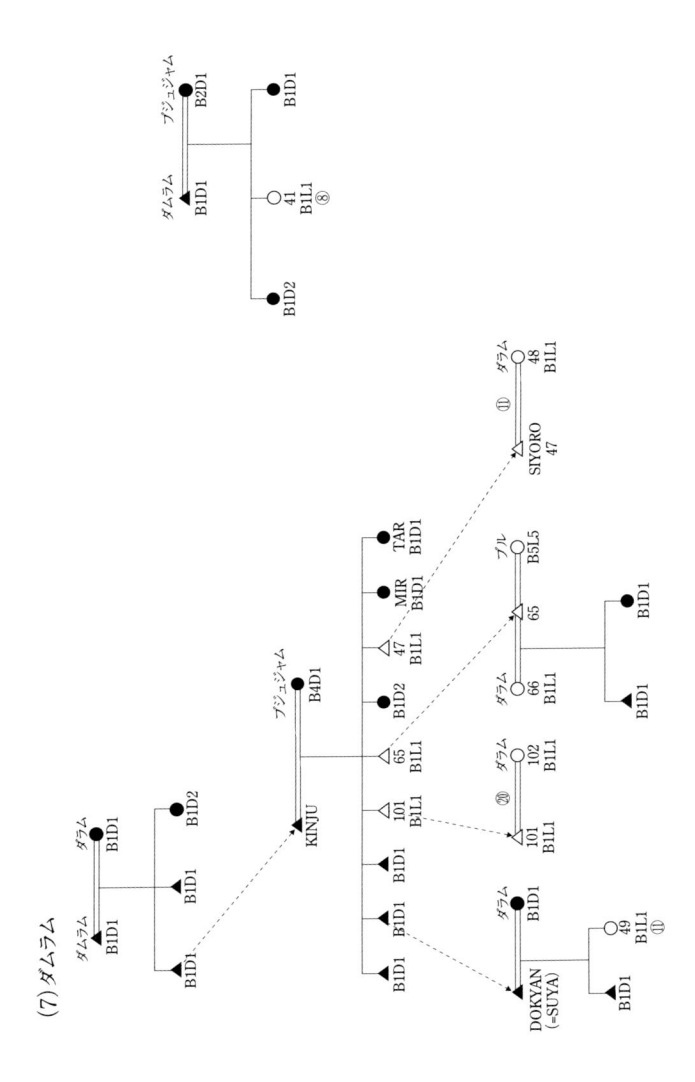

(8) ダラム

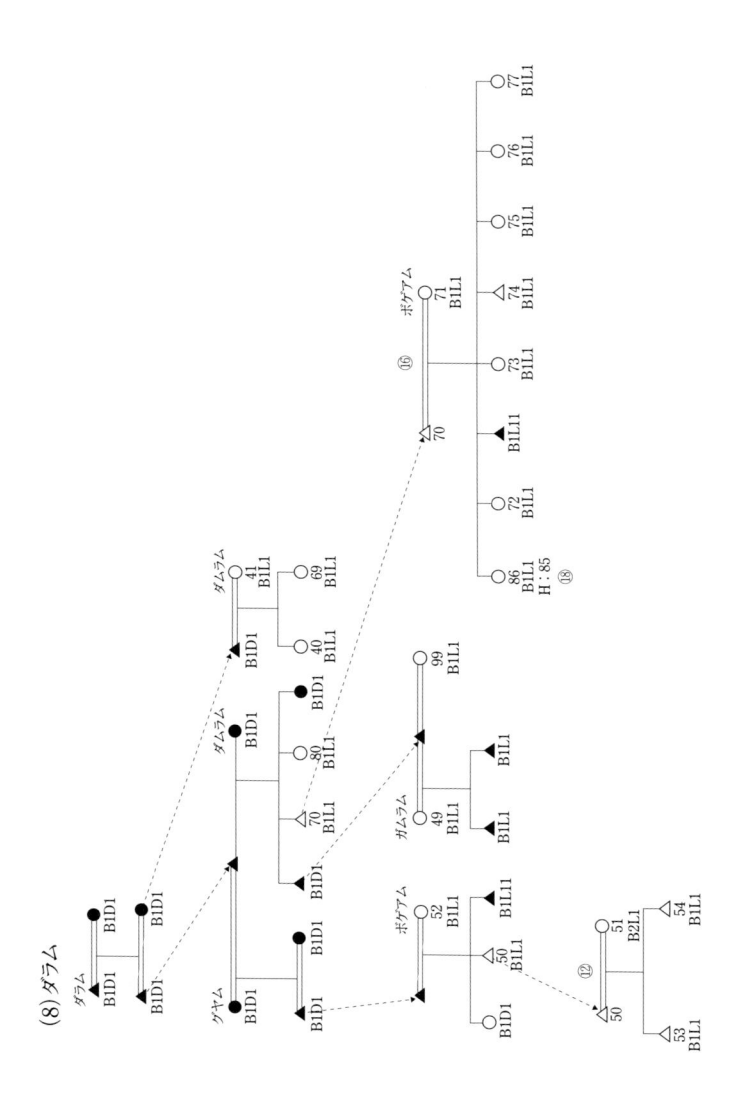

(9) ダラム

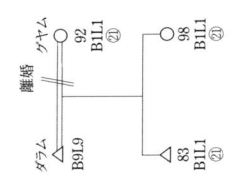

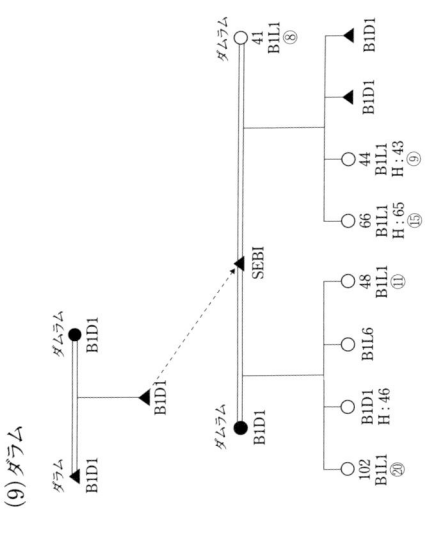

(10) ドレム

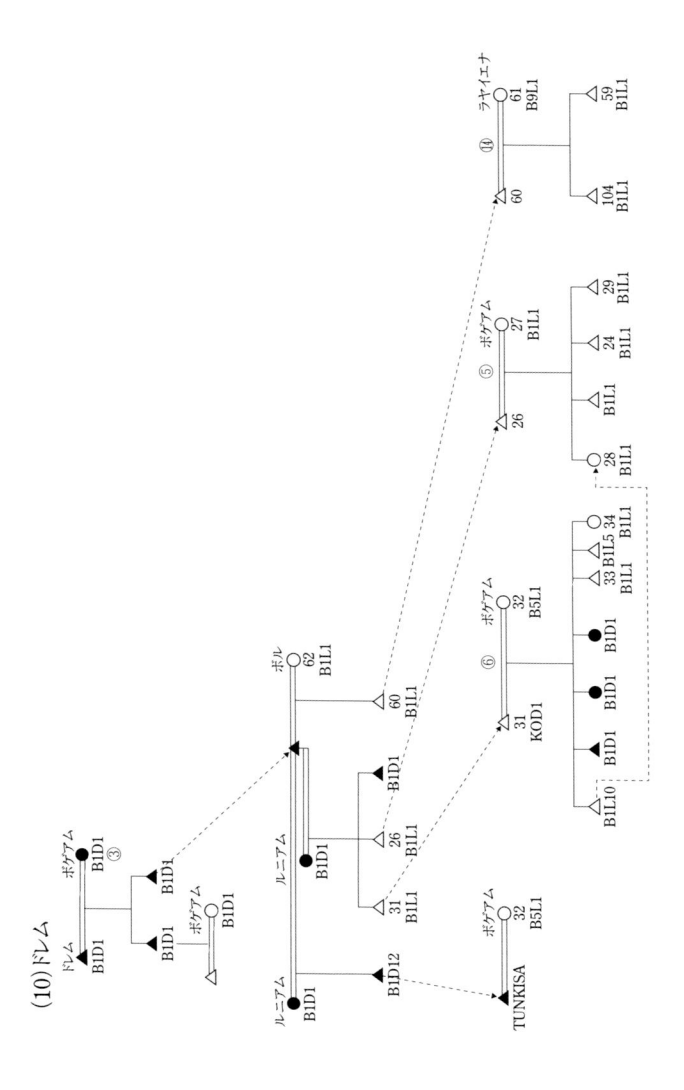

(11) ギロルマン

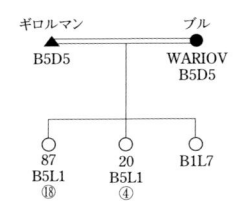

```
ギロルマン ═══ ブル
▲              ●
B5D5          WARIOV
              B5D5
    │
 ┌──┼──┐
 ○  ○  ○
 87 20 B1L7
B5L1 B5L1
 ⑱   ④
```

(12) ゴベアマン

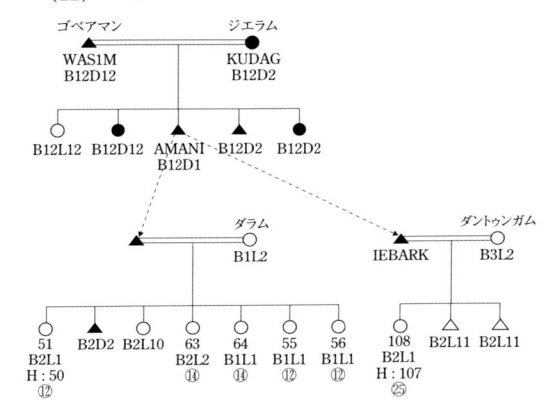

```
ゴベアマン ═══ ジエラム
▲              ●
WAS1M         KUDAG
B12D12        B12D2
       │
 ┌──┬──┼──┬──┐
 ○  ●  ▲  ▲  ●
B12L12 B12D12 AMANI B12D2 B12D2
              B12D1
```

```
          ダラム ═══ ○                    ○ ═══ ダントゥンガム
           ▲       B1L2                IEBARK        ▲
                                        B2L1         B3L2
          │                              H:107       │
 ┌──┬──┬──┬──┬──┐                          ┌──┬──┐
 ○  ▲  ○  ○  ○  ○                          ○  △  △
 51 B2D2 B2L10 63 64 55 56                  108 B2L11 B2L11
B2L1       B2L2 B1L1 B1L1 B1L1
H:50       ⑭   ⑭   ⑫   ⑫                   ㉕
 ⑫
```

(13) ゴクサム

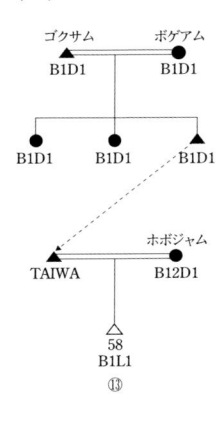

```
ゴクサム ═══ ボゲアム
▲            ●
B1D1        B1D1
    │
 ┌──┼──┐
 ○  ○  ▲
B1D1 B1D1 B1D1
         ╲
          ╲
           ▲ ═══ ホボジャム
          TAIWA    ●
                 B12D1
                │
                △
                58
               B1L1
                ⑬
```

(14) グレム

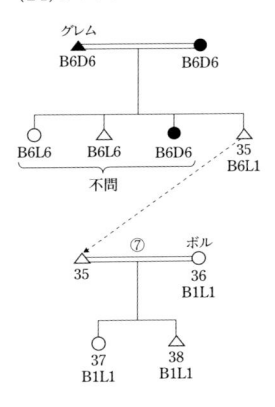

```
グレム ═══ ●
 B6D6    B6D6
    │
 ┌──┬──┬──┐
 ○  △  ●  △
B6L6 B6L6 B6D6 35
         B6L1
 └──不問──┘
              ╲
               ╲
               △ ═══ ○ ボル
               ⑦    36
               35   B1L1
                │
              ┌─┴─┐
              ○   △
              37  38
             B1L1 B1L1
```

付録 223

(15) ゲヤム

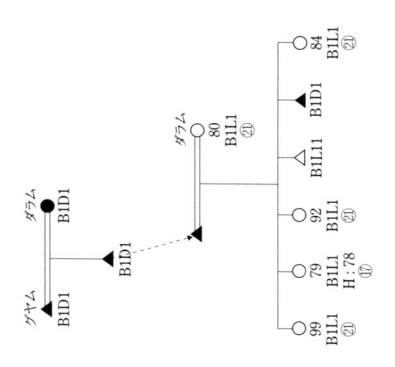

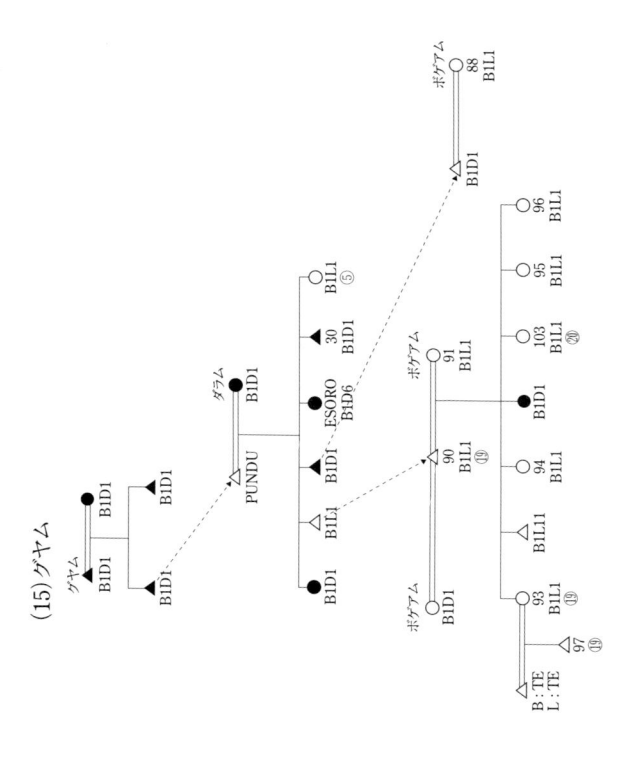

(16) グヤム

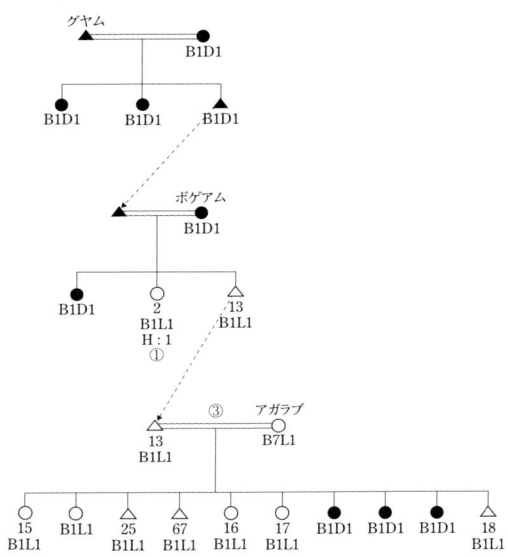

グヤム
▲═● B1D1

● ● ▲
B1D1 B1D1 B1D1

ボゲアム
▲═● B1D1

● ○ △
B1D1 2 13
    B1L1 B1L1
    H:1
    ①

③ アガラブ
△═○
13 B7L1
B1L1

○ ○ △ △ ○ ○ ● ● ● △
15 B1L1 25 67 16 17 B1D1 B1D1 B1D1 18
B1L1 B1L1 B1L1 B1L1 B1L1   B1L1

(17) コクイ

⑰ グヤム
△═○
78 79
B12L1 B1L1

○ ○
81 82
B1L1 B1L1

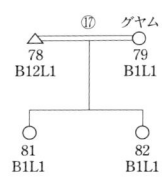

(18) ラヤイエナ

ラヤイエナ ノル
▲═●
B9D9 B9D9

○ ○ ○ ○ ○ ○ △
B9L9 B9L9 B9L9 61 B9L9 B9L9 B9L9
         B9L1
         H:60
         ⑭

付録 225

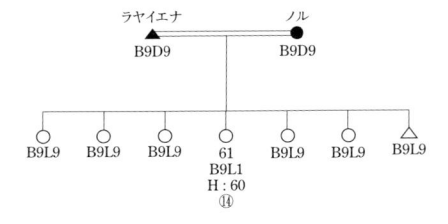

(19) ルニアム

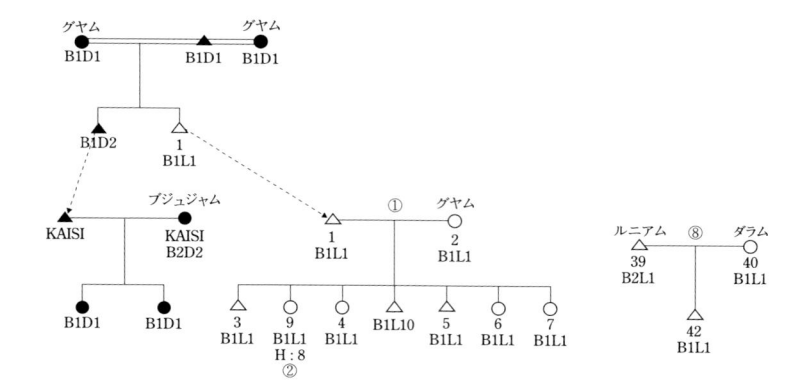

おわりに

　ギデラの調査研究は断続的に合計6回行い，ギデラランドで調査を行った総日数は395日である．このように長期の調査を行うことができたのは，多くの調査プロジェクトに加わるチャンスを与えていただいたことが大きな要因であり，さらに現地で共に調査を行った先輩や仲間たちのおかげである．

　恩師の故鈴木継美先生は，東京大学医学部保健学科人類生態学教室の教授であり，大学院博士課程の筆者の指導教官であった．鈴木先生は，最初の調査の研究代表者として筆者に調査のチャンスを与えてくださった．1981年にはパトロール・サーベイとして，ギデラの村を一緒に巡り歩いた．筆者の博士論文はギデラ調査にもとづくもので，鈴木先生は，叱咤激励しながら英文の草稿に朱を入れ，徹底した論文指導をされた．博士論文を完成できたのは，鈴木先生の指導のおかげであり，それは厳しさの中にもギデラへの愛情がにじむものであった．生前に本書をお見せできなかったことが悔やまれる．

　鈴木先生の後に人類生態学教室の教授に就任された，大塚柳太郎先生とは，1980年の予備調査でギデラの13村落すべてを回るパトロール・サーベイに同行した．さらに，大塚先生が調査を続けていたウォニエ村では，寝食を共にしながら，フィールドワークの手ほどきを受けた．私の人類生態学のフィールドワーク手法は，基本的に大塚流を継承し，それに私なりの工夫や専門領域の展開をすすめたものである．

　ニューギニア調査は過酷であり，助け合いなしでは実現できない．1981年調査は4人の仲間がそれぞれの村で独自のフィールドワークを行いながらも，食物摂取調査や活動調査については，調査方法や日時も共通化して実施した．調査の始めや終わりには一緒に生活し，飲み語らいあったことは，忘れることのない思い出である．ギデラの最北の村ルアルは筆者，内陸の村ウォニエは大塚柳太郎先生，川沿いの村ウメは秋道智彌氏，海沿いの村

ドロゴリは稲岡司氏がそれぞれ調査した．なお，ギデラ調査に関連した多数の業績については，参考文献欄を参照されたい．

　本書の中心となっているデータは，1981年の鈴木継美先生を隊長とするギデラ調査で得られたものである．その始まりは，パプアニューギニア西部州の州都ダルーを，7月17日9時過ぎに8人乗りのフォッカーで飛び立ち，ギデラランドのモザイク状の森林・サバンナ・草原・河川を超えて，ギデラのウィピム村の飛行場に到着した．鈴木先生，大塚先生そして私の3人，さらに，10年以上前から大塚先生のアシスタントをしているウォニエ村のソコリが加わり，村々を訪ね歩くパトロール・サーベイを行った．筆者ら3人は，人類生態チームのフィールドワークの定番となっていた麦わら帽子に地下足袋という姿で歩いた．荷物を入れて運ぶ石油缶は，防水対策として丸蓋を付けて緑色に塗装した特別加工品で，突然の豪雨やカヌーでの運搬のときに絶大な効果を発揮した．しかし，このグリーン缶の運搬はなかなか大変で，現地の村人を雇って運んでもらうのだが，弓矢を持ち歩く生活をしている人たちなので，荷役仕事は嫌われた．7月20日にウォニエ村を出発して，ウィピム村とカパル村を経由し，7月22日に北辺の村ルアルに，何とか到着した．大塚先生が先頭で一行を引っ張り，私が最後尾のまとめ役として鈴木先生の後ろについた．鈴木先生は私が接近して歩くのを嫌がられたが，それは死に至らしめるほどの強い毒を持つパプアンブラックに咬まれないように，近くで見張って歩いていたためである．つねに棒を持っていたのも，杖としてではなく，襲いかからんとするパプアンブラックが出現したときには，叩き伏せるためであった．

　ギデラ調査研究は文部省（当時）の科学研究費補助金の資金援助によって行うことができた．それらの内容を以下にまとめる．
　科学研究費補助金・海外学術調査（1980-1982年度）が最初のギデラの調査の始まりである．科研費の研究代表者は東京大学医学部教授・鈴木継美で，研究課題名は「南太平洋低湿地帯におけるヒト個体群の適応機構の解明」である．最初の調査は予備調査であり，1980年6月27日-10月2日（98日間）

の期間，ギデラの13村落すべてを訪れ，翌年の本調査の準備を行った．本調査は，ギデラ13村を巡るパトロール・サーベイの後，ルアル村での調査を実施した．期間は1981年7月17日-1982年1月2日（170日間）で，調査内容は活動調査，食物・栄養摂取調査，血液，尿，毛髪サンプルによる健康・遺伝分析を行うとともに，生体計測を実施し，身長，体重，胸囲，上腕囲，下腿囲，皮脂厚の測定結果を得た．調査の成果は，多数の学会報告・論文・著書として公表し，学位論文 "Ecological Diversity of Growth and Physique of the Gidra in Lowland Papua by Applying a New Method for Growth Curve Estimation" としてまとめた．

第2の科学研究費補助金の海外学術調査（1986-1989年度）は，研究代表者が東京大学医学部助教授・大塚柳太郎で，研究課題名は，「メラネシアにおける環境の多様性に対するヒト個体群の適応機構の比較生態学」である．パプアニューギニア高地の山地オク族，山麓のサモ・クボ族，そして島嶼部のマヌスにおいてフィールド調査を行い，自然史のデータを蓄えるとともに人類生態学的調査を実施し，各集落において生体計測を行った．これらの調査の一部としてギデラで再調査を行った．ギデラの調査期間は1986年8月1日-9月19日（50日間）である．さらに，最初の調査からほぼ10年後の1989年7月17日-年8月23日（38日間）にギデラ調査を実施した．

第3の科学研究費補助金は，国際学術研究（1997年度）の種目，研究代表者は東京大学大学院医学系研究科教授・大塚柳太郎で，研究課題名は「パプアニューギニア住民の環境変化に伴う長期間の健康と生存に関する比較生態学研究」である．調査期間は1997年7月16日-8月8日（24日間）で，ほぼ20年を経過した後の補充調査である．

最後の科学研究費補助金は，研究種目が基盤研究A，研究代表者は岐阜大学地域科学部教授・口蔵幸雄，期間は，2001-2004年度，研究課題名は，「東南アジア・オセアニアの地域開発が環境と住民に及ぼす影響に関する生態人類学的研究」である．マレーシアおよびトンガにおいて，小・中・高校生を対象にした成長研究を行った．その調査の一部として，ギデラ調査を，2003年8月6日-8月20日（15日間）に実施した．

積極的に調査に協力してくれたギデラの人びとへの感謝は，筆舌に尽くしがたい．調査は現地食を原則としたので，寝食のすべてでお世話になった．とりわけルアル村の人びとに助けられたことは枚挙にいとまがない．生活面だけではなく，調査に行き詰まったときにもアドバイスを得ることができた．個々の名前を列挙するのは煩雑になるので省略するが，顔を思い浮かべながら，皆様に心より感謝する．

　そして本書の執筆では，フィールドノートや写真が多数あったので，本にまとめるのに行き詰まり苦労した．ご助力いただいた東京大学出版会の丹内利香さんに深く感謝する．

　なお，本書の出版に関しては，高崎経済大学学術研究図書刊行助成金の交付を得た．記して感謝の意を表する．

参考文献

Abe, T., R. Ohtsuka, T. Hongo, T. Suzuki, C. Tohyama, A. Nakano, H. Akagi and T. Akimichi (1995) High hair and urinary mercury levels of fish eaters in the nonpolluted environment of Papua New Guinea. *Archives of Environmental Health*, 50 : 367-373.

秋道智彌 (1984) ニューギニアの低地・ギデラ族における小児の病気と治療. 『国立民族学博物館研究報告』, 9(2) : 349-382.

秋道智彌 (1986) パプア低地・ギデラ族の小児の発育におよぼす環境要因の生態学的研究. 東京大学理学部博士論文.

Akimichi, T. (1987) Individual variation and short-term fluctuation in child growth among the Gidra in lowland Papua New Guinea. *Man and Culture in Oceania*, 3 : 125-134.

Bleeker, P. (1971) Soils of the Morehead-Kiunga area. *CSIRO Aust. Land. Res. Ser.*, 29 : 69-87.

Buxton, L. H. D. (1936) Physical Anthropology (Appendix 1) In F. E. Williams, *Papuans of the Trans-Fly*. Oxford : Clarendon, pp. 381-385.

Hongo, T. and R. Ohtsuka. (1993) Nutrient compositions of Papua New Guinea foods. *Man and Culture in Oceania*, 9 : 103-125.

Hongo, T., R. Ohtsuka, T. Inaoka, T. Kawabe, T. Akimichi, Y. Kuchikura, K. Suda, C. Tohyama and T. Suzuki (1994) Health status comparison by urinalysis (dipstick test) among four populations in Papua New Guinea. *Asia-Pacific Journal of Public Health*, 7 : 165-172.

Hongo, T., R. Ohtsuka, M. Nakazawa, T. Kawabe, T. Inaoka, T. Akimichi and T. Suzuki (1993) Serum mineral and trace element concentrations in the Gidra of lowland Papua New Guinea: Inter-village variation and comparison with the levels in developed countries. *Ecology of Food and Nutrition*, 29 : 307-318.

Hongo, T., R. Ohtsuka, M. Nakazawa, T. Inaoka and T. Suzuki (1997) Nutritional status of trace elements in traditional populations inhabiting tropical lowland, Papua New Guinea. In P. W. F. Fischer, M. R. L'Abbe, K. A. Cockell and R. S. Gibson (eds.), *Trace Elements in Man and Animals*. Ottawa: NRC Research Press, pp. 120-122.

Hongo, T., T. Suzuki, R. Ohtsuka, T. Kawabe, T. Inaoka and T. Akimichi (1989a) Compositional character of Papuan foods. *Ecology of Food and Nutrition*, 23 : 39-56.

Hongo, T., T. Suzuki, R. Ohtsuka, T. Kawabe, T. Inaoka and T. Akimichi (1989b) Element intake of the Gidra in lowland Papua: Inter-village variation and the comparison with contemporary levels in developed countries. *Ecology of Food and Nutrition*, 23 : 293-309.

Hongo, T., T. Suzuki, R. Ohtsuka, T. Kawabe, T. Inaoka and T. Akimichi (1990) Hair element concentrations of the Gidra in lowland Papua: The comparison with dietary element intakes and water element concentrations. *Ecology of Food and Nutrition*, 24 : 167-179.

Inaoka, T. (1985) Blood pressure, body fatness and salt consumption of the Gidra in lowland Papua. Ph. D. Thesis, Japan : Univ. of Tokyo.

Inaoka, T. (1990) Energy expenditure of the Gidra in lowland Papua : application of the heart rate method to the field. *Man and Culture in Oceania*, **6** : 139-150.

Inaoka, T. and R. Ohtsuka (1995) Nutritionally disadvantageous effects of small-scale marketing in a lowland Papua New Guinea community. *Man and Culture in Oceania*, **11** : 81-93.

Inaoka, T., T. Suzuki, R. Ohtsuka, T. Kawabe, T. Akimichi, K. Takemori and N. Sasaki (1987) Salt Consumption, body fatness and blood pressure of the Gidra in lowland Papua. *Ecology of Food and Nutrition*, **20** : 55-66.

Kawabe, T. (1983) Development of hunting and fishing skill among boys of the Gidra in lowland Papua New Guinea. *J. Human Ergol.*, **12** : 65-74.

Kawabe, T. (1986a) Ecological diversity of growth and physique of the Gidra in lowland Papua by applying a new method for growth curve estimation. Ph. D. Thesis, Japan: Univ. of Tokyo.

Kawabe, T. (1986b) Intra-population variation of body physique in the Gidra, Papua New Guinea. *Man and Culture in Oceania*, **2** : 27-55.

河辺俊雄（1987）5年後のギデラ族再訪．『人類働態学会会報』，**54** : 6-7．

Kawabe, T. (1987) Intra-population variation of body physique in the Gidra, Papua New Guinea, with a reference to nutrient intake. *J. Hum. Ergol.*, **16** : 68.

Kawabe, T. (1988) A new application of the two logistic growth curves in stature. *J. Anthrop. Soc. Nippon*, **96** : 241.

Kawabe, T. (1990a) Estimation of growth curve of stature on single-year velocity data: application to the data of the Gidra in Papua New Guinea. *J. Anthrop. Soc. Nippon*, **98** : 217.

Kawabe, T. (1990b) Visual acuity as a sensory function. In R. Ohtsuka and T. Suzuki (eds.) *Population Ecology of Human Survival* : *Bioecological Studies of the Gidra in Papua New Guinea*. Univ. Tokyo Press, pp. 23-30

Kawabe, T. (1990c) Adult body physique and composition. In R. Ohtsuka and T. Suzuki (eds.) *Population Ecology of Human Survival* : *Bioecological Studies of the Gidra in Papua New Guinea*. Univ. Tokyo Press, pp. 113-128.

Kawabe, T. (1990d) Growth of children and adolescents. In R. Ohtsuka and T. Suzuki (eds.) *Population Ecology of Human Survival* : *Bioecological Studies of the Gidra in Papua New Guinea*. Univ. Tokyo Press, pp. 141-157.

Kawabe, T. (1997) Relative growth of the children in traditional society of Papua New Guinea. *Anthropological Science*, **105** : 51.

河辺俊雄（1998）ルアルの一日——狩猟採集耕作民ギデラの生活．『地域政策研究』，**1** : 149-168．

河辺俊雄（1999）ギデラ族（パプアニューギニア）の子どもにおける狩猟技術の発達の16年の変化．*Anthropological Science*, **107** : 87-89．

河辺俊雄（2001）開発計画で激変の恐れ——熱帯林．『上毛新聞』平成13年12月27日号 23面．

河辺俊雄（2002）身体が語る多様な世界．大塚柳太郎編『講座 生態人類学⑤ニューギニア：交錯する伝統と近代』京都大学学術出版会，第2章，pp.23-49．

河辺俊雄，大塚柳太郎，稲岡司，鈴木継美，秋道智彌（1983）低地パプア・ギデラ族の身長，

体重，筋肉量，脂肪量の部族内変動について．『人類学雑誌』**91**：247-248.
河辺俊雄，大塚柳太郎，稲岡司，鈴木継美，秋道智彌（1985）ギデラ個体群（低地パプア）の身長，体重の分布型と個体群内変動．『人類学雑誌』**93**：230.
Kawabe, T., R. Ohtsuka, T. Inaoka, T. Akimichi and T. Suzuki (1985) Visual acuity of the Gidra in lowland Papua New Guinea. *J. Biosoc. Sci.*, **17**：361-369.
McAlpine, J. R. (1971) Climate of the Morehead-Kiunga area. *CSIRO Aust.Land Res.Ser.*, **29**：46-55.
Nakazawa, M., R. Ohtsuka, T. Kawabe, T. Hongo, T. Suzuki, T. Inaoka, T. Akimichi, S. Kano and M. Suzuki (1994) Differential malaria prevalence among villages of the Gidra in lowland Papua New Guinea. *Tropical and Geographical Medicine*, **46**：350-354.
Nakazawa, M., R. Ohtsuka, T. Kawabe, T. Hongo, T. Inaoka, T. Akimichi and T. Suzuki (1996) Iron nutrition and anaemia in a malaria-endemic environment : Haematological investigation of the Gidra-speaking population in lowland Papua New Guinea. *British Journal of Nutrition*, **76**：333-346.
Nakazawa, M., R. Ohtsuka, T. Hongo, T. Inaoka, T. Kawabe and T. Suzuki (2000) Serum biochemical data of the Gidra in lowland Papua New Guinea : Consideration of their normal ranges. *Journal of Nutrition and Environmental Medicine*, **10**：153-162.
Ohashi, J., M. Yoshida, R. Ohtsuka., M. Nakazawa, T. Juji and K.Tokunaga (2000) Analysis of HLA-DRB1 polymorphism in the Gidra of Papua New Guinea. *Human Biology*, **72**：337-347.
大塚柳太郎（1974）オリオモ地方パプア人の生態．大塚柳太郎，田中二郎，西田利貞（共著）『人類の生態（生態学講座25）』共立出版，pp. 92-130.
Ohtsuka, R. (1977a) The sago-eaters: an ecological discussion with special reference to the Oriomo Papuans. In J. Allen, J. Golson and R. Jones (eds.), *Sunda and Sahul : Prehistoric Studies in Southest Asia, Melanesia and Australia*, London : Academic Press, pp. 465-492.
Ohtsuka, R. (1977b) Time-Space use of the Papuans depending on sago and game. In H. Watanabe (ed.), *Human Activity System: Its Spatiotemporal Structure*, Tokyo: Univ. of Tokyo, pp. 231-260.
大塚柳太郎（1977）サゴヤシに依存するパプア人の生態．渡辺仁（編）『人類学講座12：生態』雄山閣，pp. 215-250.
大塚柳太郎（1980）ニューギニア低地人の生態．『日本医師会雑誌』，**84**：711-720.
Ohtsuka, R. (1983) *Oriomo Papuans : Ecology of Sago-Eaters in Lowland Papua*. Tokyo: Univ. of Tokyo Press.
大塚柳太郎（1984a）パプア・ニューギニア低地における個体群生態学的研究．『南方海域調査研究報告』**3**：7-35.
大塚柳太郎（1984b）パプア低地・ギデラ族の栄養と適応．小石秀夫，鈴木継美（編），『栄養生態学』，恒和出版，pp.143-164.
大塚柳太郎（1984c）パプア低地・ギデラ族の個体群生態学．日本人類学会（編）『人類学――その多様な発展』，日系サイエンス社，pp. 232-238.
Ohtsuka, R. (1985) The Oriomo Papuans: Gathering versus horticulture in an ecological context. In V. N. Misra and P. Bellwood (eds.), *Recent Advances in Indo-Pacific Prehistory*. Oxford & IBH, New Delhi, pp. 343-348.
Ohtsuka, R. (1986) Low rate of population increase of the Gidra Papuans in the past : A genealogical-demographic analysis. *American Journal of Physical Anthropology*, **71**：

13-23.

Ohtsuka, R. (1987a) Man surviving as a population : a study of the Gidra in lowland Papua. In T. Suzuki and R. Ohtsuka (eds.), *Human Ecology of Health and Survival in Asia and the South Pacific*, Tokyo: Univ. of Tokyo Press, pp. 17-34.

Ohtsuka, R. (1987b) The comparative ecology of inter-and intra- population migration in three populations in Papua New Guinea. *Man and Culture in Oceania*, **3** Special Issue : 207-219.

Ohtsuka, R. (1989) Hunting activity and aging among the Gidra Papuans : A biobehavioral analysis. *American Journal of Physical Anthropology*, **80** : 31-39.

大塚柳太郎 (1990) 採集狩猟を行うパプアニューギニアのギデラ族. 富田 守 (編)『人類学——ヒトの科学』垣内出版, pp. 396-400.

Ohtsuka, R. (1990) Time allocation for food procurement. In R. Ohtsuka and T. Suzuki (eds.), *Population Ecology of Human Survival: Bioecological Studies of the Gidra in Papua New Guinea*. Tokyo: Univ. of Tokyo Press, pp. 15-22.

大塚柳太郎 (1991) ニューギニア地域生態系におけるヒトの適応機構.『日本熱帯医学会雑誌』**19** (増補) : 33-34.

大塚柳太郎 (1992) ニューギニア低地におけるミクロな環境変動とヒトの適応機構. *Tropics*, **2** : 97-106.

大塚柳太郎 (1993) パプアニューギニア人の適応におけるサゴヤシの意義. *SAGO PALM*, **1** : 20-24.

Ohtsuka, R. (1993) Changing food and nutrition of the Gidra in lowland Papua New Guinea. In C. M. Hladik, A. Hladik, O. F. Linares, H. Pagezy, A. Semple and M. Hadley (eds.), *Tropical Forests, People and Food : Biocultural Interactions and Application to Development*. London: Parthenon, pp. 257-269.

Ohtsuka, R. (1994a) Genealogical-demographic analysis of the long-term adaptation of a human population: Methodological implications. *Anthropological Science*, **102** : 49-57.

Ohtsuka, R. (1994b) Long-term survival and social organization among the Gidra Papuans: Comparison with peoples in the north. In T. Irimoto and T. Yamada (eds.), *Circumpolar Religion and Ecology: An Anthropology of the North*. Tokyo: Univ. of Tokyo Press, pp. 415-419.

Ohtsuka, R. (1994c) Subsistence ecology and carrying capacity in two Papua New Guinea populations. *Journal of Biosocial Science*, **26** : 395-407.

大塚柳太郎 (編) (1995a)『モンゴロイドの地球2 ——南太平洋との出会い』東京大学出版会.

大塚柳太郎 (1995b) 環境と人口——パプアニューギニア人の適応. 秋道智彌, 市川光雄, 大塚柳太郎 (編)『生態人類学を学ぶ人のために』世界思想社, pp. 238-256.

Ohtsuka, R. (1995) Carrying capacity and sustainable food production : The facts and prospects from Papua New Guinea. *Anthropological Science*, **103** : 311-320.

大塚柳太郎 (1996)『熱帯林の世界2 : トーテムのすむ森』東京大学出版会.

Ohtsuka, R. (1996a) Agricultural sustainability and food in Papua New Guinea. In J. I. Uitto and A. Ono (eds.), *Population, Land Management, and Environmental Change*, Tokyo: The United Nations University, pp. 46-54.

Ohtsuka, R. (1996b) Long-term adaptation of the Gidra-speaking population of Papua New Guinea. In R. Ellen and K. Fukui (eds.), *Redefining Nature : Ecology, Culture and Domestication*. London: Berg, pp. 515-530.

Ohtsuka, R. (1997a) Changements alimentaires et nutritionnels chez les Gidra des plaines de Papouasie-Nouvelle-Guine. In C. M. Hladik, A. Hladik, H. Pagezy, O. F. Linares, G. J. A. Koppert et A. Froment (eds.), *l'Alimentation en fort tropicale: interactions bioculturelles et perspectives de dveloppement* Volume 1. Paris : UNESCO, pp. 437-462.

Ohtsuka, R. (1997b) The ecology of the animistic views of the Gidra Papuans. In T. Yamada and T. Iriomto, (eds.), *Circumpolar Animism and Shamanism*. Sapporo: Hokkaido Univ. Press, pp. 309-312.

大塚柳太郎（編）（2002）『講座生態人類学⑤ニューギニア——交錯する伝統と近代』京都大学学術出版会.

Ohtsuka R., T. Hongo, T. Kawabe, T. Suzuki, T. Inaoka, T. Akimichi and H. Sasano (1985) Mineral contents of drinking water in lowland Papua, *Enviroment International*, 11 : 505-508.

大塚柳太郎，本郷哲郎，中澤港，阿部卓，梅崎昌裕，山内太郎，安高雄治，夏原和美（1997）パプアニューギニアにおける人類生態学調査. 東京大学創立百二十周年記念東京大学展『学問の過去・現在・未来——第2部精神のエクスペデイシオン』東京大学, pp. 374-382.

Ohtsuka, R., T. Inaoka, T. Kawabe and T. Suzuki (1987) Grip strength and body composition of the Gidra Papuans in relation to ecological conditions. *J. Anthrop. Soc. Nippon*, 95 : 457-467.

Ohtsuka R., T. Inaoka, T. Kawabe, T. Suzuki, T. Hongo and T. Akimichi (1985) Diversity and change of food consumption and nutrient intake among the Gidra in lowland Papua, *Ecol. Food Nutr.*, 16 : 339-350.

大塚柳太郎，片山一道，印東道子（編著）（1993）『オセアニア1：島嶼に生きる』東京大学出版会.

Ohtsuka, R., T. Kawabe, T. Inaoka, T. Akimichi and T. Suzuki (1985) Inter- and intra-population migration of the Gidra in lowland Papua: a population-ecological analysis, *Hum. Biol.*, 57 : 33-45.

Ohtsuka, R., T. Kawabe, T. Inaoka, T. Suzuki, T. Hongo, T. Akimichi and T. Sugahara (1984) Composition of local and purchased foods consumed by the Gidra in lowland Papua. *Ecol. Food Nutr.*, 15 : 159-169.

大塚柳太郎，河辺俊雄，高坂宏一，渡辺知保，阿部卓（2002）『人類生態学』東京大学出版会.

Ohtsuka, R. and T. Suzuki (1978) Zinc, copper and mercury in Oriomo Papuan's hair. *Ecology of Food and Nutrition*, 6 : 243-249.

Ohtsuka, R. and T. Suzuki (1989) Population ecology of human survival in diversified Melanesian environment. *Researches Related to the UNESCO's Man and Biosphere Programme in Japan*, 1988-1989 : 55-62.

Ohtsuka, A. and T. Suzuki (eds.) (1990) *Population Ecology of Human Survival: Bioecological Studies of the New Guinea*. Tokyo : Univ. of Tokyo Press.

Ohtsuka R., T. Suzuki and M. Morita (1987) Sodium-rich tree ash as a native salt source in lowland Papua. *Economic Botany*, 41 : 55-59.

Sasaki, N., K. Takemori, R. Ohtsuka and T. Suzuki (1981) Mineral contents in hair from Oriomo Papuans and Akita dwellers. *Ecol. Food Nutr.*, 11 : 117-120.

鈴木継美（1980）『人類生態学の方法』，東京大学出版会.

鈴木継美（1983）パプアニューギニアの文化と医療——伝統医療と現代医療. 吉田常雄（監修）『医—科学と人間 —— Ⅲ 調和の医学』, 学会出版センター, pp. 97-108.

Suzuki, T. (1985) The traditional art of curing among the Gidra of the Oriomo Plateau, Papua New Guinea. *Man and Culture in Oceania*, 1 : 67-79.

鈴木継美 (1991)『パプアニューギニアの食生活』, 中央公論社.
Suzuki, T., T. Akimichi, T. Kawabe, T. Inaoka and R. Ohtsuka (1984) Growth of the Gidra in lowland Papua New Guinea. In N. Kobayashi and T. B. Brazelton (eds.), *The Growing Child in Family and Society*, Tokyo : Univ. Tokyo Press, pp.77-93.
Suzuki, T. and R. Ohtsuka (eds.) (1987) *Poulation Ecology of Health and Survival in Asia and the South Pacific*. Tokyo : Univ. of Tokyo Press.
Watanabe, H. (1975) Bow and arrow census in a west Papuan lowland community : A new field for functional-ecological study. Occasional Paper in Anthropology No. 5. Univ. of Queensland, St. Lucia.
Wurm, S. A. (1971) Notes on the linguistic situation in the Trans-Fly area. *Papers in New Guinea Linguistics*, 14 : 115-172.
Yamaguchi, K., T. Inaoka, R. Ohtsuka,. T. Akimichi, T. Hongo, T. Kawabe, M. Nakazawa, M. Futatsuka and K. Takatsuki (1993) HTLV-I, HTV-I and Hepatitis B and C viruses in western province, Papua New Guinea: A serological survey. *Japanese Journal of Cancer Research*, 84 : 715-719.
Yoshida, M., R. Ohtsuka, M. Nakazawa, T. Juji and K. Tokunaga (1995) HLA-DRB1 frequencies of Non-Austronesian-speaking Gidra in south New Guinea and their genetic affinities with Oceanian populations. *American Journal of Physical Anthropology*, 96 : 177-181.
Yoshinaga, J., M. Minagawa,. T. Suzuki, R. Ohtsuka, T. Kawabe, T. Hongo, T. Inaoka and T. Akimichi (1991) Carbon and nitrogen isotopic characterization for Papua New Guinea foods. *Ecology of Food and Nutrition*, 26 : 17-25.
Yoshinaga, J., T. Suzuki, R. Ohtsuka, T. Kawabe, T. Hongo, H. Imai, T. Inaoka and T. Akimichi. (1991) Dietary selenium intake of the Gidra, Papua New Guinea. *Ecology of Food and Nutrition*, 26 : 27-36.
Yoshinaga, J., T. Suzuki, T. Hongo, M. Minagawa, R. Ohtsuka, T. Kawabe, T. Inaoka and T. Akimichi (1992) Mercury concentration correlates with the nitrogen stable isotope ratio in the animal food of Papuans. *Ecotoxicology and Environmental Safety*, 24 : 37-45.
Yoshinaga, J., M. Minagawa, T. Suzuki, R. Ohtsuka, T. Kawabe, T. Inaoka and T. Akimichi (1996) Stable carbon and nitrogen isotopic composition of diet and hair of Gidra-speaking Papuans. *American Journal of Physical Anthropology*, 100 : 23-34.

事項索引

ア 行

アウティ　191, 192
アウトリガー　62, 189
アテネ　47, 84
アボリジニー　14
アリ塚　181
家づくり　165, 168, 169, 172, 207
ウィピム　6, 7, 9, 61, 127
ウォニエ　177, 179
雨季　141, 152, 153, 210
ウピアラ　127, 132, 164, 168
　　──小学校　62, 127, 133, 164, 168
ウメ　177, 179
エネルギー　177
エルニーニョ　205
オーストロネシア語　15
オリオモ川　7, 64, 65, 189, 191, 210
オリオモ台地　3, 4, 7, 17, 18, 181, 205, 206, 210

カ 行

ガー　89
外婚制　20
活動時間　163, 169
カヌー　5, 12, 15, 25, 51, 62, 67, 73, 89, 128, 133, 141, 179, 189, 191, 205
　　──置き場　25, 51, 62
　　──付場　62
　　──づくり　172
カパル　25, 27, 61, 73, 83, 132, 133, 168, 192, 193, 200, 205
　　──小学校　133, 134, 136
乾季　99, 105, 107, 123, 136, 137, 152, 153, 164, 208
キアンガ　193

キシニ　30, 31, 70, 76, 180, 181
ギデラ　20
　　──語　19
　　──ランド　3, 4, 6, 7, 14, 16, 20, 177, 205, 207, 210
協同　155
魚毒　138, 177
　　──猟　165
漁撈　169, 173, 177, 207
　　──活動　164, 165, 172, 188, 193, 205
ギリ　45, 47, 48, 71, 76, 84, 88, 200, 207
キリスト教　164
キワイ語　19
クラン　19-21, 58, 147, 208, 210
　　──外婚制　20
クリーク　3, 18, 55, 62, 65, 137, 141, 145, 177, 205, 206
ケワル　97, 113, 119, 127, 132, 137, 151
ココナツ採集　27
個人猟　97, 98, 108, 111, 118, 119, 123, 164, 168, 169, 172, 210

サ 行

採集　141, 142, 165, 173, 175, 207
　　──活動　141, 172, 188
サゴ削り　147
サゴづくり　71, 145, 165, 168, 169
サゴデンプン　55, 64, 72, 145, 147, 173, 175, 177, 179-181
　　──づくり　145, 147, 151, 179
サゴヤシ栽培　188
サゴヤシ利用　136
サバンナ　188
サフル大陸　14
持続可能な開発　206, 210
姉妹交換婚　20
邪術　15

集団猟　97-99, 105, 107, 113, 118, 119, 123,
　　126, 133, 134, 164, 165, 168, 169, 208, 210
呪術　198, 199
出生順（位）　127, 129, 134
狩猟　164, 165, 169, 173, 175, 181, 210
　　――活動　169
　　――技術　97, 105, 108, 123, 126, 127,
　　132-134, 136, 208, 209
　　――具　118, 128
狩猟採集　207
　　――民　163
食塩　175
食物・栄養素摂取調査　174
ショットガン　118, 119, 136, 179, 180, 188
人口密度　4, 207
身長　129, 134
スンダ大陸　14
生業活動　163, 164
生体計測　129, 134
生物多様性　203
セスナ機　9, 65, 133, 136, 205
船外機付カヌー　6, 9
贈与　98
ソビジョグブガ　123, 127

タ　行

体重　129, 134
薪　181
　　――取り　169, 172
タピラ　168, 193, 198
タブー　20
ダムア　27, 67, 75
ダルー　6, 9, 64, 65, 67, 74, 129, 133, 168,
　　177, 179, 189, 198, 205, 206, 210
　　――空港　6
男女分業　97, 154
タンパク質　177
ディオル　191, 192, 198
テテ　89, 128, 138
テワラ　168, 199
デンプン　144, 145
トゥヌプ　89

ドゥパ　73, 85, 128
動物採集　142
動物相　97, 105, 136, 207, 208
土地所有　147
トーテミズム　19
トレス海峡　3, 18
ドロゴリ　177, 179

ナ　行

ナニュルガ　97, 118, 137, 168
ニューギニア島　3, 14, 15, 17
ヌムセピ　84, 85, 128
熱帯林　203
　　――の減少　203, 204
年齢階梯　97, 123, 127, 129
農耕の始まり　15
ノタイ　27, 67, 69, 70, 75, 191, 192

ハ　行

バイオマス　203, 206
バイオーム　203
パコス　48, 87, 128
蜂蜜　142
パプア語　19
パプア人　14
パプアニューギニア　16
バラムラ　193
半栽培　145, 173, 205, 207
半族　20, 21
非オーストロネシア語　14, 15
ビカム　25, 27, 191, 192, 198
ピジン英語　16
ビトゥリ川　25, 27, 51, 62, 137
ピナトゥリ川　177
ピング　128
ピングジョグ　84, 128
ピングピングブガ　78, 89, 128, 131, 133
ブア　4, 5, 7, 12, 21, 25, 36, 40, 51, 55, 76,
　　97, 98, 108, 123, 132, 141, 153, 205
父系社会　19
ブシン　4, 70, 71, 99, 137, 141

部族戦争　15, 21
ブタ　138
ブタ小屋　30
フライ川　4, 17, 18, 65, 67
分配　97, 98, 107, 173
ポートモレスビー　16, 67, 193, 198, 210

マ　行

マシボ　88, 128, 131, 133
マラリア　208
ムームー料理　98, 181
メット　36, 44, 55, 155
メート　37, 40, 64, 174
メラネシア人　14
モツ語　16

ヤ　行

矢　98, 99, 105, 107, 112, 123, 128
　——柄　98
焼畑　152-155, 165, 168, 169, 181, 198, 204, 205, 207
　——耕作　152, 188
　——耕作民　163
　——作物　152, 169, 173, 175, 179, 181
矢尻　98, 128
ヤップ　4, 5, 9, 12, 21, 25, 51, 55, 67, 76, 78, 83, 97-99, 108, 205
ヤム小屋　30, 31, 173
ヤンブガ　97, 123, 127, 137
弓　98, 105
弓矢　98, 99, 105, 107, 118, 119, 123, 126, 128, 131, 133, 169, 179, 209
　——づくり　169, 172
　——猟　97-99, 136, 137, 175, 205, 207, 208, 210

ラ・ワ・ン　行

ルガジョグ　97, 137, 151
ワヤ　89
ンガヤ　48, 169, 172

事項索引　239

動植物名索引

ア 行

アイビカ（*Hibiscus manihot*） 152, 176, 178
アカシア（*Acasia* spp.） 18
イヌ（*Canus familiaris*） 15, 16
犬 99, 105, 107, 113, 118, 208
イノシシ（*Sus scrofa*） 15, 16, 49, 78, 97-99, 101, 108, 111, 112, 119, 123, 128, 132, 134, 153, 174-176, 178, 181, 183, 188, 209
エウオディア（*Euodia* sp.） 36
エビ 188
大トカゲ（*Varanus* spp.） 98, 99, 104, 119, 128, 131, 134
大ナマズ 188

カ 行

カエル 137
カスタード・アップル（*Annona squamosa*） 51
カボチャ（*Cucurbita* spp.） 152, 153, 175, 176, 178
カミキリムシ（*Cerambycidae*） 142, 144, 188
カメ 132, 137, 138, 176, 177, 178, 188
カソワリ（*Casuarius casuarius*） 49, 89, 97-99, 102, 108, 111, 112, 123, 126-128, 131, 132, 134, 188, 209
川ヘビ 176-178
カンラン（*Canarium vitiense*） 141
キノコ 141, 143
キャッサバ（*Manihot esculenta*） 16, 72, 152, 154, 182
グネツム（*Gnetum gnemon*） 141, 176, 178

ココナツ 27, 47, 72, 76, 83, 147, 151, 174-176, 178, 180, 182
ココヤシ（*Cocos nucifera*） 19, 21, 27, 51, 69, 83, 144, 147, 151, 152, 177, 187, 189-192
コンニャクイモ（*Amorphophallus campanulatus*） 152, 153, 175, 176, 178

サ 行

サゴヤシ（*Metroxylon sagu*） 3, 9, 19, 21, 37, 39, 40, 44, 88, 128, 143-147, 152, 164, 174, 187, 188, 205, 207
ササダケ（*Bambusa etra*） 84, 98
サツマイモ（*Ipomoea batatas*） 4, 16, 152-154, 175, 176, 178
サトウキビ（*Saccharum officinarum*） 15, 16, 152, 153, 175, 176, 178
ザリガニ 176-178, 188
シカ（*Cervus timorensis*） 78, 79, 97-99, 106, 118, 119, 123, 128, 131, 134, 175, 176, 178, 188, 209
スイカ 175, 176, 178
ソテツ（*Cycas circinalis*） 141, 142, 165, 168, 174-176, 178

タ 行

ダイサンチク（*Bambusa vulgaris*） 84, 98
タロイモ（*Colocasia esculenta*） 4, 16, 17, 55, 72, 89, 152-154, 173-178, 180, 181
チガヤ（*Imperata cylindrica*） 18
ツムギアリ（*Oecophylla smaragdina*） 142, 144, 175, 176, 178, 188
ティムティム 34, 72
デリス属 138
籐（*Calamus* spp.） 36, 40
トウモロコシ（*Zea mays*） 152, 153

トカゲ　130, 134, 209
鳥　99, 131, 176, 178

ナ 行

ナマズ（*Tachysuridae*）　137-140, 176, 178
ニシキヘビ（*Liasis* spp.）　98
ニワトリ（*Gallus* sp.）　15, 16
ネズミ（*Uuridae*）　99, 128, 129, 132

ハ 行

パイナップル（*Ananas comosus*）　51, 152, 175, 176, 178
ハス（*Nelumbo nucifera*）　62, 141, 143, 176, 178
バナナ（*Musa* spp.）　16, 51, 73, 89, 152, 154, 175-178, 180
パパイア（*Carica papaya*）　9, 51, 152, 154, 175, 176, 178
パプアンブラック（*Pseudechis papuanus*）　12, 34, 72
ハマセンナの一種（*Ormocarpum orientale*）　141, 176, 178
パンダヌス（*Pandanus conoideus*）　15, 37, 152, 182
バンディクート（*Echymipera* spp.）　78, 79, 98, 99, 104, 118, 119, 123, 128, 129, 132, 134, 175, 176, 178, 181, 188
ヒクイドリ　→　カソワリ
フエイ・バナナ（*Musa fehi*）　15
ブタ　→　イノシシ
ブッシュワラビー（*Dorcopsis veterum* および *Tylogale* sp.）　98, 99, 103, 108, 175, 176, 178
ブラックパーム（*Pfyckosperma* spp.）　36, 40
プランチョニア（*Planchonia papuana*）　36
ヘビ　99, 128, 129, 132
ポッサム（*Phalangeridae*）　98, 99, 103

マ 行

マングローブ　7
メラレウカ（*Melaleuca* spp.）　18, 183

ヤ・ワ 行

ヤムイモ（*Dioscorea* spp.）　4, 16, 31, 55, 72, 89, 152-154, 173-176, 178, 180-182
ワニ（*Crocodylus porosus*）　99, 128, 131, 137
ワラビー（*Wallabia agilis*）　3, 72, 78, 79, 97-100, 107, 108, 111, 112, 118, 119, 128, 131, 134, 175, 176, 178, 181, 188, 208, 209

著者略歴

1950 年　生まれる.
1984 年　東京大学大学院医学系研究科博士課程修了.
現　在　高崎経済大学地域政策学部教授.
　　　　保健学博士.

主要著書

『人類生態学』（共著，東京大学出版会，2002 年）
『講座　生態人類学⑤　ニューギニア：交錯する伝統と近代』
（共著，京都大学学術出版会，2002 年）

熱帯林の人類生態学
　ギデラの暮らし・伝統文化・自然環境

2010 年 8 月 27 日　初　版

［検印廃止］

著　者　河辺俊雄（かわべとしお）

発行所　財団法人　東京大学出版会

代表者　長谷川寿一
　　　　113-8654 東京都文京区本郷 7-3-1 東大構内
　　　　http://www.utp.or.jp/
　　　　電話 03-3811-8814　Fax 03-3812-6958
　　　　振替 00160-6-59964

印刷所　新日本印刷株式会社
製本所　矢嶋製本株式会社

© 2010 Toshio Kawabe
ISBN 978-4-13-056306-2　Printed in Japan

Ⓡ〈日本複写権センター委託出版物〉
本書の全部または一部を無断で複写複製（コピー）することは，著作権法上での例外を除き，禁じられています．本書からの複写を希望される場合は，日本複写権センター（03-3401-2382）にご連絡ください．

島の生活世界と開発［全4巻］　大塚・篠原・松井編		
1　ソロモン諸島　最後の熱帯林	大塚柳太郎編	A5/3800円
2　中国・海南島　焼畑農耕の終焉	篠原　徹編	A5/3800円
3　沖縄列島　シマの自然と伝統のゆくえ	松井　健編	A5/3800円
4　生活世界からみる新たな人間-環境系	大塚・他編	A5/3800円
人類生態学	大塚・河辺他	A5/2000円
バリ　観光人類学のレッスン	山下晋司	46/3200円
発展途上国の資源政治学 政府はなぜ資源を無駄にするのか	アッシャー／佐藤訳	A5/5700円
稀少資源のポリティクス タイ農村にみる開発と環境のはざま	佐藤　仁	A5/4800円
貧困の民族誌 フィリピン・ダバオ市のサマの生活	青山和佳	A5/7200円

　　　　　　　ここに表示された価格は本体価格です．御購入の
　　　　　　　際には消費税が加算されますので御了承下さい．